Westliches Management – östliche Leitung

Westliches Management – östliche Leitung

Ein Vergleich von Managementlehre und DDR-Leitungswissenschaft

Herausgegeben von

Rüdiger Pieper

Walter de Gruyter · Berlin · New York 1989

Dr. rer. pol. *Rüdiger Pieper*
Dipl.-Kfm., Dipl.-Volkswirt
Direktor des Paul-Löbe-Instituts, Berlin,
und Lehrbeauftragter am FB Wirtschaftswissenschaft der Freien Universität Berlin

Das Buch enthält 15 Abbildungen und eine Tabelle

CIP-Titelaufnahme der Deutschen Bibliothek

Westliches Management – östliche Leitung:
ein Vergleich von Managementlehre und DDR-Leitungswissenschaft / hrsg. von Rüdiger Pieper. – Berlin ;
New York :
de Gruyter, 1989
ISBN 3-11-012047-X

Gedruckt auf säurefreiem Papier

Druck: Kupijai & Prochnow, Berlin. Bindearbeiten: Dieter Mikolai, Berlin.
Umschlagentwurf: Johannes Rother, Berlin.

Inhaltsverzeichnis

Autorenverzeichnis

Prof. Dr. *Herbert Marr*
Hochschullehrer an der Sektion Wirtschaftswissenschaften der Humboldt-Universität zu Berlin, DDR

Prof. Dr. *Wolfgang Michel*
Hochschullehrer an der Sektion Wirtschaftswissenschaften der Humboldt-Universität zu Berlin, DDR

Dr. *Rüdiger Pieper*
Kurator des Paul-Löbe-Instituts, Berlin, und Lehrbeauftragter am Institut für Management, Fachbereich Wirtschaftswissenschaft, der Freien Universität Berlin

Prof. Dr. *Wolfgang H. Staehle*
Hochschullehrer am Institut für Management, Fachbereich Wirtschaftswissenschaft, der Freien Universität Berlin

Prof. Dr. *Ernst Zander*
Honorarprofessor am Institut für Management, Fachbereich Wirtschaftswissenschaft, der Freien Universität Berlin

Einleitung:

Betriebswirtschaftslehre und DDR-Forschung

Obwohl in der Bundesrepublik eine umfangreiche DDR-Forschung existiert, die eine kaum noch überschaubare Zahl an Veröffentlichungen hervorgebracht hat, bleiben dabei betriebswirtschaftliche Fragen weitgehend ausgeklammert. Anders als die volkswirtschaftliche Forschung, für die der Vergleich von Wirtschaftssystemen eine zentrale Rolle spielt, scheinen die Betriebswirte für Probleme der Betriebsführung und des Managements unter sozialistischen, d.h. vor allem planwirtschaftlichen Bedingungen, nur wenig Interesse aufzubringen, wenn die Zahl entsprechender Forschungsarbeiten und Publikationen als Indikator herangezogen wird. Aktuelle Veröffentlichungen zu diesem Themenkreis sind jedenfalls äußerst rar.[1] Die diesbezügliche Forschung ist darüber hinaus institutionell eher im Bereich der primär soziologisch orientierten DDR-Forschung verankert als an betriebswirtschaftlichen Fakultäten.[2] Eine Sichtung der vorliegenden Literatur legt den Schluß nahe, daß sich die Betriebswirte

1 Ausnahmen hierzu sind: **ANDERSCH/NIESTEDT/LILGE** 1981; **ELLE/THOM** 1986; **PIEPER** 1987, 1988, 1989.

2 Zum Beispiel in der Forschungsstelle für gesamtdeutsche Fragen in Berlin, dem Zentralinstitut für sozialwissenschaftliche Forschung der Freien Universität Berlin (etwa **BELWE** 1979) und am Institut für Gesellschaft und Wissenschaft an der Universität Erlangen-Nürnberg (z.B. **HIMBER** 1980; **LAUTERBACH** 1982); Veröffentlichungen finden sich eher im "Deutschland-Archiv" als in betriebswirtschaftlichen Fachmedien (z.B. **GRÄTZ** 1971; **GRÄTZ/VOGT** 1976).

mehr für Fragen des Managements etwa in Ungarn und Polen interessieren als in der DDR.[3]

Einerseits ist diese Interessen- und Forschungslücke verständlich. Im Gegensatz z.B. zu Polen und Ungarn sind Wissenschaftlerkontakte zur DDR relativ problematisch, woran auch das deutsch-deutsche Wissenschaftsabkommen bislang wenig geändert hat. Institutionalisierte Kontakte und gemeinsame Forschungprojekte außerhalb von medizinischer, naturwissenschaftlicher und technisch orientierter Forschung existieren kaum; informelle Kontakte sind durch begrenzte Reisemöglichkeiten zumindest erschwert; wechselseitige oder gemeinsame Publikationen sind kaum möglich. Diskussionen mit Wissenschaftlern aus anderen sozialistischen Ländern werden aus bundesdeutscher Sicht häufig als angenehmer, interessanter und fruchtbarer, als "lockerer", "offener" und weniger ideologisch empfunden. Aus der geringen Anzahl betriebswirtschaftlicher Publikationen kann insofern nicht unbedingt auf ein geringes Interesse der Forscher geschlossen werden; das m.E. durchaus existente Interesse kann vielmehr angesichts schwieriger Rahmenbedingungen nicht in entsprechende praktische Forschung umschlagen.

Andererseits jedoch muß die faktische Nicht-Existenz einer betriebswirtschaftlichen DDR-Forschung doch verblüffen, denn dieses Manko ist keineswegs eine Dauererscheinung, sondern relativ neu. Bis in die 70er Jahre hinein existierte nämlich durchaus eine entsprechende Forschung, sowohl zu Grundsatzproblemen wie verschiedenen Einzelfragen des Wirtschaftens unter sozialistischen Rahmenbedingungen.

So versuchten in den 50er Jahren insbesondere GUTENBERG (1951) und MELLEROWICZ (1949; 1950a, 1950b) herauszuarbeiten, welche Aspekte der Betriebswirtschaftslehre explizit wirtschaftssystembezogen bzw. -indifferent sind. Mellerowicz knüpfte dabei an die 1948 bis 1950 in der SBZ bzw. DDR geführte Diskussion darüber an, ob die Betriebswirtschaftslehre nicht insgesamt eine ausschließlich kapitalistisch orientierte Disziplin und als solche eher

[3] Das Handwörterbuch der Führung (**KIESER/REBER/WUNDERER** 1987) bietet hierfür ein anschauliches Beispiel.

"Apologetik des Kapitalismus" als Wissenschaft sei.[4] Er argumentierte, daß sich der Problemkreis rationalen Wirtschaftens auch unter sozialistischen Bedingungen stelle; als Technik sei die Betriebswirtschaftslehre systemunabhängig. Gutenberg differenzierte detaillierter zwischen einzelnen systemindifferenten und systembezogenen Bestimmungsgrößen der Betriebswirtschaft. Als systemindifferente Größen identifizierte er dabei das System der Produktionsfaktoren, das Wirtschaftlichkeitsprinzip und das finanzielle Gleichgewicht. Spezifisch für eine marktwirtschaftliche Ordnung seien hingegen das Autonomieprinzip, das erwerbswirtschaftliche Prinzip und das Privateigentum an Produktionsmitteln. Unter marktwirtschaftlichen Bedingungen agierende Betriebe bezeichnete er als Unternehmungen.

Während Gutenbergs Überlegungen primär der theoretischen Fundierung der Betriebswirtschaftslehre und insofern nicht als explizit DDR-bezogene betriebswirtschaftliche Forschung bezeichnet werden kann, sind die Arbeiten von Mellerowicz bis 1950 Teil der innenpolitischen Auseinandersetzungen in der DDR und auch später noch von diesen Diskussionen geprägt.

Darüber hinaus existierte bis Anfang der 70er Jahre eine institutionell am Osteuropa-Institut der Freien Universität Berlin verankerte betriebswirtschaftliche DDR-Forschung, die in der ersten Generation weitgehend von Flüchtlingen aus der sowjetischen Besatzungszone bzw. DDR geprägt war. Insbesondere von Wolfgang Förster stammen zahlreiche, umfassende Studien zu betriebswirtschaftlichen Problemen in der DDR, wobei sein Forschungsschwerpunkt (de facto in der Tradition Schmalenbachs) bei Fragen des Rechnungswesens lag.[5] Er analysiert vor allem, wie das Rechnungswesen "aus einem Erkenntnis- und Gestaltungsmittel für eigenverantwortliche Unternehmensdisposition in einen 'Hebel zur Erfüllung der staatlichen Planung' transformiert" wurde (FÖRSTER 1983, 301). Weitere Studien sind von Mitarbeitern und Studenten Försters und Karl C. Thalheims am

---

4 Vgl. hierzu den Beitrag von **PIEPER**: "Rekonstruktion der Geschichte von Betriebswirtschaftslehre und Leitungswissenschaft in der DDR" in diesem Band.

5 Insbesondere **FÖRSTER** 1952, 1952a, 1967, 1970a.

Osteuropa-Institut durchgeführt und publiziert[6] oder vom Osteuropa-Institut in Zusammenarbeit mit anderen Betriebswirten vorgenommen worden.[7] Kritisch ist hier anzumerken, daß dabei zumindest in der Hochzeit des kalten Krieges das Erkenntnisinteresse als nicht immer und ausschließlich rein betriebswirtschaftlicher Natur zugehörig kategorisiert werden kann: zumindest ex post fällt die Durchsetzung vieler Arbeiten mit politischen Intensionen und politisch motivierter Kritik auf, wobei hier die betriebswirtschaftliche DDR-Forschung keine Ausnahme von der übrigen DDR-Forschung jener Zeit machte.

Mit der Emeritierung Försters und der Nicht-Besetzung des Lehrstuhls Ende der 70er Jahre fehlte jedoch nicht nur die Institutionalisierung der betriebswirtschaftlichen DDR-Forschung, sondern vor allem die (auch organisatorische) Verschränkung mit der Betriebswirtschaftslehre insgesamt. Institutionen wie die Forschungsstelle für gesamtdeutsche Fragen, die seit den 70er Jahren Studien zu betriebswirtschaftlichen Problemen in der DDR veröffentlicht hat, sind von der betriebswirtschaftlichen Forschung und Lehre an den Hochschulen und entsprechenden Publikationsorganen weitgehend abgekoppelt; DDR-Forscher-Tagungen finden z.B. selbst wenn dort betriebswirtschaftlich ausgerichtete Themen behandelt werden, ohne Beteiligung von Betriebswirten statt. Allerdings gilt diese Entkopplung auch umgekehrt: Die Betriebswirtschaftslehre nimmt Resultate der sozialwissenschaftlichen DDR-Forschung kaum mehr zur Kenntnis.[8]

Erstaunlich ist m.E. die weitgehende Nicht-Existenz einer betriebswirtschaftlichen DDR-Forschung noch aus einem zweiten Grund: Seit Mitte der 60er Jahre ist nämlich, zunächst ausgehend von den USA und im Zusammenhang mit der beginnenden

---

6 Etwa HEIDBORN 1970; KRAKAT 1980; PIORKOWSKY 1980; THALHEIM 1977.

7 Z.B. ALBACH/FÖRSTER 1966.

8 So enthält das "DDR-Handbuch" (ZIMMERMANN ET AL. 1985) mehrere Stichwörter, unter denen ein Überblick über betriebswirtschaftliche (theoretische wie praktische) Fragen in der DDR gegeben wird; in der betriebswirtschaftlichen Forschung und Literatur werden solche fundierten Quellen jedoch kaum zur Kenntnis genommen.

situativen Relativierung von Managementtheorien (vgl. STAEHLE 1989, 47ff.) eine unter dem Stichwort *comparative management* laufende umfangreiche empirisch orientierte vergleichende Managementforschung entstanden, für die bereits Ende der 60er Jahre ein Theorien- und Konzeptionsdschungel diagnostiziert wurde (insbesondere SCHÖLLHAMMER 1969), der auch heute noch fortbesteht (vgl. ADLER 1983; NEGANDHI 1974, 1983; SCHÖLLHAMMER 1975). Allerdings hat sich die vergleichende Managementforschung immer mehr auf die unterschiedlichen managementrelevanten kulturellen Bedingungen konzentriert, d.h. sie ist de facto zu einer *kulturvergleichenden Managementforschung* geworden (vgl. als Übersicht z.B. HOFSTEDE 1980; VON KELLER 1982; RONEN 1986; TERPESTRA/DAVID 1985).

Andere Aspekte und Einflußfaktoren wie das Industrial-Relations-System, die Wirtschaftsordnung und das Rechtssystem werden weitgehend ausgeklammert oder einfach additiv unter Kultur subsumiert (etwa TERPESTRA/DAVID 1985). Nur wenige Studien beziehen sie explizit mit ein (z.B. IDE 1981; LAAKSONEN 1988). Während häufig Einzeltheorien aus der Motivations-, Führungs- und Kommunikationsforschung empirisch auf ihre interkulturelle Gültigkeit hin überprüft werden, teilweise in exotischen Ländern, die unter Absatz- oder Investitionsgesichtspunkten für Unternehmen der westlichen Industriestaaten wenig relevant sind, existieren kaum Studien über Fragen des Managements unter andersartigen gesamtwirtschaftlichen Rahmenbedingungen. Die sozialistischen Staaten Osteuropas (mit Ausnahme Jugoslawien) sind bis vor wenigen Jahren von der comparative management-Forschung praktisch nicht beachtet worden, was zumindest im Hinblick auf die USA tendenziell der untergeordneten Relevanz dieser Staaten als Absatzmarkt entspricht. Andererseits drückt sich in dieser Nicht-Beachtung aus, daß in der vergleichenden Managementforschung bisher weder theoretisch-konzeptionell noch empirisch analysiert wurde, welche Umweltfaktoren welchen, möglicherweise determinierenden Einfluß auf einzelwirtschaftliches Management haben und wie Kultur als Einflußfaktor im Verhältnis zu anderen relevanten Faktoren zu gewichten ist. Der Stand der Forschung bleibt damit m.E. hinter den grundlegenden Überlegungen Gutenbergs und Mellerowicz' zurück (die im übrigen von dieser Forschungsrichtung auch gar nicht rezipiert werden).

Andere methodische Ansätze der Vergleichsforschung, insbesondere die Überlegungen von Perridon zu einer *Vergleichenden Betriebswirtschaftslehre* (PERRIDON 1967, 1975) sind bedauerlicherweise aus den Kinderschuhen nicht hinausgewachsen und weiterentwickelt worden. Dabei böten sich gerade im Rahmen einer vergleichenden Betriebswirtschaftslehre exzellente Möglichkeiten, die Dominanz des Einflußfaktors Kultur zu brechen, indem durch einen systematischen Vergleich der jeweiligen theoretischen Grundlagen der Betriebswirtschaft bzw. des Managements in einzelnen Staaten die anderen relevanten Faktoren herausgearbeitet werden. Betriebswirtschaftliche Lehrbücher und Managementliteratur in der Bundesrepublik, der DDR, den USA und China unterscheiden sich natürlich in weiten Teilen, und zwar nicht nur wegen vorhandener kultureller Unterschiede, sondern wegen der aus dem Wirtschafts- und Gesellschaftssystem resultierenden andersartigen Rahmenbedingungen. Eine betriebswirtschaftliche DDR-Forschung könnte m.E. einen erheblichen Beitrag zu einer theoretischen Fundierung der vergleichenden Managementforschung leisten, da der *Faktor Kultur* bei Vergleichen zwischen Betriebswirtschaft und Management in den beiden deutschen Staaten als weitgehend ähnlich angesetzt werden kann. Differenzen resultieren hier eindeutig aus anderen Faktoren, nämlich dem unterschiedlichen Wirtschafts- und Gesellschaftssystem. Betriebswirtschaftliche DDR-Forschung ist daher keineswegs ein Forschungsexot und vom Erkenntnisinteresse her gesehen auch nicht zwangsläufig (nur) ein Teilbereich der sozialwissenschaftlichen und politisch orientierten und motivierten DDR-Forschung, sondern - jedenfalls auch und vor allem - ein Instrument zur besseren theoretischen Fundierung der vergleichenden Managementforschung.

Um einen ersten Schritt in diese Richtung zu gehen, haben Ende 1987 das Institut für Unternehmungsführung der Freien Universität Berlin (jetzt: Institut für Management) und die Friedrich-Naumann-Stiftung zu einer Tagung eingeladen, die dann vom 31. Januar bis 2. Februar 1988 in der Theodor-Heuss-Akademie in Gummersbach unter dem Titel "Westliches Management - östliche Leitung. Vergleich der Führungssysteme in Ost und West" stattfand. Mit dieser Tagung sollte ein Anstoß zu einer Wiederbelebung der betriebswirtschaftlichen DDR-Forschung gegeben und zumindest einige der hierzulande vorhandenen Wissenslükken über Fragen der Leitung in der DDR geschlossen werden. Inhaltlich war eine Konzentration vorgesehen auf Fragen des Managements und der Manager-Ausbildung bzw. der jeweiligen praktisch-normativen Theoriegrundlagen (dies ganz im Sinne des Ansatzes der Vergleichenden Betriebswirtschaftslehre); für die Bundesrepublik also die Managementlehre bzw. das in der Betriebswirtschaftslehre diskutierte und rezipierte Managementwissen, für die DDR die Leitungswissenschaft, wobei zunächst einmal offen bleiben müßte, inwieweit Managementlehre und Leitungswissenschaft inhaltlich überhaupt miteinander vergleichbar sind. Die dabei zugrunde gelegte (formale) Konzeption war, daß nicht primär bundesdeutsche Wissenschaftler über die DDR reden, sondern daß Betriebswirte bzw. Leitungswissenschaftler aus der DDR über die DDR referieren und parallel dazu Referenten aus der Bundesrepublik den gleichen Themenkreis im Hinblick auf die Bundesrepublik darstellen sollten. Lediglich ein explizit vergleichender Beitrag war eingeplant; ansonsten sollten Vergleiche zwischen Managementlehre und Leitungswissenschaft sowie der Ausbildung von Managern (West) und Leitern (Ost) Gegenstand der an die Referate anschließenden Diskussionen sein.

Die Umsetzung dieser Konzeption war angesichts der Schwierigkeiten im deutsch-deutschen Wissenschaftsaustausch nicht einfach; um so erfreulicher ist daher, daß sie überhaupt realisierbar war. Die Idee der Durchführung einer solchen Tagung stieß jedenfalls auf seiten der DDR auf Interesse, so daß m.W. zum ersten Mal Betriebswirte aus der Bundesrepublik und der DDR zu einem Gedankenaustausch zusammenkommen konnten. Dieser war, anders als dies in technisch-naturwissenschaftlichen Disziplinen der Fall ist, inhaltlich nicht vollkommen unproblematisch, sondern zumindest teilweise von Verständigungsschwierigkeiten geprägt: Es zeiget sich, daß nicht nur die Ausgangsbasis des Managementwissens westlicher Prägung und der DDR-Leitungswissenschaft andersartig ist, sondern auch die verwendete Terminologie; teilweise wird ein und dieselbe Problemstellung vollkommen anders bezeichnet, teilweise umfassen gleichlautende

Begriffe andere Inhaltsdimensionen. Dem mit der westlichen Terminologie vertrauten Leser bieten die in diesem Band abgedruckten Beiträge der Referenten aus der DDR hierfür ein m.E. anschauliches Beispiel.

Die Konzeption der Tagung spiegelt sich in den hier abgedruckten Beiträgen wider, wobei die Referenten dankenswerterweise für die Veröffentlichungen ihre Referate z.T. wesentlich erweitert haben.

Im ersten Beitrag gibt Wolfgang Staehle (Freie Universität Berlin) einen Überblick über die Entwicklung der Managementlehre in Deutschland. Er definiert zunächst die Begriffe, schildert dann die Entwicklung des Managementwissens bis zur Teilung Deutschlands und konzentriert sich schließlich auf die Theorie-Diskussion in der Bundesrepublik. Herbert Marr (Humboldt-Universität zu Berlin) stellt dem die Entwicklung der Leitungswissenschaft in der DDR gegenüber. Auch er definiert zunächst die Begriffe und gibt eine umfassende Inhaltsbestimmung der Leitungswissenschaft. Da sich sein Überblick über die historische Entwicklung dieser Disziplin auf die Fragen der Gestaltung des gesamt- und einzelwirtschaftlichen Leitungssystemes in der DDR konzentriert, ist zusätzlich und ergänzend ein Aufsatz des Herausgebers über die Geschichte der Betriebswirtschaftslehre und Leitungswissenschaft in der DDR abgedruckt, dem kein während der Tagung gehaltenes Referat zugrunde liegt. In diesem wird versucht, die entsprechende Wissenschaftsgeschichte und wesentlichen Diskussionsstränge in der DDR zu rekonstruieren.

Den zweiten inhaltlichen Schwerpunkt bilden Fragen der Aus- und Weiterbildung von DDR-Leitern und westlichen Managern. Wolfgang Michel (Humboldt-Universität zu Berlin) stellt das entsprechende Ausbildungssystem der DDR vor, wobei er sowohl auf organisatorische wie inhaltliche und methodische Aspekte eingeht. Ernst Zander (Freie Universität Berlin) konzentriert sich in seinem eher problemorientierten Beitrag auf aktuelle Fragen der Aus- und Weiterbildung von Managern.

In einem abschließenden Beitrag des Herausgebers wird dann ein Vergleich zwischen Managementlehre einerseits und Leitungswissenschaft vorgenommen. Zugegebenermaßen ist ein solcher Versuch nicht unproblematisch. Denn anders als die Leitungswissenschaft, die eine eigenständige wissenschaftliche Disziplin darstellt, ist die Managementlehre eher ein Konglomerat anwendungsbezogenen Management-relevanten Wissens und keine Wissenschaftsdisziplin (vgl. z.B. die Diskussion in WUNDERER 1988). Für den Vergleich wurden aus diesem Konglomerat auch nur Teilaspekte herausgegriffen, nämlich Fragen der Organisation und der Verhaltenssteuerung in Organisationen. Wesentliche Management- und Leitungsfunktionen wie Planung und Entscheidung bleiben ausgeklammert. Insofern kann auch nur von Ansätzen eines Vergleichs gesprochen werden. Eine umfassende Vergleichsstudie zwischen westlichem Managementwissen und östlicher Leitungstheorie steht mithin noch aus. Die Tagung sowie dieser Tagungsband verstehen sich jedoch als ein erster Baustein dessen und als erster Schritt in diese Richtung.

Für das Zutandekommen der Konferenz ist zum einen (natürlich) den Referenten und Diskutanten zu danken, zum anderen und insbesondere der Friedrich-Naumann-Stiftung. Dort waren es vor allem Dr. Fritz Glashauser und Margot Viebahn, ohne deren intensives Bemühen und Organisationsgeschick die Tagung sicherlich nicht möglich gewesen wäre. Ihnen und den anderen Mitarbeitern der Theodor-Heuss-Akademie gebührt auch Dank für die Gastfreundschaft; die herzliche Atmosphäre in der Akademie hat erheblich zum Gelingen der Tagung beigetragen. Für zahlreiche wichtige und wertvolle inhaltliche Hinweise möchte ich mich ferner bei Wolfgang Förster bedanken. Ein besonderer Dank richtet sich an Wolfgang Staehle, nicht nur für seine umfangreichen inhaltlichen Anregungen sowohl zur Konzeptionierung der Tagung wie zur Erstellung dieses Readers und meiner eigenen Beiträge, sondern vor allem für seine Unterstützung und Förderung des gesamten Projekts und seine ständige Bereitschaft, bei auftauchenden Fragen und Problemen mit Rat und Tat zu helfen.

Berlin, im Frühjahr 1989 Rüdiger Pieper

Literaturhinweise

ADLER, N. (1983): Cross-cultural management research: The ostrich and the trend, *Academy of Management Review*, Vol. 8, Nr. 3, 226-232

ALBACH, H. (1966): Die Bedeutung der Preise für die Wirtschaftslenkung der sogenannten DDR nach dem neuen ökonomischen System der Planung und Leitung der Volkswirtschaft, *Zeitschrift für die gesamte Staatswirtschaft*, Heft 1, 14-28

_ und W. FÖRSTER (1966): Stichwort "Betrieb", *Sowjetsystem und demokratische Gesellscfhaft - eine vergleichende Enzyklopädie* (Freiburg/Br.), Band 1, 637-657

ANDERSCH-NIESTEDT, H. und H.G. LILGE (1981): *Betriebliche Führung im Vergleich* (Berlin)

BELWE, K. (1979): *Mitwirkung im Industriebetrieb der DDR*, Opladen

EBERT, S. (1976): Wirtschaftsbetriebe und Betriebswirtschaftslehre in der DDR, *Handwörterbuch der Betriebswirtschaft*, Band 3 (Stuttgart), 4503-4547

ELLE, H.D. und N. THOM (1986): *Gestaltung betrieblicher Produktinnovationsprozesse in der Deutschen Demokratischen Republik* (Köln)

FÖRSTER, W. (1952): *Die Rolle der Kosten in der ostzonalen Wirtschaftspolitik* (Berlin)

_ (1952a): *Betriebspolitische Finanzwirtschaft* (Berlin)

_ (1956): Betriebskollektivvertrag, *Handwörterbuch der Betriebswirtschaft* (Stuttgart), Band 3, 807-811

_ (1956a): Brigadewesen, *Handwörterbuch der Betriebswirtschaft* (Stuttgart), Band 3, 1230-1232

_ (1967): *Rechnungswesen und Wirtschaftsordnung*, Berlin

_ (1968): Betriebswirtschaftliche Aspekte der Wirtschaftsentwicklung in Westdeutschland, *Beiträge zur Wirtschafts- und Gesellschaftsgestaltung* (Berlin), 491-501

_ (1970): Zur Rolle der Betriebswirtschaftslehre in der sowjetischen und mitteldeutschen Wirtschaftswissenschaft, *Beiträge zur Theorie und Praxis von Wirtschaftssystemen*, ders. und D. Lorenz (Hg.) (Berlin), 49-64

_ (1970a): Besonderheiten des Rechnungs- und Prüfungswesens in der "DDR", *Handwörterbuch des Rechnungswesens*, Kosiol, E. (Hg.) (Stuttgart), 400-412

__ (1975): DDR, Besonderheiten des betrieblichen Personalwesens in volkseigenen Betrieben, *Handwörterbuch des Personalwesens* (Stuttgart), 764-777

GRÄTZ, F. (1971). Wirtschaftsführer in Ost und West. Versuch eines Vergleichs, *Deutschland-Archiv*, Nr. 10 (1971), 1026-1035

GRÄTZ, F. und **D. VOIGT** (1976): Der Einfluß materieller Stimuli auf sozial-strukturelle Veränderungen im Verlauf der wissenschaftlich-technischen Revolution der DDR, *Deutschland-Archiv*, Sonderheft 1976, 119-140

GUTENBERG, E. (1951): *Grundlagen der Betriebswirtschaftslehre*, Band 1 (Berlin - Heidelberg)

HEIDBORN, J. (1970): *Betriebswirtschaftliche Aspekte der Produktionsfondsabgabe in Mitteldeutschland* (Berlin)

HIMBER, G. (1980): *Westliches Management aus DDR-Sicht* (Erlangen)

IDE RESEARCH GROUP (1981): *Industrial Democracy in Europe*

HOFSTEDE, G. (1980): *Culture's consequences: International differences in work-related values* (Beverly Hills, Cal.)

KELLER, R. VON (1982): *Management in fremden Kulturen* (Bern - Stuttgart)

KIESER, R. G. REBER und **R. WUNDERER** (Hg.) (1987): *Handwörterbuch der Führung* (Stuttgart)

KOSIOL, E. (1960): Rechnungswsen (DDR), *Handwörterbuch der Betriebswirtschaft*, Band 3 (Stuttgart), 4570ff.

KRAKAT, K. (1980): *Organisationspraxis in der DDR* (Berlin)

LAAKSONEN, O. (1988): *Management in China* (Berlin - New York)

LAUTERBACH, G. (1973): *Zur Theorie der sozialistischen Wirtschaftsführung in der DDR* (Köln)

__ (1982): *Technischer Fortschritt und Innovation* (Erlangen)

LEPTIN, G. (1961): *Methode und Effizienz der Investitionsfinanzierung durch Abschreibung in der Sowjetwirtschaft* (Berlin)

MELLEROWICZ, K. (1949): Betriebswirtschaftslehre und politische Ökonomie, *Deutsche Finanzwirtschaft*, 15, 519-527

__ (1950a): Wirtschaftsordnung und Betriebsordnung - Das Problem in historischer Betrachtung, *Zeitschrift für Betriebswirtschaft*, 321-331

__ (1950b): Wirtschaftsordnung und Betriebsordnung - Das Problem theoretisch betrachtet, *Zeitschrift für Betriebswirtschaft*, 497-509

NEGANDHI, A.R. (1974): Cross-cultural studies - Too many conclusions, not enough conceptualization, *Management International Review*, 14, 59-67

_ (1983): Cross cultural management research: Trends and future directions, *Journal of International Business Studies,* Vol. 14, Nr. 2, 17-28

PERRIDON, L. (1967): Ansätze und Methodik der Vergleichenden Betriebswirtschaftslehre, *Zeitschrift für Betriebswirtschaft*, 677-686

_ (1975): Betriebswirtschaftslehre, Vergleichende, *Handwörterbuch der Betriebswirtschaft* (Stuttgart), 808-816

PIEPER, R. (1987): *Rekonstruktion der Geschichte der BWL in der DDR* (Berlin)

_ (1988): *The management of technological change in GDR combines* (Berlin)

_ (1989): The GDR system for managing change: The managerial instruments, *Studies in GDR Culture and Society,* M. Gerber (Hg.) (Lanham - New York)

PIORKOWSKY, M.B. (1980): *Sozialistische Warenproduktion und Betriebswirtschaftslehre* (Berlin)

RONEN, S. (1986): *Comparative and multinational management* (New York)

SCHÖLLHAMMER, H. (1969): The comparative management theory jungle, *Academy of Management Journal,* 12, 1969, 81-97

_ (1975): Current research on international and comparative management issues, *Management International Review*, 15, 29-45

SCHULZ-MEHRIN, O. (1964): *Betriebswirtschaftliche Kennzahlen als Mittel zur Betriebskontrolle und Betriebsführung* (Berlin)

STAEHLE, W.H. (1989): *Management* (München) (4. Aufl.)

TERPESTRA, V. und **K. DAVID** (1985): *The cultural environment of international business* (Cincinnati)

THALHEIM, K.C. (Hg.) (1977): *Betriebswirtschaftliche Probleme in der DDR und in anderen RGW-Ländern* (Berlin)

WILLKE, H. (1979): *Leitungswissenschaft in der DDR*, (Berlin)

WILMUT, A. (1958): *Analyse der betriebswirtschaftlichen Struktur der volkseigenen Betriebe* (Berlin)

WUNDERER, R. (Hg.) (1988): *Betriebswirtschaftslehre als Management- und Führungslehre* (Stuttgart)

ZIMMERMANN, H. ET AL. (Hg.) (1985): *DDR-Handbuch* (Köln), 2 Bände

Entwicklung der Managementlehre in Deutschland

Wolfgang H. Staehle
(Freie Universität Berlin)

1. Management und Managementlehre: Eine Begriffsbestimmung

Literarische Belege für den Begriff Management finden sich erstmals im England des 19. Jahrhunderts und wenig später auch in den USA. In der anglo-amerikanischen Literatur wird Management heute in zwei Bedeutungsvarianten verwendet:

- Management im funktionalen Sinn, d.h. Beschreibung der Prozesse und Funktionen, die in arbeitsteiligen Organisationen notwendig werden, wie Planung, Organisation, Führung, Kontrolle (*managerial-functions approach*);
- Management im institutionalen Sinn, d.h. Beschreibung der Personen (-gruppen), die Managementaufgaben wahrnehmen, ihrer Tätigkeiten und Rollen (*managerial-roles approach*).

Etymologische Deutungen des englischen Verbs *"to manage"* sind kontrovers und reflektieren das jeweilige Gesellschaftsbild der Autoren. Während die Annahme, "to manage" sei auf das lateinische *"manu agere"* (mit der Hand arbeiten) zurückzuführen, wenig plausibel erscheint, gewinnt die Interpretation von BRAVERMANN (1979), "manus agere" bedeute "an der Hand führen", oder genauer, "ein Pferd in allen Gangarten üben", im Lichte der Kontroll- und Disziplinierungsfunktion des Managements schon eher an Plausibilität. BOETTICHER (1963) ist dagegen der Meinung, "Manager" sei derjenige, der das Haus für einen (Eigentümer) bestelle, denn es stamme von *"mansionem agere"* ab.

Wie dem auch sei, Management ist ein feststehender Begriff der englischen Sprache, der auch in der deutschen - vor allem nach dem Zweiten Weltkrieg - weite Verbreitung gefunden hat.

Nach der deutschen Übersetzung (1948) des amerikanischen Bestsellers von JAMES BURNHAM "The Managerial Revolution" (1941) wird es allgemein üblich, die Originalbegriffe "Manager" und "Management" beizubehalten. Dies ist ein nicht zu unterschätzendes Verdienst des Übersetzers von Burnhams Werk. "Die Einführung eines besonderen deutschen Wortes dafür [Manager; W.St.] würde [...] uns nur die Beteiligung an dem internationalen Gedankenaustausch erschweren, von dem wir zum Schaden allzulange ausgeschlossen waren" (ebd., 10).

In der deutschsprachigen Betriebswirtschaftslehre wird - sofern man nicht ebenfalls von Management spricht - eine Vielzahl von Übersetzungen angeboten, die alle darunter leiden, daß diese deutschen Begriffe (wie Unternehmensführung, Betriebspolitik, Führung, Leitung, dispositiver Faktor) aus eigenständigen Theorieansätzen stammen und eine historische Entwicklung reflektieren, die mit der des Management-Begriffs kaum vergleichbar ist. Bei dieser Sachlage kann es kaum überraschen, daß keine Einheitlichkeit in der deutschen Management-Terminologie entstehen kann; das um so mehr, als mit den Übertragungsbemühungen u.a. die alte betriebswirtschaftliche Kontroverse um die Abgrenzung von Betrieb und Unternehmung neu aktualisiert wurde (heißt es Betriebs- oder Unternehmungsführung?). Da der Begriff Management niemanden auf einen spezifischen Organisationstyp festlegt, neigen viele Autoren dazu, ihn generell mit Führung zu übersetzen, ein Begriff, der so unverbunden in der Betriebswirtschaftslehre keine Tradition hat, dagegen aber in der Psychologie und Sozialpsychologie; dort allerdings keineswegs in der Bedeutung von Management.

Andere Autoren identifizieren Management mit Unternehmens- bzw. Betriebsführung (-leitung) und knüpfen damit auch in der Betriebswirtschaftslehre bekannte sachbezogene Führungs-, Leitungs- und Verwaltungsaufgaben an; erst bedeutend später wird eine personenbezogene, verhaltenswissenschaftliche Komponente des Managements erkannt, die meist mit dem Begriff Menschen- bzw. Personalführung belegt wird.

Dieses gesamte Forschungsgebiet bezeichne ich im folgenden als Management; die hierüber gesammelten Forschungsergebnisse als Managementwissen. Dieses gliedert sich in drei große Bereiche:

- (Personal-)Führung: auf Personen und Kleingruppen bezogen, verhaltenswissenschaftlicher Teil des Managementwissens (*Behavioral Sciences*)
- Unternehmungsführung: auf wirtschaftliche Institutionen bezogen, betriebswirtschaftlicher Teil des Managementwissens (*Business Administration*)
- Unternehmensforschung/Operations Research: auf Verfahren bezogen, formalwissenschaftlicher Teil des Managementwissens (*Management Sciences*).

Der Begriff "Managementlehre", als Lehre von der Unternehmensführung (PACK 1984), ist eine deutsche Sprachschöpfung. Er ist m.E. von ILLETSCHKO (1955, 1969) in die betriebswirtschaftliche Literatur eingeführt worden, und zwar als Bezeichnung für ein Teilgebiet der Business Administration, das sich mit Leitungsfragen und -funktionen beschäftigt (1955, 1). Ähnlich definiert SCHOENFELD (1984, 751) die Managementlehre als einen Teilbereich der Betriebswirtschaftslehre, der sich zu einem selbständigen Forschungsgebiet entwickelt hat.

In dem Maße, in dem Managementwissen von der Betriebswirtschaftslehre rezipiert bzw. integriert wird, ändern sich auch die Auffassungen über das Verhältnis von Betriebswirtschaftslehre zur Managementlehre (vgl. z.B. WUNDERER 1988). Neben der eingangs vorgestellten Position, die Managementlehre sei ein Teilbereich der Betriebswirtschaftslehre, wird seit Ende der 60er Jahre auch die Auffassung vertreten, die Managementlehre sei mit der Betriebswirtschafstlehre identisch. Während m.W. bislang kein Betriebswirt auf die Idee gekommen ist, den quantitativen Teil des Managementwissens (Management Science) mit der Betriebswirtschaftslehre gleichzusetzen, ist dies bei dem als Unternehmensführungslehre bezeichneten Managementwissen sowohl in seiner Gesamtheit als auch lediglich in seinem verhaltenswissenschaftlichen Teil (Führungslehre) verstärkt der Fall. So bezeichnet REBER (1969) die Managementlehre als eine nordamerikanische Betriebswirtschaftslehre, und ULRICH (1968) sieht die Betriebswirtschaftslehre als eine Lehre von der Unternehmensführung und (1984) als Managementlehre. Unter den deutschen Betriebswirten hat sich vor allem KIRSCH für eine Betriebswirtschaftslehre als angewandte Führungslehre eingesetzt. KIRSCH (1977) möchte die Führungslehre nicht als interdisziplinäre Superwissenschaft verstanden wissen, sondern einen multidisziplinären Erkenntnispluralismus zum Programm erheben. "Erfahrungsobjekt der Betriebswirtschaftslehre als Führungslehre ist alles, worüber Wissen vorhanden sein sollte, wenn man die Führung von Betriebswirtschaften 'verbessern' möchte" (KIRSCH 1977, 29). Dieses Forschungsziel läßt eine Vielzahl von Forschungstraditionen und Paradigmen in den Nachbardisziplinen der Betriebswirtschaftslehre relevant erscheinen. Eine Durchsicht der wirtschaftswissenschaftlichen Fachzeitschriften der letzten Jahre sowohl im angelsächsischen als auch im deutschsprachigen Raum verleitet Kirsch zu dem Schluß, daß die reale Identität der Betriebswirtschaftslehre weitgehend jener der Managementlehre entspricht, denn "nahezu alle Forschungsansätze und -traditionen der Managementlehre besitzen inzwischen ein Pendant in den Forschungsbemühungen deutschsprachiger Autoren" (KIRSCH 1983, 221). Daraus aber eine weitgehende Identität der Betriebswirtschaftslehre und der Managementlehre abzuleiten, erscheint selbst Kirsch als zu gewagt, denn er muß einräumen, daß die Anhänger einer solchen Führungslehre dazu neigen, gerade jene Entwicklungen in der Betriebswirtschaftslehre wahrzunehmen, die die Prognose bestätigen.

Folgt man Kirschs (1977) Unterscheidung einer Lehre für die Führung und einer Lehre von der Führung, so ist m.E. KIRSCH (1984, 375ff) dahingehend zuzustimmen, daß sich Betriebswirtschaftslehre und Managementlehre in ihrem Charakter als Lehre *für* die Führung stark angenähert haben. Richtet man das Augenmerk mehr auf den Aspekt der Lehre *von* der Führung, so bleiben erhebliche Differenzen zwischen Management- und Betriebswirtschaftslehre bestehen.

Eine dritte Position geht davon aus, daß die Managementlehre, vor allem in ihrer universalistischen, multidisziplinären Fassung, weit über das Erkenntnisobjekt der Betriebswirtschaftslehre hinausgreift. Die Betriebswirtschaftslehre ist in dieser Sichtweise dann lediglich eine spezielle Managementlehre für Betriebe und Märkte als wirtschaftliche Phänomene (BLEICHER 1985, 86). PACK (1984) hat diese universalistische Fassung der Managementlehre als "Führungslehre im weitesten Sinne" bezeichnet, die "jeden Zusammenschluß von zwei oder mehr Personen erfaßt, welche unter Einsatz der für sie verfügbaren personellen und sachlichen Ressourcen gemeinsame Ziele erreichen wollen" (ebd., 4079). Die Lehre von der Unternehmungsführung ist dann eine spezielle Führungslehre. Perspektivisch sieht Bleicher, der sich ausführlich mit dem Verhältnis beider Disziplinen zueinander befaßt hat, zwei mögliche Entwicklungslinien (BLEICHER 1985, 88): "Die Emanzipation einer inter- und multidisziplinären Managementlehre von wirtschaftlichen Institutionen".

Forschungsergebnisse zum Erfahrungsobjekt 'Management' liegen in den unterschiedlichsten Disziplinen vor, so z.B. in der Psychologie, Soziologie, Politologie, aber auch in den Ingenieurwissenschaften und der Rechtswissenschaft. Unabhängig von ihrem eigenen Forschungsbeitrag gelten die Disziplinen "Business Administration" (für den angelsächsischen Bereich) und "Betriebswirtschaftslehre" (für den deutschsprachigen Raum) als prädestiniert zur Vermittlung von Mangementwissen an Studenten und Praktiker. Der Manager kann sich also bei der Suche nach Managementwissen nicht allein auf diese beiden Disziplinen beschränken, sondern sollte auch die einschlägigen Forschungsergebnisse der Nachbardisziplinen zur Kenntnis nehmen.

Den Zusammenhang zwischen dem Kernbereich einer Managementwissenschaft und benachbarten Wissensgebieten verdeutlicht Abbildung 1.

Abb. 1: Kernbereich der Managementwissenschaft und der benachbarten Forschungsbereiche

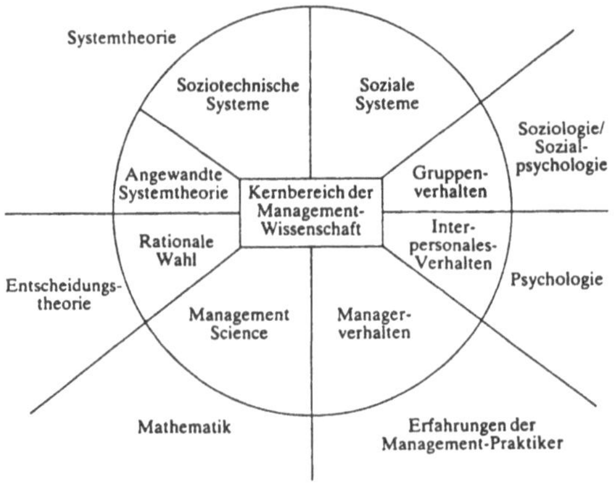

Das Auswahlprinzip für die Aufnahme von nachbarwissenschaftlichen Forschungsergebnissen in den Kernbereich ist stets der Praxisbezug der neuen Erkenntnisse gewesen, d.h. inwiefern sie zur Lösung von Problemen des Managements beitragen können. Ein solches Konzept einer problemfeldorientierten Integration von managementrelevanten Wissensbausteinen hat als erster WALLACE B. DONHAM, von 1919 bis 1942 Dekan der Harvard Business School, vertreten; er fordert die Erkenntnisse der obengenannten Nachbardisziplinen in die Business Administration zu integrieren, aber nur insoweit, als diese auf konkretes administratives Handeln abstellen (DONHAM 1936). WALTER-BUSCH (1984, 238) charakterisiert den Ansatz von Donham als ein "aktionsorientiertes Umsetzungs- und Integrationskonzept für möglicherweise praxisrelevantes science-Teilwissen, das der multidimensionalen Komplexität praktischer Probleme entsprechend aus verschiedenen Fachwissenschaften stammt". Dieses praxisrelevante science-Teilwissen bezeichne ich als "Managementwissen". ULRICH (1984, 16) vertritt eine ähnlich aktions- und praxisorientierte Position, wenn er fordert, daß die Probleme, welche sich die Managementlehre stellt, einen klaren Bezug zu solchen Problemen haben müssen, welche sich den Führungskräften stellen.

Während die amerikanischen Business Schools von Anbeginn auf eine solche Problemorientierung der Business Administration Wert legen, fehlt diese bei den deutschen Handelshochschulen und späteren wirtschaftswissenschaftlichen Fakultäten bis in die jüngste Zeit.

Der Kernbereich des Managementwissens wird im angelsächsischen Sprachraum als *"management discipline"* oder *"management theory"* bezeichnet, die meist im Rahmen des Fachs "Business Administration" an Universitäten (Business Schools, Departments of Management) gelehrt wird. Für diesen Lehrstoff hat sich bei uns der Begriff Managementlehre durchgesetzt.

2. Entwicklung des Managementwissens bis zur Spaltung Deutschlands

Wissenschaftliche Aussagen über Management lassen sich im deutschsprachigen Raum erst bedeutend später feststellen als im angelsächsischen. In der Frühzeit der Betriebswirtschaftslehre stehen nicht ökonomische und organisatorische Probleme der industriellen Massenfertigung im Vordergrund, sondern Probleme der Rechnungslegung. "Im angelsächsischen Bereich waren es vor allem Praktiker, Ingenieure, die produktionsökonomische und -technische Vorgänge sowie arbeitsökonomische Sachverhalte als Forschungsobjekt wählten. In Deutschland waren es meist Akademiker, Ökonomen, die teilweise von der Wirtschaftstechnik und vom Rechnungswesen her oder auch von der Nationalökonomie her den Vorstoß zur Betriebswirtschaftslehre unternehmen" (LEITHERER 1984, 703).

Produktionswirtschaftliche Veränderungen, die in England und den USA den Ausgangspunkt des Managements bilden, werden in Deutschland zunächst nicht als betriebswirtschaftliche, sondern als technische Probleme definiert und den Ingenieurwissenschaften (Betriebswissenschaft und Arbeitswissenschaften) zugewiesen. Die Dualität Kaufmann - Techniker (Ingenieur) zieht sich durch die gesamte Geschichte der Betriebswirtschaftslehre und die Führungshierarchien von Unternehmungen (kaufmännischer Direktor - technischer Direktor).

Von seiten der Wissenschaft haben sich in Deutschland also zunächst die Ingenieurwissenschaftler, denen ja primär die Ausbildung zukünftiger Manager im Produktionsbereich oblag, mit Fragen der Arbeitsforschung und -organisation beschäftigt. Ab 1904 (TH Berlin) wurden an deutschen Technischen Hochschulen (Aachen 1906, Hannover 1907) Lehrstühle für Betriebswissenschaft eingerichtet. Georg Schlesinger, ehemals Chefkonstrukteur bei der Ludwig Loewe AG, wurde Inhaber des ersten Lehrstuhls für Werkzeugmaschinen und Fabrikbetriebe an der TH Charlottenburg und entwickelte sich zu einem der Hauptpropagandisten des Taylorsystems in Deutschland ("der deutsche Taylor"). Die neuen aus den USA kommenden Forschungseinrichtungen (Scientific Management und Industrial Engineering) wurden von ihm als Betriebswissenschaft bezeichnet (vgl. SCHLESINGER 1920). "Die Betriebswissenschaft befaßte sich vorwiegend mit Problemen der internen Betriebsführung, insbesondere mit Konstruktion, Fertigung, Mensch, Arbeit und Lohn sowie Wirtschaftlichkeitsfragen im Gegensatz zur Betriebswirtschaftslehre, die man damals mehr in den Feldern der Finanzierung, des Rechnungswesens, des Einkaufs und Verkaufs sah" (RÜHL 1984, 1940).

Mit dem Aufkommen des Wirtschaftsingenieurwesens an den Technischen Hochschulen Mitte der 20er Jahre (TH Berlin ab 1927) verschwand auch allmählich die Bezeichnung Betriebswissenschaft und der Begriff Betriebswirtschaftslehre setzte sich immer mehr durch.

Die Rezeption von Managementwissen, das anfangs stark am produktionstechnischen Bereich ausgerichtet ist, kann erst mit der Entwicklung von Wirtschaftszweiglehren innerhalb der Betriebswirtschaftslehre einsetzen (vgl. KERN 1984, 1854). Sieht man das umfassende Lehrbuch der Wirtschaftswissenschaften in vier Bänden "Die Handelshochschule" (SCHMIDT 1928) als repräsentativ für den Pflichtlehrstoff dieser Disziplin an, dann ist an Managementwissen zu jener Zeit noch kaum etwas vorhanden. Lediglich im Kapitel über "Industriebetriebslehre" von Perndorf finden sich unter der Überschrift "Die Verwaltung der Arbeit (Personal-Politik)" (ebd., 1161ff) Ausführungen über industrielle Menschenführung, psychotechnische Eignungsprüfung und Personalauslese, Personalausbildung, Personalbehandlung. Auf den amerikanischen Einfluß in diesem Bereich wird explizit hingewiesen. Andere Quellen zeugen jedoch davon, daß die deutschen Übersetzungen von Taylors Hauptwerken sowie deutschsprachige Veröffentlichungen zur Psychologie des Betriebes oder den Menschen als Betriebsfaktor schon 1920 den Betriebswirten bekannt sind (vgl. den Abschnitt "Betriebswirtschaft und Mensch" bei ISAAC 1923, 106ff). In Deutschland wird über das "System Taylor" seit 1904 publiziert (MÖLLER 1904).

Der Ingenieur GRIMSHAW (1903, 1906) ist einer der ersten Autoren, der sich mit der Organisation und Führung des Fabrikbetriebs beschäftigt. Außer Fabrikorganisation (siehe vor allem CALMES 1906) und Kontorwissenschaft werden den angehenden Diplom-Kaufleuten an den Handelshochschulen im allgemeinbildenden Teil des Lehrangebots Vorlesungen über Philosophie und Wirtschaftspsychologie geboten. Für eine solche Ausweitung hat sich schon früh Nicklisch ausgesprochen. 1910 wird er ordentlicher Professor an der Handelshochschule Mannheim und gründet dort 1914 ein betriebswissenschaftliches Institut für Forschungen auf dem Gebiet des Betriebslebens. NICKLISCH (1932, 19) meint, der Wirtschaftswissenschaftler könne die Erscheinungen des Wirtschaftslebens, speziell des Betriebslebens, nur verstehen, wenn er den Menschen verstanden hat. Er könne sich hierbei nicht auf Philosophen und Psychologen verlassen, sondern müsse selbst auf diesem Gebiet forschen. Aus diesem Grund ist 1919 dem betriebswissenschaftlichen Institut an der Handelshochschule Mannheim ein wirtschaftspsychologisches Laboratorium eingegliedert worden mit der Aufgabe, die psychologischen Seiten betriebswirtschaftlicher Fragen zu erforschen (HOFFMANN 1985, 175).

1920 wird an der Handels-Hochschule Berlin das erste Institut für Wirtschaftspsychologie eingerichtet. Direktor ist Walter

Moede, der aber schon 1921 an der TH Berlin den Lehrstuhl für angewandte Psychologie übernimmt. Gleichzeitig wird er Vorstand des dortigen Instituts für Industrielle Psychotechnik und Arbeitstechnik. Einschlägige Forschungs- und Unterrichtsgebiete an der Handels-Hochschule sind:

- kaufmännische Eignungsprüfung (Auswahl)
- Prüfverfahren für Werbemittel (Werbewirkung)
- Prüfverfahren für kaufmännische Geräte und Einrichtungen (ergonomische Studien)
- Verkaufsstudien (Verbraucherverhalten).

In der Betriebswirtschaftslehre haben sich vor allem Hochschullehrer mit einer sozial-ethischen Ausrichtung (Nicklisch, Sandig, Lohmann, Kalveram) mit der Stellung des Menschen im Betrieb und einer sozialen Betriebsgestaltung. Die Betrachtung des Betriebs als Organismus (LE COURTRE 1928, NICKLISCH 1932) geht auf Emminghaus zurück. Die darauf gründende Betonung der Idee einer Betriebsgemeinschaft, die wirtschaftliches Verhalten nicht als individuelles, sondern als soziales Verhalten interpretiert (SANDIG 1937), ist eine Wurzel der verhaltenswissenschaftlichen Betriebswirtschaftslehre.

In der hier beschriebenen ersten Phase der Rezeption wird Managementwissen aus den USA (*Scientific Management*, *Industrial Engineering*) und Frankreich (*Doctrine Administration*) übernommen. Eigene psychotechnische Forschung wird an Hochschulinstituten durchgeführt.

In Deutschland ruhte zwischen 1933 und dem Ende des Zweiten Weltkriegs zwangsläufig der Teil der sozialwissenschaftlichen Forschung, der nicht - wie z.B. die Idee der Betriebsgemeinschaft - nationalsozialistischen Zielen nutzbar gemacht werden konnte. Die Gleichschaltung der industriellen Arbeitsbeziehungen erfolgte seit Mai 1933 in der Deutschen Arbeitsfront (DAF). An die Stelle des kollektiven Arbeitsrechts (Tarifvertragsordnung von 1918, Betriebsrätegesetz von 1920) trat 1934 das Gesetz zur Ordnung der nationalen Arbeit. Gewerkschaften wurden aufgelöst, das bisherige Betriebsverfassungsrecht wurde abgeschafft, sozialwissenschaftliche Forschungsinstitute wurden bei fehlender eindeutig nationalsozialistischer Orientierung geschlossen. Anders als Sozialwissenschaftler standen Ingenieure, Arbeitswissenschaftler und Betriebswirte in hohem Ansehen. Die Betriebsgemeinschaft als sozialer Ordnungsrahmen war vom Führerprinzip beherrscht, d.h. der Unternehmer war Führer, die Mitarbeiter seine Gefolgschaft. § 1 des Gesetzes zur Ordnung der nationalen Arbeit (1934) lautet: "Im Betrieb arbeiten der Unternehmer als Führer des Betriebes, die Angestellten und Arbeiter als Gefolgschaft gemeinsam zur Förderung der Betriebszwecke und zum gemeinsamen Nutzen von Volk und Staat".

3. Entwicklung des Managementwissens nach Gründung der Bundesrepublik Deutschland

In einer zweiten Phase der Rezeption (nach dem Zweiten Weltkrieg) werden den Betriebswirten bekannte und vertraute Aspekte und Theoriebestandteile des Managements herausgegriffen und dem traditionellen Lehrgebäude der Betriebswirtschaftslehre hinzugefügt. Hierbei handelt es sich um sachbezogene Aspekte, die unter den Bezeichnungen Unternehmens- bzw. Betriebsführung, Betriebspolitik, Leistung schon seit langem Bestandteile betriebswirtschaftlicher Untersuchungen sind.

Die in diesem Zusammenhang häufig zitierte deutsche Entwicklung einer Lehre von der Betriebspolitik[1] als angewandte Betriebswirtschaftslehre ist unabhängig und unbeeinflußt von der amerikanischen Managementlehre erfolgt, was von solchen Autoren offensichtlich verkannt wird, die in der Betriebspolitik den Vorläufer einer deutschen Managementlehre erblicken wollen. Wenn LUDOVICI (1768) zwischen Handlungswissenschaft und Handlungspolitik und später SEYFFERT (1925) zwischen Betriebswirtschaftstheorie und Betriebswirtschaftspolitik unterscheiden,

1 DLUGOS (1987) diskutiert die betriebswirtschaftlichen Ansätze zur Unternehmungspolitik (Mellerowicz, Sandig, Rühli, Ulrich) im Hinblick auf ihren Beitrag zur Unternehmungsführung und Mitarbeiterführung (ebenso THOMMEN 1986).

so waren diese ersten Ansätze zur Begründung einer Lehre von der Führung bzw. Leitung von Unternehmungen eher als Derivat einer zuvor entwik-kelten wirtschaftswissenschaftlichen Theorie zu verstehen. Ganz anders gestalten sich die angloamerikanischen Bemühungen zur Begründung einer Theorie der Unternehmung aus den systematisierten Erkenntnissen einer handlungsorientierten Business Administration.

In der Bundesrepublik beschäftigen sich etwa ab 1950 einige Fachvertreter im Rahmen der Betriebspolitik verstärkt mit den Managementfunktionen Planung, Organisation und Kontrolle sowie mit Politik als unternehmerischer Funktion der Zielbestimmung und -erreichung (vor allem SANDIG 1953). MELLEROWICZ (1963) sieht in der Betriebspolitik (= Unternehmenspolitik) einen der drei großen Teilbereiche der Betriebswirtschaftslehre (neben Theorie und Technik), der sich mit dem Treffen von Entscheidungen grundsätzlicher Art beschäftigt und damit als Kernaufgabe einer Unternehmensführung (= Management) anzusehen sei. Er formuliert folgende Grundfunktionen der Unternehmensführung:

- Unternehmenspolitik
  (Entscheidungen grundsätzlicher Art) = **Kernaufgabe**
- Planung
- Organisation
- Koordinierung = **Mittel** der Unternehmenspolitik
- Kontrolle
- Information

Während MELLEROWICZ (1963) die betriebswirtschaftliche Theorie als Grundlage für die Gestaltungsbemühungen der Betriebspolitik ansieht, betont SANDIG schon 1953 die Eigenständigkeit der Betriebswirtschaftspolitik als Lehre vom Führungshandeln neben der Betriebswirtschaftstheorie als der Lehre vom Sein im Betrieb. THOMMEN (1986, 222) sieht in Sandig und Mellerowicz die Väter der deutschsprachigen Lehre der Unternehmungsführung und -politik und in ihren Arbeiten die erste Phase der Entstehung der Führungslehre (1951 - 1967). In Fortführung dieser unternehmenspolitischen Tradition entwickelt DLUGOS (1974) unter Bezug auf politikwissenschaftliche Konzepte eine Lehre von der Unternehmungspolitik als betriebswirtschaftlich-politologische

Teildisziplin, die vor allem Fragen von Macht, Herrschaft und Konflikt bei der Realisation von Unternehmungszielen zum Gegenstand hat.

Während sich mit der Betriebspolitik lediglich ein Nebenstrang der Betriebswirtschaftslehre beschäftigt, wird das Fach in der Ära Schmalenbach (vgl. KRUK/POTTENHOFF/SIEBEN 1984) primär von Fragen der Bilanzierung, Finanzierung und Kostenrechnung beherrscht. Erst GUTENBERG (1951) nimmt wieder einen konsequent produktionstheoretischen Standpunkt ein, der es zwangsläufig erfordert, Managementwissen über den Faktor Arbeit und die dispositiven Faktoren Geschäfts- und Betriebsleitung sowie Planung und Organisation in seine Grundlagen der Betriebswirtschaftslehre aufzunehmen.

Im Gutenbergschen System der produktiven Faktoren werden diese so miteinander kombiniert, daß ein optimales Verhältnis von Faktoreinsatz zu Faktorertrag (Produktivitätsbeziehung) erzielt wird. Zu den produktiven Faktoren zählen menschliche Arbeitsleistung, Betriebsmittel und Werkstoffe.

Da der oben beschriebene Kombinationsprozeß jedoch nicht von selbst abläuft, unterteilt Gutenberg den Elementarfaktor menschliche Arbeitsleistung in die objektbezogene, nicht anordnende Arbeit und in die dispositive Arbeitsleistung,die als Geschäfts- und Betriebsleitung den vierten Faktor im System bildet.

Im Abschnitt über die Bedingungen optimaler Ergiebigkeit menschlicher Arbeitsleistung im Betrieb werden arbeitswissenschaftliche (arbeitspsychologische und arbeitsphysiologische) und betriebssoziologische Erkenntnisse verarbeitet. Ergebnisse der empirischen Sozialforschung aus den USA (z.B. Hawthorne-Experimente) werden zitiert.

Im Kapitel über die dispositiven Faktoren nimmt Gutenberg auf die "*wissenschaftliche Betriebsführung*" Taylors Bezug und bearbeitet darauf aufbauende Managementliteratur. Der dispositive Faktor steuert den Prozeß der Kombination der produktiven Faktoren nach dem Wirtschaftlichkeitsprinzip. Da sich der dispositive Faktor nach Ansicht Gutenbergs in kein rationales Schema einfangen läßt und damit quantifizierenden Methoden nur begrenzt zugänglich ist, wird er aus der produktionstheoretischen Analyse ausgeschlossen. Mit der Ausklammerung des dispositiven Faktors aus den produktionstheoretischen Überlegungen rücken Fragen der Geschäfts- und Betriebsleitung mehr und mehr in den Vordergrund eigenständiger wissenschaftlicher Untersuchungen.

Gutenberg ist hier selbst bahnbrechend tätig geworden. In seiner "Einführung in die Betriebswirtschaftslehre" (GUTENBERG 1958), mit der er das Sammelwerk "Die Wirtschaftswissenschaften" einleitet, schreibt er im Vorwort:

> "In den letzten Jahrzehnten hat die wirtschafts- und sozialwissenschaftliche Forschung große Fortschritte gemacht. Die traditionellen Probleme wurden von neuen Ansatzpunkten her erörtert. Fragen bisher noch nicht diskutierter Art rückten in den Mittelpunkt des wissenschaftlichen Interesses und entfesselten Diskussionen, die tief in die Grundlagen der wirtschafts- und sozialwissenschaftlichen Disziplinen hineinragen. Dabei kann kein Zweifel daran bestehen, daß die ausländischen Forschungen das deutsche wirtschaftswissenschaftliche Denken stark befruchtet haben. Zudem führten die Ergebnisse sozialwissenschaftlicher Untersuchungen zu neuen Einsichten sowohl im einzelwirtschaftlichen wie im gesamtwirtschaftlichen Sektor der Wirtschaftswissenschaften."

"Die Unternehmensführung" lautet das vierte Kapitel dieser Einführung, und dem gleichen Thema ist ein selbständiger Band "Unternehmensführung - Organisation und Entscheidungen" (GUTENBERG 1962) gewidmet. Hiermit trägt er der Entwicklung Rechnung, daß Fragen der Unternehmungsführung nach den Vereinigten Staaten nun auch in der westdeutschen Betriebswirtschaftslehre in den Vordergrund des wissenschaftlichen Interesses gerückt sind (Vorwort zu Gutenberg 1962). In diesem Werk wird durchgängig auf Erkenntnisse der US-amerikanischen Managementforschung, sowohl aus em quantifizierenden als auch verhaltenswissenschaftlichen Bereich, zurückgegriffen. Faßt man das von Gutenberg herausgegebene Sammelwerk "Die Wirtschaftswissenschaften" als einen Querschnitt durch den damaligen Stand der Forschung auf (so das Vorwort), dann ist das Ausmaß an managementrelevanten Beiträgen im Vergleich zu dem 30 Jahre vorher erschienenen Sammelwerk "Die Handelshochschule" beachtlich.

Hier wird z.T. ausgiebig auf managementrelevante Forschungsergebnisse der Verhaltenswissenschaften zurückgegriffen. In der *Phase der Rezeption* bleiben jedoch die Forschungsergebnisse der Nachbardisziplinen der Betriebswirtschaftslehre nach wie vor äußerlich. Das der mikroökonomischen Theorie verpflichtete Faktorsystem Gutenbergs erlaubt keine systematische *Integration* verhaltenswissenschaftlicher Erkenntnisse. Dies trifft insbesondere für die personenbezogene Komponente des Managements (Personalführung) zu. So wird behauptet, der personale, verhaltenswissenschaftliche Teil des Managements sei eine nicht lehr- und lernbare Kunst.

Ende der 60er Jahre ist ein Umdenken einiger Fachvertreter der Betriebswirtschaftslehre im Hinblick auf eine verstärkte Öffnung hin zu den im Managementwissen integrierten verhaltenswissenschaftlichen Erkenntnissen festzustellen. 1969 schreibt STIEFEL, daß "in der jüngeren Betriebswirtschaftslehre eine Entwicklungstendenz in Richtung einer Lehre von der Unternehmens- und Organisationsführung unverkennbar" sei (1969, 626); und BEYER (1970) glaubt, eine Entwicklung der Betriebswirtschaftslehre hin zu einer Führungslehre zu erkennen. Bis zu jener Zeit vollzieht sich nach Auffassung von KIRSCH (1974) die Entwicklung der deutschsprachigen Betriebswirtschaftslehre "weitgehend losgelöst und geradezu in strikter Abgrenzung zu den Verhaltenswissenschaften bzw. ihren klassischen Mutterdisziplinen" (1974, 460). Die einseitige Ausrichtung der deutschsprachigen Betriebswirtschaftslehre auf "wirtschaftliche" Fragestellungen hat sowohl fachimmanente als auch wissenschaftstheoretische Gründe.

Während sich im angelsächsischen Raum Managementwissen weitgehend unter Verzicht auf methodologische Vorüberlegungen als Antwort auf die Probleme der betrieblichen Praxis entwickeln kann, legt sich die Betriebswirtschaftslehre in der Bundesrepublik aus Gründen der "Wissenschaftlichkeit" Fesseln in Form restriktiver methodologischer Regeln an.

Neben methodologischen Gründen (vermeintliche Unwissenschaftlichkeit der Verhaltenswissenschaften) hat vor allem der klassische instrumentale Organisationsbegriff der Betriebswirtschaftslehre (Die Unternehmung *hat* eine Organisation) eine Integration verhaltenswissenschaftlicher Erkenntnisse erschwert. Bei dieser Sichtweise ist die Organisation (als Struktur) Mittel zum Zweck (Erreichen der Unternehmensziele). Umweltsituationen, Ziele, Alternativen und deren Konsequenzen sind gegeben, Manager und Arbeiter handeln zweckrational.

Die Wahl eines institutionellen Organisationsbegriffs (Die Unternehmung *ist* eine Organisation) erlauben es LOHMANN (1949) in Anknüpfung an die Diskussion vor 1933, die Unternehmung als soziales Gebilde, und FISCHER (1949), die Unternehmung als soziale Gemeinschaft zu sehen. Beide reden dann von *sozialer Betriebsgestaltung*.

GRÖSSLE (1957) versucht in seiner Monographie "Der Mensch in der industriellen Fertigung", "eine betriebswirtschaftliche Betrachtungsweise mit einer sozialpsychologischen zu kombinieren" (Vorwort). Grössle legt erstmals in der Betriebswirtschaftslehre einen umfassenden Überblick über Entwicklung und Stand der empirischen verhaltenswissenschaftlichen Managementforschung vor. HEINEN (1962) geht diesen Weg konsequent weiter, indem er entsprechend der modernen Organisationstheorie die Unternehmung ebenfalls als Organisation (bzw. Koalition) auffaßt und damit (zunächst beispielhaft für den Zielbildungsprozeß) einer Integration der Erkenntnisse der *"Behavioral Theory of the Firm"* (SIMON, MARCH, CYERT) in die Allgemeine Betriebswirtschaftslehre den Weg bahnt. Dies ist Ausgangspunkt seiner Konzeption der *Betriebswirtschaftslehre als Entscheidungslehre*, wie sie in der "Einführung in die Betriebswirtschaftslehre" (HEINEN 1968) ihren Niederschlag findet. Heinen sieht die Neuartigkeit dieses Ansatzes zum einen in der Tatsache, daß die entscheidungsorientierte Betriebswirtschaftslehre sich systematisch der Erkenntnisse ihrer Nachbardisziplinen bedient, zum anderen stellt sie

> "[...] den Anschluß an die wissenschaftliche Diskussion des Auslands, insbesondere des angelsächsischen Sprachraums her. Die Konzeption der Entscheidungslehre schließt jene Sachgebiete in systematischer Weise ein, die unter den Bezeichnungen Management Science, Business Administration, Business Economics, Administrative Behavior, Marketing Theory, Theory of the Firm u.a. behandelt werden. Es sei vermerkt, daß mir gerade das Studium der neueren anglo-amerikanischen Literatur wesentliche Anre-

gungen zu dem hier beschrittenen Weg geliefert hat" (Vorwort zu HEINEN 1968).

Unter "*Entscheidungstheorie*" wird klassischerweise eine formale, interdisziplinäre Theorie über die rationale Entscheidung eines Individuums oder einer sozialen Institution verstanden; ein Aussagensystem über die Wahl einer Alternative, wenn mehrere Alternativen möglich sind (vgl. HEINEN 1968). Neben dieser auch als Entscheidungslogik bezeichneten normativen Entscheidungstheorie hat zu jener Zeit eine mehr verhaltenswissenschaftliche, deskriptive Entscheidungstheorie amerikanischer Provenienz bei uns Akzeptanz gefunden. Vor allem Heinen versucht, mit seiner auf praktisch-normativer Basis beruhenden entscheidungsorientierten Betriebswirtschaftslehre dem neuen Trend gerecht zu werden, indem er gemäß der Gestaltungsaufgabe der Wissenschaft der betrieblichen Praxis (dem Management) Handlungsanweisungen über die bestmögliche Erreichung vorgegebener Ziele liefert. Eine zielwirksame Gestaltung von betrieblichen Anreizen durch die Unternehmensführung setzt aber eine Beschreibung und Erklärung menschlichen Verhaltens im Betrieb voraus, womit eine Integration sozialwissenschaftlicher Erkenntnisse in die Betriebswirtschaftslehre zu einer zwingenden Notwendigkeit wird. Problem- und Entscheidungsorientierung führen von der primär institutionell-statischen zu einer mehr prozeßhaft-dynamischen Betrachtungsweise in die Betriebswirtschaftslehre, ein Ansatz, der die Business Administration immer schon geprägt hat.

Der *Entscheidungsprozeß* wird als formaler Überbau zur Funktionalbetrachtung (Planung, Organisation, Kontrolle etc.) herangezogen. Gleichzeitig wird aber erkannt, daß Management als Funktion und Prozeß nicht getrennt gesehen werden kann von den Strukturen (Organisation), in denen es abläuft. Gerade auf diese integrative Sichtweise macht vor allem BEYER (1970) aufmerksam.

KIRSCH und MEFFERT (1970) entwickeln den entscheidungsorientierten Ansatz systematisch weiter und machen ihn für die Konzeption einer verhaltenswissenschaftlichen Organisation- und Führungslehre (KIRSCH 1977) einerseits und eine verhaltenswissenschaftliche Marketinglehre (MEFFERT 1971) andererseits nutzbar.

Neben der Entscheidungsorientierung trägt auch die *Systemorientierung* (ULRICH 1968, 1971) mit ihrer ganzheitlichen, interdisziplinären Ausrichtung zu einer stärkeren Managementorientierung der Betriebswirtschaftslehre bei. Führung wird bei einer solchen Sichtweise als rückgekoppelter kybernetischer Lenkungs- und Lernprozeß aufgefaßt, der sich institutionell gesehen in bzw. zwischen betrieblichen Teilsystemen abspielt. In der betriebswirtschaftlichen Gesamtkonzeption ULRICHs (1968) stellt die Lehre von der Gesamtführung der Unternehmung (Unternehmenspolitik, Führung der Mitarbeiter, Leistungsorganisation, Planungs- und Kontrollsysteme) einen Teilbereich der allgemeinen Unternehmungslehre dar. Ulrich versteht eine Unternehmungslehre als Lieferant von Wissen für die Führungskräfte in Unternehmungen, einen Personenkreis, den er allerdings recht weit verstanden wissen will. Ulrich sieht heute die Betriebswirtschaftslehre als Führungslehre (Managementlehre), die sich mit der Gestaltung, Lenkung und Entwicklung zweckorientierter sozialer Systeme befaßt (ULRICH et al. 1984). Dabei erscheint es sinnvoll, zwischen einer personenorientierten Führungslehre, die sich eng an verhaltenswissenschaftliche Ansätze anlehnt, und einer institutionenorientierten Managementlehre zu unterscheiden, die sich nach Ulrich am Systemansatz orientieren sollte.

Mit der Verbreitung des entscheidungs- und systemorientierten Ansatzes (um 1970) sieht Kirsch die endgültige Öffnung der Betriebswirtschaftslehre zu den Sozial- und Verhaltenswissenschaften vollzogen. Damit hole die Betriebswirtschaftslehre eine Entwicklung nach, die in der Managementlehre schon lange abgeschlossen sei. Die Betriebswirtschaftslehre entwickelt sich von einer rein ökonomischen Disziplin zu einer *Sozioökonomik* (KIRSCH 1974) und nähert sich damit immer mehr der angelsächsischen Managementlehre.

Die wissenschaftliche Tagung des Verbandes der Hochschullehrer für Betriebswirtschaft 1976 in Linz steht unter dem Thema "Personal- und Sozialorientierung der Betriebswirtschaftslehre" und trägt damit diesem Trend Rechnung. KIRSCH (1977) sieht die Betriebswirtschaftslehre auf dem Weg zu einer verhaltenswissenschaftlich fundierten angewandten Führungslehre, und SCHANZ (1977, 1978) versteht die verhaltenstheoretische Betriebswirtschaftslehre als eine spezielle Sozialwissenschaft mit der Aufgabe, die Realität von Betrieben mit Hilfe allgemeiner Theorien des Verhaltens von Individuen zu erklären.

Bei der nun engen Beziehung zwischen Managementwissen und verhaltenswissenschaftlich orientierter Betriebswirtschaftslehre nimmt es nicht Wunder, daß der Ende der 60er Jahre in England und den USA einsetzende Trend hin zu einer *Situationsorientierung des Managements* auch in der Bundesrepublik rasche Akzeptanz findet (vgl. STAEHLE 1976), dies allerdings nicht in der Allgemeinen Betriebswirtschaftslehre, sondern primär in den Funktionsbereichen Organisation, Führung, Planung und Kontrolle (vgl. STAEHLE 1987). Vor allem über die (empirische) Organisationsforschung findet das situative Denken Eingang in die Betriebswirtschaftslehre.

1974 erscheint die Organisationslehre von HILL/FEHLBAUM/ULRICH, die die Notwendigkeit eines situativen Ansatzes für eine kaum noch strittige Tatsache halten. Problematisch erscheinen ihnen indessen vor allem noch die Abgrenzung und Bestimmung der relativen Bedeutung von Situationskomponenten sowie deren Operationalisierung und empirische Erfassung; dies stellen auch heute noch zentrale Probleme in situativen Ansätzen dar.

BLEICHER/MEYER (1976) plädieren für eine situationsspezifische Gestaltung der Unternehmensführung im allgemeinen und eine kontext- und situationsadäquate Auswahl von Führungsformen, -modellen und Strukturalternativen im besonderen. Als kontext- und situationsadäquat qualifizieren sie dabei eine Entscheidung, die den Bedingungen der Handlungssituationen am besten entspricht und gleichzeitig zur Gesamtzielerfüllung (wirtschaftliche und sozioemotionale Rationalität) beiträgt. Die Erkenntnisse der Kontexttheorie der Organisation und Führung sollen für diesen Selektionsprozeß die Wissensbasis liefern.

KIESER/KUBICEK (1976) plädieren für eine empirische Orientierung. Zusammenhänge zwischen den drei Gruppen von Variablen: Situation (oder Kontext) der Organisation, formale Organisationsstruktur und Verhalten der Organisationsmitglieder, sollen auf der Basis empirischer Forschung entdeckt werden, wobei sie ausgiebig auf angloamerikanische Forschungsergebnisse zurückgreifen.

Zusammenfassend läßt sich festhalten: Erkenntnisse und Methoden der *Management Sciences* (quantitatives Managementwissen) werden von der deutschsprachigen Betriebswirtschaftslehre Anfang der 60er Jahre, nur kurze Zeit nach der entsprechenden Rezeption in den USA, aufgegriffen. Erkenntnisse und Methoden (z.B. der empirischen Sozialforschung) der *Behavioral Sciences* (verhaltenswissenschaftlichen Managementwissen) werden dagegen erst mit einem time lag von über 10 Jahren in die Betriebswirtschaftslehre aufgenommen, wobei der Nutzen dieser Öffnung unter Betriebswirten bis heute umstritten ist.

Literaturhinweise

BEYER, H.T. (1970): *Die Lehre von der Unternehmensführung* (Berlin)

BLEICHER, K. und E. MEYER (1976): *Führung in der Unternehmung: Formen und Modelle* (Reinbek b. Hamburg)

BLEICHER, K. (1985): Betriebswirtschaftslehre als systemorientierte Wissenschaft vom Management, in: *Integriertes Management*, Probst, G.J.B. und H. Siegwart (Hg.) (Bern - Stuttgart), 65-91

BOETTICHER, K.W. (1963): *Unternehmer oder Manager: Grundprobleme industrieller Führerschaft* (Köln - Berlin)

BRAVERMANN, H. (1977): *Die Arbeit im modernen Produktionsprozeß* (Frankfurt/M. - New York)

BURNHAM, J. (1941): *The managerial revolution* (New York) (deutsch: Das Regime der Manager, Stuttgart 1949)

CALMES, A. (1906): *Der Fabrikbetrieb* (Leipzig)

DLUGOS, G. (1974): Unternehmenspolitik als betriebswirtschsaftlich-politische Teildisziplin, in: *Unternehmensführung*, Wild, J. (Hg.) (Berlin), 43-73

__ (1987): Unternehmenspolitik als Führungsaufgabe, in: *Handwörterbuch der Führung*, Kieser, A., Reber, G. und R. Wunderer (Hg.) (Stuttgart), 1985-1994

DONHAM, W. (1936): The theory and practice of administration, in: *Harvard Business Review*, 1471936, 405-413

FISCHER, G. (1949): *Mensch und Arbeit im Betrieb* (Stuttgart)

GÄFGEN, G. (1968): *Theorie der wirtschaftlichen Entscheidung* (Tübingen) (2. Aufl.)

GRIMSHAW, R. (1903): *Werkstatt-Betrieb und Organisation* (Hannover)

__ (1906): *System und Organisation in kaufmännischen Betrieben* (Stuttgart)

GROCHLA, E. und E. WITTMANN (Hg.) (1984): *Handwörterbuch der Betriebswirtschaft* (Stuttgart) (4. Aufl.)

GRÖSSLE, H.K. (1957): *Der Mensch in der industriellen Fertigung* (Wiesbaden)

GUTENBERG, E. (1951): *Grundlagen der Betriebswirtschaftslehre*, Band 1: Die Produktion (Berlin - Heidelberg - New York)

__ (1958): *Einführung in die Betriebswirtschaftslehre* (Wiesbaden)

__ (1962): *Unternehmensführung: Organisation und Entscheidungen* (Wiesbaden)

HEINEN, E. (1962). Die Zielfunktion der Unternehmung, *Zur Theorie der Unternehmung*, Koch, H. (Hg.) (Wiesbaden), 9-71

__ (1968): *Einführung in die Betriebswirtschaftslehre*, Wiesbaden

HILL, W., **FEHLBAUM**, R. und P. **ULRICH** (1974). *Organisationslehre*, 2 Bände (Bern - Stuttgart)

HOFFMANN, R.W. (1985): *Wissenschaft und Arbeitskraft - Zur Geschichte der Arbeitsforschung in Deutschland* (Frankfurt/M. - New York)

ILLETSCHKO, L.L. (1955): *Management und Betriebswirtschaft* (Wien)

__ (1969): Management, *Handwörterbuch der Organisation*, Grochla E. (Hg.), (Stuttgart), 951-956

ISSAC, A. (1923): *Die Entwicklung der wissenschaftlichen Betriebswirtschaftslehre in Deutschland seit 1898* (Berlin)

KERN, W. (1984): Industriebetriebslehre, *Handwörterbuch der Betriebswirtschaft*, Grochla, E und E. Wittmann (Hg.) (Stuttgart), 1849-1858

KIESER, A. und H. **KUBICEK** (1976): *Organisation* (Berlin - New York)

KIRSCH, W. (1974): Betriebswirtschaftslehre, Sozialökonomie und psychologische Motivationstheorie, *Management durch Motivation*, Nick, F.R. (Hg.) (Stuttgart), 9-17

__ (1977): *Die Betriebswirtschaftslehre als Führungslehre: Erkenntnisperspektiven, Aussagensysteme, wissenschaftlicher Standort* (München)

__ (1983): Die Betriebswirtschaftslehre als Führungslehre - neu betrachtet, *Paradigmawechsel in der Betriebswirtschaftslehre?* Fischer-Winkelmann, W.F. (Hg.) (Spardorf), 204-237

__ (1984): Kritik und Replik: Entscheidungsprozesse, *Wissenschaftliche Unternehmensführung oder Freiheit von der Wissenschaft?* 1. Halbband (München), 117-153

__ und H. **MEFFERT** (1970): *Organisationstheorien und Betriebswirtschaftslehre* (Wiesbaden)

KRUK, M., **POTTHOFF**, E. und G. **SIEBEN** (1984): *Eugen Schmalenbach - Der Mann - Sein Werk - Die Wirkung* (Stuttgart)

LECOUTRE, W. (1928): Betriebsorganisation, *Die Handelshochschule - Lehrbuch der Wirtschaftswissenschaften*, Schmidt, F. (Hg.) (Berlin - Wien), 969-1120

LEITHERER, E. (1984): Betriebswirtschaftslehre, Dogmengeschichte, *Handwörterbuch der Betriebswirtschaft*, Grochla, E. und E. Wittmann (Hg.) (Stuttgart), 694-720

LOHMANN, M. (1949): *Einführung in die Betriebswirtschaftslehre* (Tübingen)

LUDOVICI, C.G. (1769): *Grundriß eines vollständigen Kaufmanns-systems* (Nachdruck Stuttgart 1932)

MEFFERT, H. (1971): Die Leistungsfähigkeit der entscheidungs- und systemorientierten Marketingtheorie, *Wissenschaftsprogramm und Ausbildungsziel der Betriebswirtschaftslehre*, Kortzfleisch, G. von (Hg.), (Berlin), 167ff

MELLEROWICZ, K. (1963): *Unternehmenspolitik*, Band 1 (Freiburg/Br.)

MÖLLER, P. (1904): *Aus der amerikanischen Werkstattpraxis* (Berlin)

NICKLISCH, H. (1932): *Die Betriebswirtschaft* (Stuttgart)

PACK, L. (1984): Lehre von der Unternehmungsführung (Management-lehre), *Handwörterbuch der Betriebswirtschaft*, Grochla, E. und E. Wittmann (Hg.) (Stuttgart), 4079-4093

REBER, G. (1969): Entwicklungslinien der Betriebswirtschaftslehre in Nordamerika, *ZfbF* 1969, 689-705

RÜHL, G. (1984): Ingenieurwissenschaft und Betrieb, *Handwörterbuch der Betriebswirtschaft*, Grochla, E. und E. Wittmann (Hg.) (Stuttgart), 1932-1942

SANDIG, C. (1937): *Betriebsgemeinschaft als Organisations- und Führungsproblem* (Berlin)

_ (1953): *Die Führung des Betriebs, Betriebswirtschaftspolitik* (Stuttgart)

SCHANZ, G. (1977): *Grundlagen der verhaltenstheoretischen Betriebswirtschaftslehre* (Tübingen)

_ (1978): *Verhalten in Wirtschaftsorganisationen* (München)

SCHLESINGER, G. (1920): *Psychotechnik und Betriebswissenschaft* (Leipzig)

SCHMIDT, F. (1928): *Die Handelshochschule - Lehrbuch der Wirtschaftswissenschaften* (Berlin - Wien)

SCHOENFELD, H.M. (1984): Betriebswirtschaftslehre im anglo-amerikanischen Raum, *Handwörterbuch der Betriebswirtschaft*, Grochla, E.und E. Wittmann (Hg.) (Stuttgart), 747-759

SEYFFERT, R. (1925): Über Begriff und Aufgaben der Betriebswirtschaftslehre, *Zeitschrift für Handelswissenschaft und Handelspraxis*, 1925, 48-54

Staehle, W.H. (1976): Der situative Ansatz in der Betriebswirtschaftslehre, *Zum Praxisbezug der Betriebswirtschaftslehre in wissenschaftstheoretischer Sicht*, Ulrich, H. (Hg.), Bern - Stuttgart, 33-50

__ (1987): *Management - Eine verhaltenswissenschaftliche Einführung* (München) (3. Aufl.)

Stiefel, R.T. (1969): Die anglo-amerikanische Managementlehre, *BFuP* 1969, 626-637

Thommen, J.P. (1986): *Die Lehre der Unternehmungsführung* (Bern - Stuttgart) (2. Aufl.)

Ulrich, H. (1968): *Die Unternehmung als produktives soziales System* (Bern - Stuttgart)

__ (1971): Der systemorientierte Ansatz in der Betriebswirtschaftslehre, *Wissenschaftsprogramm und Ausbildungsziel der Betriebswirtschaftslehre*, Kortzfleisch, G. von (Hg.) (Berlin), 43-60

__ et al. (1984): *Grundlegung einer Allgemeinen Theorie der Gestaltung, Lenkung und Entwicklung zweckorientierter sozialer Systeme* (St. Gallen)

Walter-Busch, E. (1984): Methodische Ansätze des Interdisziplinaritätsproblems in der systemorientierten Managementlehre, *Grundlegung einer Allgemeinen Theorie der Gestaltung, Lenkung und Entwicklung zweckorientierten sozialen Systeme*, Ulrich, H. et al. (St. Gallen), 226-252

Wunderer, R. (Hg.) (1988): *Betriebswirtschaftslehre als Management- und Führungslehre* (Stuttgart) (2. (Aufl.)

Zur Entwicklung der Leitungswissenschaft in der DDR

Herbert Marr

(Humboldt-Universität, Berlin, DDR)

1. Einleitung

Wirtschaftliche Tätigkeit zur Befriedigung von Bedürfnissen der Menschen gab es in allen Gesellschaftsformationen der Menschheit und wird es immer geben müssen. Das gilt für die kapitalistische Gesellschaftsordnung genauso wie für die sozialistische. Ohne tiefere philosophische Betrachtungen darüber anzustellen, möchte ich sogleich zum Thema übergehen und damit beginnen, die unabhängig von der Gesellschaftsformation wirkenden, d.h. "gesellschaftsordnungsneutralen" Gesichtspunkte wirtschaftlicher Tätigkeit herauszustellen.

Als *"gesellschaftsordnungsneutral"*, d.h. für beide Gesellschaftsformationen gleichermaßen gültig, kann angesehen werden:

1. Produktion von Gütern bzw. Waren als Auseinandersetzung des Menschen mit der Natur mit Hilfe der Technik,
2. Ermittlung eines "Bedarfs" an zu produzierenden Gütern als Ausgangspunkt für die qualitative und quantitative Zielbestimmung der Produktion,
3. Minimierung des Aufwandes für die Herstellung einer bestimmten Menge von Erzeugnissen zur Erhöhung der Wirtschaftlichkeit der Produktion für alle Aufwandselemente und Erarbeitung eines Betriebsergebnisses (Gewinn),
4. Motivierung der in der Produktion Tätigen durch dazu geeignete Methoden.

In jedem Fall erfordert dies die Durchführung entsprechender Sachprozesse unterschiedlichster Art, darunter vor allem auch der Leitung durch dazu Befugte bzw. Beauftragte. Bei der Analyse dieser Prozesse zeigt sich sehr schnell, daß hierbei unter kapitalistischen Produktionsverhältnissen völlig anders gearbeitete Gesichtspunkte maßgeblich sind als unter sozialistischen Produktionsverhältnissen.

Wo nun liegen die *Unterschiede* zwischen sozialistisch und kapitalistisch geleiteten Wirtschaftseinheiten?

1. Im *Eigentum* der Produktionsmittel (Privatbesitz oder Volkstum, wobei Zwischenform des sogenannten "Staatseigentums" in westlichen Ländern wie in der Grundstoffindustrie, bei der Bundesbahn u.ä. zu beachten sind).
2. In den *Leitungsformen* durch das Management (ohne Einschaltung staatlicher Dienststellen) oder durch Beauftragte des Arbeiter- und Bauernstaates.
3. Im Grad der *Mitwirkung der Beschäftigten* (außerhalb der sog. "Führungskräfte" des Managements) bzw. der Werktätigen sozialistischer Betriebe als Miteigentümer an der Leitung des wirtschaftlichen Unternehmens bzw. Betriebes (Einbeziehung der Produzenten).
4. In der Art und den Methoden der *Zielbestimmung* der wirtschaftlichen Tätigkeit und ihres Zweckes:

a) zur Erwirtschaftung von Profit bzw. Gewinn als Zweck oder
b) zur Bedürfnisbefriedigung der Bevölkerung

Hier liegt die eigentlich entgegengesetzte Zielbestimmung von Mittel und Zweck.

5. Im Unterschieden bei der *Finanzierung* bzw. Bereitstellung finanzieller Fonds für die wirtschaftliche Tätigkeit:
   a) aus vorwiegend privaten Quellen einzelner oder vieler (z.B. Aktienkapital)
   b) aus staatlichen Mitteln (unter teilweiser Einbeziehung auch privater Mittel als Spareinlagen der Bevölkerung) in der sozialistischen Wirtschaft.
6. In der Art der *Verteilung* des erwirtschafteten Betriebsergebnisses sowohl direkt (Gewinnausschüttung, Kapitalanlage u.ä.) als auch indirekt (Besteuerung, Fondsabgaben u.ä.)

Im folgenden werde ich ausschließlich auf die Leitungstätigkeit unter sozialistischen Bedingungen - dargestellt an der Industrie der DDR - eingehen. Theoretische Grundlage dessen ist die Politische Ökonomie von Karl Marx.

2. Das marxistische Verständnis von Leitung

Das marxistische Verständnis der Leitung beruht auf (vgl. AUTORENKOLLEKTIV 1983):

- der Sicherung des gemeinsamen Handelns von Menschen im Prozeß der Arbeitsteilung, d.h. der Kooperation;
- der Funktion der Vermittlung und Überwachung, die aus dem Wesen der gesellschaftlichen Arbeit resultiert;
- der Festlegung der Verhältnisse der Individuen zueinander in Beziehung auf das Material, Instrument und Produkt der Arbeit;
- den allgemeinen Funktionen;
- der Funktion des Eigentums und der Ausübung der damit verbundenen ökonomischen und sozialen Macht (im Sozialismus: Volkseigentum an Produktionsmitteln);

- der Funktion des Eigentums und der Ausübung der damit verbundenen ökonomischen und sozialen Macht (im Sozialismus: Volkseigentum an Produktionsmitteln);
- der Einheit von organisatorisch-technischer und sozial-ökonomischer Seite der Leitung. Letztere ist in der DDR die bestimmende Seite, denn alle organisatorisch-technischen Maßnahmen werden im Interesse des Eigentümers der Produktionsmittel durchgeführt.

Die Grundzüge *sozialistischer* wirtschaftlicher Leitung sind charakterisiert durch:

1. Leitung als immanenter Bestandteil des von der Partei geführten Prozesses der wissenschaftlichen Leitung der Gesellschaft insgesamt;
2. dem planmäßigen gesamtgesellschaftlichen Charakter sozialistischer Wirtschaftsleitung;
3. Teilnahme der Werktätigen an der Leitung.

Wichtigstes *Objekt* der sozialistischen Leitungstätigkeit ist die sozialistische Ökonomik.

Leitung wird dabei definiert als spezifische gesellschaftliche Tätigkeit, die zweck- und richtungsbestimmend das Handeln von Menschen vermittelt. Sie ist in ihrer Entwicklung eng verbunden mit dem Prozeß der Vergesellschaftung von Produktion und Arbeit. Arbeitsteilung, Kooperation und Kombination in gesellschaftlichen Arbeitsprozessen erfordern Leitung. Diese schließt politisch-ideologische, ökonomische, technisch-technologische, soziale u.a. Prozesse ein. Sie sichert das effektive Zusammenwirken aller Teile des Reproduktionsprozesses und verbindet dies mit der Entwicklung sozialistischer Persönlichkeiten und Kollektive (vgl. AUTORENKOLLEKTIV 1983; AUTORENKOLLEKTIV 1984).

Die Leitung der *Wirtschaft* hat stetes eine *organisatorisch-technische* Seite, die aus der Natur jeglicher gesellschaftlicher Arbeitsprozesse resultiert, und eine *sozial-ökonomische* Seite, die von den jeweiligen Eigentums- und Klassenverhältnissen, d.h. von den Machtverhältnissen geprägt ist. Sie dient der Durchsetzung der Interessen der Eigentümer an den Produktionsmitteln, realisiert damit Funktionen des Überbaus (vgl. AUTORENKOLLEKTIV 1983, 24ff.).

Als allgemeingültige *Grundzüge* der sozialistischen Wirtschaftsleitung gelten:

1. Sie ist untrennbarer Bestandteil der politischen Organisation der sozialistischen Gesellschaft durch den sozialistischen Staat unter Führung der Arbeiterklasse und ihrer Partei.
2. Sie ist planmäßig, d.h. sie hat einen gesellschaftlichen, volkswirtschaftlichen Charakter als Teil der planmäßigen, proportionalen Entwicklung der gesamtstaatlichen Entwicklung entsprechend den auf den Parteitagen gefaßten Parteibeschlüssen zur gesellschaftlichen Zielstellung.
3. Die Teilnahme der Werktätigen als wichtiger Teil der sozialistischen Wirtschaftsleitung zur Schaffung von Voraussetzungen für schöpferisches, initiativreiches Handeln, für hohe Leistungen bei Herstellung der Übereinstimmung von gesamtgesellschaftlichen und individuellen Interessen.
4. Leitung wird im Sozialismus bewußt gestaltet auf der Grundlage sozialistischer *Leitungsprinzipien*, *Leitungsmethoden* und der *Leitungsorganisation* als Gesamtheit aller organisatorischen Prinzipien, Aufgaben und Verfahren zur Sicherung einer rationellen Leitung entsprechend den gesellschaftlichen Erfordernissen.

Unter *Leitungstätigkeit* ist die Gesamtheit aller Arbeiten bei der Leitung gesellschaftlichen Prozesse zu verstehen, die das einheitliche Handeln von Arbeitskollektiven und Leitungsorganen und deren Kooperation zur Erreichung gesellschaftlicher Ziele sichert. Sie verlangt:

- objektiv begründete wissenschaftliche Zielstellung (Zielbestimmung)
- Planung
- Entscheidung
- Organisation
- andere Leitungshandlungen, z.B. Kontrolle, Analyse etc. in ihrer wechselseitigen Einheit

Die *Leitungswissenschaft* (in der Wirtschaft) ist diejenige wirtschaftlich-wissenschaftliche Disziplin, die sich mit der Erforschung der Gesetzmäßigkeiten der Leitung und der Gestaltung der Leitungsbeziehungen in der sozialistischen Wirtschaft beschäftigt. Ihre wachsende Bedeutung resultiert aus der zunehmenden Kompliziertheit und Komplexität der Leitung gesellschaftlicher und ökonomischer Prozesse mit wissenschaftlichen Mitteln und Methoden.

Verschiedene Wissensgebiete tragen zur Erhöhung des Niveaus des Wissens über die Leitung bei und bilden deren wissenschaftliche Grundlage. Es sind dies vor allem:

- die marxistisch-leninistische Philosophie
- die Politische Ökonomie des Sozialismus
- eine Vielzahl wirtschaftlich-wissenschaftlicher Disziplinen, insbesondere die Sozialistische Betriebswirtschaftslehre, Statistik und Rechnungswesen
- Rechtswissenschaft
- Psychologie und Pädagogik, insbesondere die Sozialpsychologie
- Kybernetik und Organisationswissenschaft
- Mathematik und technische Wissenschaften
- Informationswissenschaft, Soziologie
- einige Gebiete der Medizin

3. Zur Entwicklung der Leitungswissenschaft

In der DDR entstand vor allem aus dem gesellschaftlichen Bedürfnis der Weiterbildung von Leitern und der weiteren wissenschaftlichen Fundierung der Leitung die *Lehre von der sozialistischen Wirtschaftsführung* (SWF). Zur Absicherung des Bedarfs an Weiterbildungsleistungen entstanden relativ gleichzeitig in Kombinaten und anderen Industriezweigleitungen in den 60er und 70er Jahren selbständige Weiterbildungseinrichtungen im Rahmen bereits bestehender betrieblicher Bildungsstätten als Kombinats- oder Industrieakademien, die sich z.T. zu *Instituten für Sozialistische Wirtschaftsführung* der einzelnen Ministerien ent-

Sozialistische Wirtschaftsführung der einzelnen Ministerien entwickelten, oder es wurden solche neu gebildet. Ihre zentrale fachliche Anleitung wird durch das am 24. März 1966 gebildete *Zentralinstitut für sozialistische Wirtschaftsführung beim ZK der SED* (ZISF) in Berlin-Rahnsdorf gesichert (erste sozialistische Bildungsstätte für Führungskräfte in Deutschland). Anfangs bediente man sich in diesen neuen Instituten der an Universitäten und Hochschulen tätigen - damals noch wenigen - Hochschullehrer und wissenschaftlichen Mitarbeiter, die sich zunehmend für Leitungsfragen profilierten, über nebenberufliche Vertragstätigkeit.

Das Leitungsmotiv des ZISF lautete: Lehrgangsteilnehmer und Lehrkräfte des ZISF arbeiten gemeinsam bei der Schaffung und Vermittlung der Lehre von der SWF. Danach wurden sie zunehmend mit hauptberuflich tätigen Wissenschaftlern besetzt, die immer noch mit den Hochschulen kooperierten. Auch Leitungskräfte aus den Kombinaten, insbesondere Generaldirektoren, wurden nebenberuflich als Dozenten für spezielle Gebiete herangezogen. Damit werden gute Erfahrungen der Leitungstätigkeit verallgemeinert.

Der 1969 vom Politbüro der SED gefaßte Beschluß "Grundsätze für die Aus- und Weiterbildung der Wirtschaftsträger" umfaßte neben anderen Maßnahmen die "Weiterbildung der Führungskader an den Instituten für sozialistische Wirtschaftsführung und den speziellen Führungsakademien" (12. ZK-Tagung Dezember 1969).

Wesentliche Impulse erhielt die Leitungswissenschaft in den 70er Jahren durch die Sowjet-Wissenschaft. Es erschienen zahlreiche Schriften, die sich mit der Frage der Leitung und der Leitungswissenschaft beschäftigten (z.B. AFANASJEW 1969, 1976, 1979; KOSLOWA/KUSNEZOW 1971; KAMENIZER 1973; TICHOMIROW 1975). Im Zusammenhang mit der Gründung und Weiterentwicklung von Kombinaten in Industrie und Bauwesen erhielten Forschungen zu den vergesellschaftlichen Prozessen sowie zur Leitung und Planung in der Wirtschaft wachsende Bedeutung (etwa AUTORENKOLLEKTIV 1976; WEIDAUER/WETZEL 1981) und haben diese bis heute nicht verloren.

Unter sozialistischer Wirtschaftsführung ist der Prozeß der praktischen Verwirklichung der *Wirtschaftspolitik* der Partei der Arbeiterklasse und des sozialistischen Staates zu verstehen (vgl. AUTORENKOLLEKTIV 1979; AUTORENKOLLEKTIV 1984). Sie ist die Gesamtheit der Maßnahmen der Leitung des gesellschaftlichen Reproduktionsprozesses auf *allen Ebenen*, in *allen Bereichen* und Einheiten der Volkswirtschaft zur Organisierung des Handelns der Wirtschaftsträger und ihrer Kollektive zur Durchsetzung der gesellschaftlichen Erfordernisse unter den jeweiligen Ausnutzungs- und Wirkungsbedingungen objektiver ökonomischer Gesetze. Ausgangspunkt dafür sind die von der SED gefaßten Beschlüsse zur Wirtschaftspolitik als Teil der Gesamtpolitik.

Die Aufgabe der Partei in der Wirtschaftspolitik besteht darin, die gesellschaftliche Entwicklung in der DDR auf der Grundlage einer wissenschaftlich fundierten Strategie und Technik politisch zu leiten. Je weitreichender und komplizierter die Aufgaben der Leitung und Planung aller Seiten und Formen der Gesellschaftsprozesse werden, desto mehr erhöht sich die Rolle der politischen Führung der Gesellschaft (vgl. Programm der SED).

Zum *politischen Charakter* der Wirtschaftsleitung wurde schon auf dem VIII. Parteitag (1971) ausgeführt:

> "Es war und ist eine vordringliche Aufgabe der Partei, den dialektischen Zusammenhang zwischen Ökonomie und Politik [...] bewußt zu gestalten. Von dieser Politik, in der der wirtschaftliche Aufbau den zentralen Platz einnimmt, hängt [...] das Schicksal von Millionen Menschen ab. Ökonomie und Politik voneinander zu trennen ist ebenso falsch, wie das ökonomische System des Sozialismus eines bloßen Steuerungs- und Regelmechanismus zu handhaben oder auszulegen."

Entwicklungsbedingt kann ein Wandel der Begriff *Leitung* und *Führung* aus marxistischer Sicht im Verlaufe der 50er Jahre konstatiert werden. Bald nach der Herausbildung einer sozialistischen Volkswirtschaft und Betriebswirtschaft wurde ein Unterschied dahingehend gemacht, Führung dort anzuwenden, wo es um *strategische* und *langfristige* Zielbestimmung für die jeweils *oberste Spitze* des jeweiligen Leitungssystems ging. Führung beschäftigt sich danach mit den strategischen, den Grundsatzfragen bzw. mit der Zielbestimmung von dem Einzelbetrieb übergeordneten Wirtschaftsvereinigungen wie Industrie- bzw. Wirtschaftszweige und volkswirtschaftliche Bereiche.

Leitung wurde dagegen als *direkte Steuerung* der Wirtschaftseinheiten und ihrer nachgeordneten Glieder betrachtet, die Konkretisierung der durch die *Führung* vorgegebenen Strategie im Detail auf der Grundlage des Plans. Zurückzuführen ist diese Unterscheidung auf die Tatsache, daß die grundsätzliche Zielstellung der Wirtschaftstätigkeit unter den Bedingungen sozialistischen Eigentums an Produktionsmitteln in erster Linie politischer Natur ist, daher mit politischen Methoden angegangen wird und *Wirtschaftspolitik* als Teil der *Gesamtpolitik* durchsetzen soll. Führung mischt sich folglich nicht in Details des Vollzugs ein, sondern überläßt diese staatlichen Leitern und Vollzugsorganen auf der Grundlage ihrer fachlichen Spezialkenntnisse.

Aufgrund der erkennbaren Abgrenzungsschwierigkeiten wurde der Begriff "Führung" zunehmend aus dem Bereich der Wirtschaft herausgelassen und blieb der eigentlichen politischen Führung durch Parteiorgane und gesellschaftliche Massenorganisationen vorbehalten. Heute wird daher im Bereich der Wirtschaft nicht mehr so sehr von der Wirtschafts*führung* gesprochen, sondern an ihrer Stelle ist die Wirtschafts*leitung* und Planung getreten. Diese erstreckt sich auf alle staatlichen Ebenen vom Ministerrat über die Ministerien, Kombinate oder Territorialorgane bis hin in die kleinsten Leitungseinheiten (Betriebe, Brigaden, Meisterbereiche, Abteilungen, Referate usw.).

4. Die Organisation des Leitungssystems

4.1. Staatliche Leiter auf betrieblicher Ebene

Der jeweils an der Spitze einer solchen Wirtschaftseinheit Stehende ist zunächst generell *staatlicher Leiter* in Abgrenzung zu den Funktionären gesellschaftlicher Organisationen als den jeweiligen Partnern im Prozeß der Verwirklichung sozialistischer Demokratie im jeweils abgegrenzten Teilbereich der Wirtschaft.

Leiter eines Meisterbereichs, eines Referates, einer Abteilung usw.	Parteigruppenorganisator Gewerkschaftsvertrauensmann
Leiter eines Betriebes o.ä.	Parteisekretär Betriebsgewerkschaftsleitung (BGL)-Vorsitzender
Generaldirektor	Parteisekretär des ZK Vorsitzender des Rates der BGL-Vorsitzenden
Minister	1. Sekretär einer Kreisleitung, Vorsitzender des Zentralvorstandes des Industriezweiges (Gewerkschaft)

Jeweils alle 3 Vertreter bilden "die Leitung" des Bereiches, die manchmal ergänzt wird durch weitere Vertreter der nächstniedrigen Leitungsebene dieses Leiters. Sie treten in regelmäßigen zeitlichen Abständen zu kollektiven Beratungen zusammen, als deren Ergebnis *Entscheidungen* des Einzelleiters - des jeweils ranghöchsten Leiters - entstehen (sollten). Diese Entscheidungen sind bindend. Staatlicher Leiter ist folglich die Verallgemeinerung des Leitungssubjekts, unabhängig von Ebene oder Bereich, den dieser zu verantworten hat. Er ist mit entsprechenden Rechten (Kompetenzen) ausgestattet, die in Funktionsplänen verankert sind.

In der *Leitungspyramide* ist jeder Leiter sowohl "Vorgesetzter" aller ihm nachgeordneten Leiter (direkt) bzw. Mitarbeiter (indirekt) als auch Nachgeordneter seines ihm übergeordneten Leiters. Von ihm erhält er seine Aufträge, Weisungen oder Anweisungen, und ihm gegenüber ist er rechenschaftspflichtig über die Ausführung derselben. Zur effektiven Realisierung der Aufträge erhält er außerdem *Anleitungen* (die Ausführung wird kontrolliert).

Die Zusammenarbeit des Leiters mit seinen Partnern in der Partei und Gewerkschaft vollzieht sich mehr oder weniger auf der Grundlage von Empfehlungen dieser Funktionäre, die er seinen Entscheidungen zugrunde legen kann bzw. sollte (nicht verbindlich). In regelmäßigen Abständen finden kollektive Zusammenkünfte des staatlichen Leiters mit den Vertretern der sozialistischen Demokratie (Parteisekretär und Gewerkschaftsvertreter) - häufig auch im Beisein der nachgeordneten staatlichen Leiter - statt, in denen Entscheidungen in kollektiver Beratung vorbereitet werden (Leitungssitzung, Dienstberatung). Jeder Beteiligte vertritt dabei jeweils die Interessen derer, die ihn gewählt haben, muß aber zugleich das gesamtgesellschaftliche Ziel im Auge behalten.

Der Parteisekretär vertritt die politische Linie, abgeleitet aus den Parteibeschlüssen. Er unterstützt den staatlichen Leiter bei der politischen Erziehung der Werktätigen. Dabei kann es schon hin und wieder vorkommen, daß Meinungsverschiedenheiten zu Einzelfragen auftreten. Diese müssen in kameradschaftlicher Art geklärt werden, nötigenfalls mit Hilfe übergeordneter Leitungen, und dürfen nicht dazu führen, daß sich fällige Entscheidungen verzögern oder gar nicht zustande kommen.

Bei der Durchsetzung von Grundrechtspflichten kommt den staatlichen Leiter eine spezifische Rolle zu: In Einheit mit fachlich-sachlichen Entscheidungen gehört es nämlich laut Verfassungsauftrag zu den Pflichten sozialistischer Leiter, mit ihrer Tätigkeit letztlich stets die Verwirklichung der in der Verfassung und anderen Gesetzen enthaltenen Grundrechte der Bürger zu dienen.

Zu treffende Entscheidungen müssen nicht nur ihrem Inhalt nach und ihrer Wirkung nach richtig sein, sondern durch ihre überzeugende Begründung auch das Handeln der Bürger, der Werktätigen, im Sinne des sozialen Fortschritts fördern. Zum Berufsethos des sozialistischen Leiters gehören folglich neben fachlicher Qualifikation (vgl. LADENSACK 1981):

- enge Verbundenheit mit den Werktätigen
- Aufrichtigkeit in seinem Verhalten
- Konsequenz und Gerechtigkeit gegenüber jedermann
- strikte Beachtung der Gesetze und hohe Staatsdisziplin zur Einhaltung des Plans

Im Arbeitsgesetzbuch sind daher arbeitsrechtliche Pflichten der Betriebsleiter enthalten, die Betriebskollektive rechtzeitig über entstehende Aufgaben zu informieren und die politischen und ökonomischen Zusammenhänge zu erläutern (§ 19 AGB). Auch die *Rechenschaftspflicht* der Leiter vor den Kollektiven sowie ihre Rechtspflicht, Voraussetzungen für eine wirksame Wettbewerbsführung zu schaffen, ist in § 19 AGB geregelt, ebenso wie die Verpflichtungen zur *Förderung der Neuererbewegung* in § 35 AGB. In die gleiche Richtung geht die Verpflichtung des Leiters, die Rechte der Bürger, ihre Vorschläge und kritischen Hinweise zu beachten und ihre berechtigten Interessen zu wahren. Darunter verstehen wir die Durchsetzung der sozialistischen Demokratie in der Tätigkeit der staatlichen Leiter.

4.2. Die Rolle der Gewerkschaften in der Wirtschaftsleitung

Im Unterschied zur Rolle der Gewerkschaft in einem kapitalistischen Unternehmen haben Gewerkschaften im Sozialismus nicht nur schlechthin die Funktion von ökonomischen und sozialen Interessenvertretern der Werktätigen. Ihre Funktionen gehen in der DDR weit darüber hinaus und erstrecken sich auf folgende Verantwortungsbereiche:

1. Über die Gewerkschaftsorgane verwirklichen die Werktätigen ihre Mitbestimmung nicht nur in Lohn- und Tariffragen, sondern auf allen Teilstrecken der gesellschaftlichen Tätigkeit, insbesondere auf arbeitsrechtlichen Gebieten.
2. Über spezifische Formen, wie die jährlich stattfindenden *Plandiskussionen* bei der Aufstellung der Volkswirtschaftspläne, die Beratungen zu den Betriebskollektiv-Verträgen, in denen Pflichten und Rechte der staatlichen Leitungen und der

gewerkschaftlichen Leitungen vereinbart werden, nehmen sie bestimmten Einfluß auf die Zielbestimmung wirtschaftlicher Tätigkeit (1987 z.B. über 880.000 Hinweise in der Plandiskussion).

3. Als Organisator der *Wettbewerbsbewegung* entwickelt die Gewerkschaft schöpferische Initiativen, Vorschläge und Hinweise über die effektivsten Wege zur Planerfüllung und motiviert vor allem auch die parteilosen Werktätigen zur Mitarbeit. Gleiches gilt für die Organisation der *Neuerertätigkeit*.
4. In Rechenschaftslegungen nehmen die jeweiligen staatlichen Leiter vor Gewerkschaftskollektiven der unterschiedlichen Leitungsebenen Stellung und geben auf viele Fragen Antwort. Die Rechenschaftspflicht des Leiters ist immanenter Bestandteil sozialistischer Leitungstätigkeit (Forderung: zweimal jährlich).
5. Wichtige Teilgebiete der Gesellschaft werden eigenverantwortlich von den Gewerkschaften verwaltet, wie das gesamte *Ferien- und Erholungswesen* der Arbeiter und Angestellten (mit Ausnahme der sogenannten selbständig Gewerbetreibenden und freiberuflich Tätigkeiten, die der Staatlichen Versicherung angeschlossen sind). In dieser Eigenschaft sind die Gewerkschaften selbst Eigentümer von Ferien- und Erholungsheimen, Kuranlagen, Urlauberschiffen und Verwalter von Millionen Versicherungsbeträgen. Sie entscheiden daher z.B. auch über Invalidenrenten, Anerkennung von Arbeitsunfällen etc.

Die Gewerkschaftsvertreter (Funktionäre) sind gleichberechtigte Mitglieder und Teilnehmer der Leitungsorgane in den Betriebseinheiten, Betrieben, Kombinaten, übergeordneten staatlichen Organen und haben dort volle Stimmberechtigung. Sie vertreten dort den gewerkschaftlichen Standpunkt, insbesondere bei der Durchsetzung ihrer Forderungen zur Verbesserung der Arbeits- und Lebensbedingungen, des Gesundheits-, Arbeits- und Brandschutzes und der Betriebssicherheit. Ihnen obliegt allein die Anerkenntnis von Berufskrankheiten und Berufsunfällen und damit des entsprechenden Versicherungsschutzes.

Zahlreiche Entscheidungen der Betriebsleiter bzw. Kombinatsdirektoren bedürfen zu ihrer Wirksamkeit der ausdrücklichen gewerkschaftlichen Zustimmung, wie z.B. Leistungseinschätzungen und Beurteilungen von Mitarbeitern, Disziplinarstrafen, die Anordnung von Überstundenarbeit u.a. Daraus folgt, daß Gewerkschaftsfunktionäre zur Ausübung ihrer Funktionen eine entsprechende politische und fachliche Qualifikationen benötigen. Sie müssen das Vertrauen derer bestärken, die sie zu vertreten haben. Gewerkschaftliche *Konflikt-Kommissionen* aus gewählten Gewerkschaftsmitgliedern befinden über von staatlichen Leitern gestellte Anträge zur materiellen Haftung für von Mitarbeitern verursachte Schäden im Betriebsgeschehen, wobei diese Entscheidungen danach von staatlichen Gerichten bestätigt werden müssen.

Konfliktkommissionen entscheiden demokratisch kleinere Rechtsstreitigkeiten, die im Betriebsgeschehen zwischen Leitern und Werktätigen auftreten können. Gewählte Gewerkschaftsvertreter sprechen hier "Recht" und können sowohl vom Leiter in Anspruch genommen werden, wenn Werktätige Arbeitspflichten verletzt haben (insbesondere bei Haftungsfällen) als auch vom einzelnen Werktätigen, wenn er sich in seinen Rechten beeinträchtigt sieht. Entscheidungen der Konfliktkommission sind für alle Betroffenen verbindlich und können nur vom Gericht aufgehoben werden. Erfahrungsgemäß werden dabei in etwa 10 - 15 % dieser Entscheidungen als unzureichend zurückgewiesen. Die Tätigkeit von Konfliktkommissionen ist ebenfalls ein Stück demokratische Mitwirkung an der Leitung.

Gewerkschaftliche Mitwirkung an der Leitung ist in der DDR eine wichtige, allseitig akzeptierte Form der Verwirklichung sozialistischer Demokratie, die auch vom jeweiligen staatlichen Leiter einen hohen Grad an kooperativer Zusammenarbeit voraussetzt.

Abweichend vom kapitalistischen Management hat ein sozialistischer Leiter über die bisher dargelegten kollektiven Formen der Leitungstätigkeit hinaus auch Feststellungen weiterer staatlicher oder demokratischer Kontrollinstitutionen in seiner Leitungstätigkeit zu beachten. Dies gilt z.B. für Hinweise, Empfehlungen oder Auflagen von *Kontrollorganen*, welche die Rechtmäßigkeit seiner Wirtschaftsführung in regelmäßigen Abständen überprüfen. Solche Kontrollorgane sind u.a. die *Arbeiter- und Bauern-Inspektionen* (ABI) als gleichzeitiges Kontrollorgan der Parteiführung und des Ministerrates, die staatliche Finanzrevision, die Technische Kontrollorganisation als Qualitätskontrolle für hergestellte Produkte, die Arbeitshygiene für Einhaltung der Arbeitsschutzbestimmungen usw.

Aus all dem Gesagten ist leicht erkennbar, daß ein sozialistischer Leiter offensichtlich einen schwereren Stand hat als eine Führungskraft im Management, wenn er all diese Anforderungen an sich erfüllen soll. Um diesen vielfältigen Anforderungen politischer, fachlicher und sozialpsychologischer Art gerecht zu werden, bedarf der Leiter regelmäßiger Schulungen und Weiterbildungsveranstaltungen.

4.3. Staatliche Organe

4.3.1. Prozessuale Aspekte von Planung und Leitung

Wie vollzieht sich nun in der DDR die Planung und Leitung der Volkswirtschaft (vgl. u.a. AUTORENKOLLEKTIV 1983, 59ff.)?

- Sie dient der Verwirklichung der Wirtschaftspolitik der Partei der Arbeiterklasse und des sozialistischen Staates und ist das entscheidende Instrument der sozialistischen Gesellschaft zur *planmäßigen* Gestaltung der Volkswirtschaft und ihrer Teile.
- Die Organisation der Leitung und Planung der Volkswirtschaft spiegelt den *staatsrechtlichen* Aufbau wieder und legt die Verantwortung der zentralen und örtlichen Staatsorgane, Kombinate, Betriebe, Genossenschaften und Einrichtungen hinsichtlich der Leitung und Planung fest.
- Der volkswirtschaftliche Reproduktionsprozeß muß in seiner ganzen Komplexität und mit der notwendigen Flexibilität geleitet werden. Das erfordert objektiv die *einheitliche* zentrale Leitung und Planung der Volkswirtschaft durch den sozialisti-

schen Staat, wobei zugleich die Initiative der Werktätigen gesichert werden muß.

- Mit Hilfe der zentralen Leitung und Planung werden Ziele, die erforderlichen Grundpositionen und Hauptrichtungen der Volkswirtschaft und zweigliche Entwicklung festgelegt.
- Die Wechselwirkungen zwischen der zentralen staatlichen Leitung und Planung und der Leitung und Planung der Teilbereiche (bis hin zu den Betrieben) bestimmen entscheidend die inhaltliche Gestaltung der Volkswirtschaftspläne und die Organisation ihres Ablaufs. Zugleich damit muß die internationale Abstimmung mit den RGW-Ländern und die erforderlichen außenwirtschaftlichen Beziehungen erfolgen (z.B. Import von Rohstoffen und Zulieferungen, Export von Erzeugnissen). Dementsprechend ist der Volkswirtschaftsplan das Kernstück der gesamtstaatlichen Leitungstätigkeit und gründet sich auf miteinander verbundenen Kennziffern, Nomenklaturen, Zeitfolgen und -abläufen sowie Teilpläne.

Der sozialistische Staat verfügt über ein abgestimmtes System der Leitung und Planung der Volkswirtschaft:

- Ministerrat mit der Staatlichen Plankommission
- Bezirks- und Kreisplanungskommission der jeweiligen Räte
- Ministerien mit ihren Planungsabteilungen
- Kombinate und Betriebe mit Planungsabteilungen

Zwischen dem Leitungsaufbau der Organe und dem Aufbau ihrer jeweiligen Planungsorgane besteht prinzipielle Übereinstimmung. Ihr Zusammenwirken wird durch gesetzliche und methodische Regelungen gewährleistet, die Aufgaben und Verantwortung aller Beteiligten festlegen (z.B. Verfassung der DDR, Gesetz über den Ministerrat bzw. über die örtlichen Organe, Verordnungen über volkseigene Kombinate und Betriebe, Statute der Ministerien, Planungsordnungen, Bilanzordnung u.a.).

4.3.2. Staatliche Plankommission

Die staatliche Plankommission ist ein Organ des Ministerrates. Sie bereitet die grundsätzlichen Entscheidungen über strategische Zielstellungen im gesamtgesellschaftlichen Maßstab vor bzw. trifft in seinem Auftrag selbst Entscheidungen zu wichtigen ökonomischen Erfordernissen. Sie führt dazu u.a. *Komplexberatungen* in den Bezirken durch und ordnet dadurch zweigliche Interessen der Ministerien den territorialen Erfordernissen zu (Verbindung von Zweigprinzip und Territorialprinzip).

Von der Staatlichen Plankommission erhalten die Ministerien, andere zentrale Staatsorgane und die Territorien (Bezirke) die jeweiligen Planaufgaben zur Realisierung. Sie leitet diese Organe in allen Planungsfragen an und ist verantwortlich für die Arbeit

- der staatlichen Bilanzinspektion und
- der zentralen Inspektion für Investitionen.

4.3.3. Ministerien und weitere zentrale Staatsorgane

Die einzelnen Ministerien sind Organe des Ministerrats zur Leitung und Planung abgegrenzter Bereiche der Volkswirtschaft. Sie arbeiten darum eng mit den Kombinaten, Betrieben und Einrichtungen, mit anderen Staatsorganen, den Industrie-Gewerkschaften sowie mit der FDJ ihres Verantwortungsbereiches zusammen. Zur Zeit bestehen etwa 25 derartige fachlich gegliederte Ministerien für unterschiedliche Zweige und Bereiche der Volkswirtschaft.

Während die meisten Industrie-Ministerien *vertikale* Leitungs- und Planungsverantwortung für abgeschlossene Teilbereiche tragen (z.B. für Verkehrswesen), haben andere *Querschnittsaufgaben* über viele Bereiche - in horizontaler Richtung - wahrzunehmen (Ministerium der Finanzen, Ministerium für Kultur, Volksbildung etc.). Ministerien arbeiten innerhalb ihres Verantwortungsbereiches eigenverantwortlich und sind dem Ministerrat, dem Staatsrat und der Volkskammer rechenschaftspflichtig.

Weitere zentrale Staatsorgane üben bestimmte Leitungs- und Planungsfunktionen auf *abgegrenzten* Querschnittsgebieten aus, wie z.B.:

- das Amt für Preise hinsichtlich der staatlichen Preispolitik

- die Staatsbank der DDR zur staatlichen Kreditpolitik
- das Staatssekretariat für Arbeit und Löhne der Tarifpolitik
- das Staatssekretariat für Berufsausbildung
- das staatliche Vertragsgericht
- das Amt für industrielle Formgestaltung
- das Amt für Standardisierung, Meßwesen und Warenprüfung
- die staatliche Zentralverwaltung für Statistik
- die Arbeiter- und Bauerninspektion als gesellschaftliches Kontrollorgan

4.3.4. Territorialorgane

In 15 Bezirken wiederholt sich im Prinzip der staatliche und gesellschaftliche Leitungs- und Planungsaufbau der entsprechenden Organe:

- Rat des Bezirkes - Bezirksplankommission - Fachabteilungen
- Rat des Kreises - Kreisplankommission - Fachabteilungen

Sie koordinieren ihre Leitungs- und Planungsentscheidungen auf den jeweiligen Gebieten mit den zentralen Ministerien und Organen unter Beachtung der territorialen Erfordernisse (z.B. vorhandenes Arbeitsvermögen, Bodenflächen, Transportwesen usw.). Für einige Prozesse im Territorium tragen sie *alleinige Leitungsverantwortung* wie z.B.:

- den komplexen Wohnungsbau
- die Versorgung der Bevölkerung
- die Landwirtschaft und Nahrungsgüterwirtschaft
- die bezirksgeleiteten Kombinate der Industrie.

4.3.5. Kombinate und Betriebe

Die Einheit von zentraler staatlicher Leitung und Planung mit der der Wirtschaftseinheiten (Kombinate, Betriebe und andere Einrichtungen) spiegelt sich in ihren Wechselbeziehungen wider. In ihnen ist die Einheit von gesamtgesellschaftlichen bzw. volkswirtschaftlichen mit den Interessen der wirtschaftlichen Einheiten und Kollektiven vertreten.

Kombinate als modernste Form der Leitung und Planung der sozialistischen Wirtschaft lösen auf der Grundlage des staatlichen Plans *eigenverantwortlich* ihren komplexen Reproduktionsprozeß von der Forschung und Entwicklung, Projektierung, Technologie, Produktion bis hin zum Absatz und Außenhandel einschließlich erzeugnisbestimmender Zulieferungen bis zum eigenen Ratiomittelabbau und eigener Bauproduktion.

5. Zum Funktionieren des Leitungssystems im Sozialismus

5.1. Sachliche Leitungsorganisation

Unter Leitungssystem soll die Gesamtheit leitungsorganisatorischer Prinzipien, Aufgaben und Verfahren des objektiv erforderlichen wechselseitigen Zusammenhangs bei der Durchführung von Leitungsprozessen verstanden werden. Als Aufbauorganisation spiegelt sich das Leitungssystem in der sogenannten Leitungspyramide wider, in der die einzelnen *Leitungsebenen* als quasi horizontale Stufen der Über- und Unterordnung der Leitungsorgane zum Ausdruck kommen. .Allgemein wird von oberen, mittleren und unteren Leitungsebenen gesprochen, die den jeweiligen (unter-)geordneten Leitungsebenen gegenüber weisungsberechtigt sind. Dabei wird eine exakte Abgrenzung der gesamten Leitungspyramide nach *Leitungsbereichen* vorausgesetzt (Linienprinzip der Leitung). Außerhalb der eigenen Linie (Leitungsbereich) liegt kein Weisungsrecht vor. Dementsprechend müssen Anforderungen an nachgeordnete Ebenen im Normalfall in anderen (außerhalb der eigenen Linie) Leitungsbereichen über den jeweiligen Linienleiter als Weisung nach unten gehen.

Das *Liniensystem* der Leitung wird ergänzt durch das *Funktionalsystem* zur Behandlung spezieller Aufgaben, für die die Funktionalleiter die Verantwortung tragen. Das Funktionalorgan ist dadurch charakterisiert, daß bei ihm - und nur bei ihm - die Erledigung einer bestimmten Aufgabe personell und sachlich zusammengefaßt wird. Dadurch wird eine Koordinierungskompetenz geschaffen, aus der sich zur Durchsetzung gesellschaftlicher Erfordernisse in Überwindung von Ressort-, Zweig- und Lokalinteressen Entscheidungszwänge ergeben (z.B. Auftragsleiter für Querschnittsmaßnahmen bzw. Forschungsaufträge oder die Leitungs- und Koordiniationsverantwortung des Ministers für Materialwirtschaft für den Materialverbrauch und die Vorratshaltung, Bildung von Normativen des Verbrauchs u.a.).

Funktionalleiter bzw. deren Mitarbeiter sind innerhalb der Linie nicht weisungsberechtigt, wenn nicht der übergeordnete Linien-Leiter ausdrücklich sachlich und zeitlich befristet ein solches Weisungsrecht festgelegt hat. Sie können normalerweise ihre Weisungen bzw. Anforderungen nur über den jeweils übergeordneten Linienleiter geltend machen. Funktionsbezogene Koordinierungskompetenz muß eindeutig funktionell bestimmt, gesetzlich oder vertraglich wirksam festgelegt und in das jeweilige Leitungssystem eingeordnet werden. Sie ergänzen als Funktionsorgane das Liniensystem der Leitungshierarchie, indem sie es an geeigneter Stelle überbrücken. Sie ist außerdem unentbehrlich, um die Wahrnehmung von Querschnittsaufgaben koordinieren zu können.

Eine besondere Form stellen die *Fachdirektoren* dar, bei denen entweder das Linienprinzip oder das Funktionalprinzip überwiegt. Als Stellvertreter des Kombinatsdirektors überwiegt ihr Liniencharakter.

Staatliche Leitung durch Ministerien wurde und wird noch vor allem als Zweigleitung (Industrie-Ministerien) wirksam. Sie wird ergänzt durch *wirtschaftlich-funktionale* (z.B. Ministerium für Außenwirtschaft, Finanzen) und *territoriale* Leitung (Räte der Bezirke, Kreise).

Die horizontale Koordinierung aller wird immer komplizierter, was sich z.B. bei der Beherrschung von Neuerungsprozessen zeigt, die zu lösen sind (vgl. AUTORENKOLLEKTIV 1987, 1988).

Die rechtliche Ausgestaltung der *funktionellen Koordinierung* wird für die Wirtschaftsleitung zunehmend Gewicht gewinnen. Sie ist ein Mittel, die Entscheidungstätigkeit wirtschaftsleitender Staatsorgane, Kombinate und Betriebe vor allem auf dem Gebiet der Planung und Bilanzierung zu verbessern. Rechtlich geregelter Entscheidungszwang verhindert das Abschieben von Entscheidungen und begründet strengere Verantwortlichkeit als das relativ allgemein gehaltene, unverbindliche Abstimmungsverlangen von unten. Verständlicherweise wird damit das Leitungssystem verkompliziert und umständlicher. Im Interesse klarer Weisungslinien und exakter Verantwortungsabgrenzung ist aber ein anderer Weg nicht gangbar.

Besonders kompliziert wird dieser Vorgang in der sozialistischen Wirtschaft dadurch, daß das einheitliche Leitungssystem nicht an der Spitze des Unternehmens endet, sondern von den Betrieben, über das Kombinat, das Ministerium einerseits läuft (Produktionsprinzip) und gleichzeitig jeder Betrieb, jedes Kombinat, zugleich Teil des Territoriums ist, zu dem er gehört (Territorialprinzip). Das Leitungsprinzip der *Einheit von zweiglicher und territorialer Leitung* erfordert jedoch, die Zweiginteressen mit den Territoriumsinteressen in Übereinstimmung zu bringen, wobei nicht selten Probleme auftreten (z.B. Bereitstellung von Arbeitskräften im Territorium, Transportfragen, Wohnungsfragen).

Das *Gesetz über die territorialen Staatsorgane* gewährt den Territorialorganen gewisse Rechte, die über die sogenannte *Doppelunterstellung* durchgesetzt werden. Bei Betrieben bzw. Kombinaten der Industrie betrifft das vor allem Fragen der Arbeitskräftelenkung, der Wohnraumversorgung, des Nahverkehrs u.a. Weit enger sind derartige Beziehungen bei Betrieben des Bauwesens, die auch fachlich *zugleich* durch zweigliche und territoriale Erfordernisse berührt werden (z.B. Staatliche Bauaufsicht). Auch andere territoriale Staatsorgane, insbesondere die Kreis- und Bezirks-Plankommissionen haben im Sinne der Doppelunterstellung gewisse Weisungsrechte gegenüber Industriebetrieben und Kombinaten in ihrem Territorium. Abstimmungen erfolgen auf sogenannten *Komplexberatungen* der Territorien mit den Kombinaten. Da hier aber noch keine hinreichend klaren Regelungen bestehen, erfolgt die Einwirkung und Zusammenarbeit auf der Grundlage sogenannter *Kommunalvereinbarungen* zwischen Territorium und Kombinat. Es bedarf noch tieferer staatsrechtlicher Analysen, um leitungsmäßige Schlußfolgerungen zu ziehen und entsprechende Festlegungen zu treffen. Nicht zuletzt bedarf auch die leitungsseitige Zusammenarbeit zwischen Kombinaten einerseits und Staatlichen Inspektions- und Kontrollorganen noch exakterer Regelungen. Das betrifft u.a.:

- die Rechte der Staatlichen Finanzrevision
- die Rechte der Arbeiter- und Bauern-Inspektion
- die Wirkungsweise der Preis-Kontrollorgane
- die Arbeitshygiene-Einrichtungen u.a.

Diese arbeiten bisher im wesentlichen mit Empfehlungen und Auflagen zur Herstellung des gesetzlichen Zustandes. Hier liegen also noch "weiße Flecken" für Forschungsaufgaben der Leitungswissenschaft und für staatsrechtliche Forderungen.

5.2. Subjektive Elemente

Das Funktionieren des Leitungssystems hängt aber nicht nur von der Qualität der sachlichen Leitungsorganisation innerhalb und zwischen einzelnen Leitungsorganen ab. Es wird in gleich großem Maß auch von subjektiven Elementen bestimmt, die die Zusammenarbeit der beteiligten Menschen kennzeichnen.

Das sind einmal die Arbeiter und Angestellten in den Betriebseinheiten, zum anderen aber vor allem diejenigen, die von ihren Auftraggebern als Leiter von Prozessen eingesetzt sind. Jede Leitungswissenschaft beschäftigt sich daher berechtigt mit den Gesetzmäßigkeiten der Zusammenarbeit des Leiters mit seiner Belegschaft, mit dem Kollektiv, und stützt sich dabei auf Sozialwissenschaften wie

- Erwachsenenpädagogik
- Psychologie, insbesondere Sozialpsychologie
- Soziologie und
- Teile der Medizin.

In der sozialistischen Leitungswissenschaft wird dieser Teil unter dem Teilgebiet *Leitungsstil des Leiters* oder *Organisation der persönlichen Leitungstätigkeit* gesondert dargestellt (vgl. z.B. BOHRING/LADENSACK 1981; LADENSACK 1981; AUTORENKOLLEKTIV 1983, 153ff.). Es umfaßt solche Abschnitte wie

- Methoden der Leitung
- die persönliche Arbeitsplanung der Leitungstätigkeit
- die konzeptionelle Tätigkeit des Leiters
- die Zusammenarbeit des Leiters mit dem Kollektiv und die Motivierung der Mitarbeiter
- die Lebensweise des Leiters und ihre Wechselwirkung auf seinen Lebensstil.

Alle diese Momente haben positive oder negative Auswirkungen auf die Leitungstätigkeit bzw. deren wirtschaftliches Ergebnis. Ohne hier im einzelnen auf solche Fragen einzugehen, münden sie ein in gewisse Kriterien zur Beurteilung des Ergebnisses der Leitungstätigkeit. Ich will darauf verzichten, die in früheren Jahren an dieser Stelle häufig zitierten Anforderungen an die Leiterpersönlichkeit explizit auszuführen. Es sind heute die gleichen wie Anfang der 70er Jahre. Welche Kriterien guter Leitung gibt es?

5.3. Kriterien guter Leitungstätigkeit

Die Kriterien guter Leitungstätigkeit sind sicherlich sehr zahlreich und vielfältig. Sie sind auch nicht unveränderlich die gleichen in den einzelnen Entwicklungsetappen. Die wesentlichsten sind aus heutiger Sicht:

1. Das langfristige *Vorausdenken* und weitgehende Klarheit über die Perspektiven des jeweiligen Leitungsbereiches, des Industriezweiges, Kombinates usw. und die daraus abgeleitete Zielbestimmung. Auf der Grundlage langfristiger *Konzeptionen* zur eigenen Arbeit können zum richtigen Zeitpunkt die erforderlichen richtigen Entscheidungen getroffen werden. Daraus leiten sich die tagtäglichen operativen Entscheidungen ab. Klare Ziele, exakte Konzeption und abgesteckte Etappen sind drei wesentliche Merkmale guter Führungstätigkeit.
2. Gute Zusammenarbeit mit dem *Kollektiv* der nachgeordneten Leiter und kameradschaftlicher Zusammenarbeit mit den Arbeitern, Ingenieuren und allen anderen Werktätigen. Das

schließt den ständigen Erfahrungsaustausch ein, den Leistungsvergleich mit anderen und die regelmäßige Rechenschaftslegung vor dem Kollektiv in kurzen zeitlichen Abständen. Die Anwendung pädagogischer und psychologischer Mittel zur Stimulierung der Mitarbeiter (Einsatz von Tadel und Lob, Auszeichnungen, Kritik u.a.) vermag den Effekt der Leitungstätigkeit zu potenzieren (vgl. AUTORENKOLLEKTIV 1982).

3. Gute Leitung ist dadurch gekennzeichnet, daß Entscheidungen getroffen werden, die kollektiv erarbeitet wurden, wobei alles "Für und Wider" genau bedacht wurde. Natürlich wird es dabei hin und wieder Kompromisse geben müssen. Auch wenn keine einstimmige Entscheidung zustandekommt, muß vom Leiter selbst entschieden werden. Das Prinzip dieser kollektiven Entscheidungsfindung bietet eine bessere Gewähr für richtige Entscheidung, als wenn diese einsam vom staatlichen Leiter gefunden und gefällt würde. Einmal getroffene Entscheidungen sind für alle Betroffenen verbindlich, sowohl in der staatlichen Leitungspyramide unterhalb dessen, der entschieden hat, als auch für jeden Teilnehmer an der kollektiven Entscheidungsfindung, auch wenn er dieser Entscheidung nicht zugestimmt hatte oder eine andere Meinung vertritt. Er hat dann lediglich das Recht, seinem gesellschaftlichen Leitungsgremium (Parteileitung, Gewerkschaftsorgan) seine Bedenken darzulegen oder sein übergeordnetes gesellschaftliches Gremium zu informieren. Die getroffene Entscheidung bleibt deshalb so lange verbindlich, wie sie nicht widerrufen wurde. In einer gut arbeitenden Leitung treten jedoch selten diametral entgegengesetzte Meinungsverschiedenheiten auf, und es gibt immer Mehrheiten. Allerdings bedarf nicht jede Entscheidung eines solchen kollektiven Aufwandes. Rein sachlich-fachliche Entscheidungen trifft der Leiter ohne vorherige Abstimmung und setzt sie durch, indem ihre Wirkung überzeugt. Bedeutsamere politisch relevante Entscheidungen bzw. solche, die zahlreiche Mitarbeiter tangieren (Arbeits- und Lebensbedingungen, Lohn- und Prämienfragen u.ä.) sollten dagegen immer kollektiv vorbereitet werden, den Betroffenen vor ihrer Inkraftsetzung überzeugend erläutert werden und die Menschen nicht überraschen, geschweige denn überrumpeln. Damit erspart man sich Ärger und nachträglichen Leitungsauf-

wand. Die gesellschaftlichen Organisationen werden dann über ihre Mitglieder diese Entscheidungen auch durchsetzen und akzeptieren. Der Gewerkschaftsvertreter vertritt dabei die Interessen seiner Kollegen, soweit sie von der Entscheidung berührt werden. Trotz oder gerade wegen der kollektiven Erarbeitung der Entscheidungen kann der Leiter die Entscheidung - wie empfohlen - treffen oder auch nicht. Wie immer er sie trifft, er trägt *allein* dafür die persönliche Verantwortung (Prinzip der Einzelleitung und persönlichen Verantwortung bei kollektiver Beratung).

4. Klare Weisungs- und Unterstellungsverhältnisse von Stufe zu Stufe bei weitgehender Vermeidung von Doppelunterstellungen, die Gestaltung eines übersichtlichen und klaren Informationsflusses von oben nach unten und umgekehrt. Bei Nutzung moderner Informations- und Kommunikationstechnik, die übersichtliche Kontrolle der Prozesse und ihres Funktionierens ohne Aufblähung eines überzogenen zusätzlichen Kontrollapparates sind weitere Kriterien guter Leitung.
5. Unter den Bedingungen der revolutionären Umwälzungen in der Wissenschaft und ist der *Grad der Einbindung von Wissenschaft und Technik* als Ausdruck wissenschaftlich-technischen Fortschritts in der Produktion auf dem Wege der schnellen technologischen Überleitung gleichfalls ein Kriterium der Leitungstätigkeit (vgl. BOHRING/ LADENSACK 1986). Sie ist unter den heutigen Bedingungen der verstärkten Intensivierung das Hauptkettenglied für weiteres ökonomisches Wachstum ohne zusätzliche Belastung der Natur durch Rohstoffabbau und der Umwelt durch Emissionen. Insbesondere der Grad der Anwendung von Schlüsseltechnologien, wie Mikroelektronik, Informatik und Biotechnologie entscheiden heute letztlich über die Effektivität von Wirtschaftseinheiten, Zweigen und ganze Volkswirtschaft. Damit wird dieses Kriterium zu einem Hauptkriterium der Leitung in der modernen Industrie.

6. Historischer Abriß zur typischen Form sozialistischer Wirtschaftseinheiten

Der folgende kurze Abriß soll die Entwicklung der Leitung der sozialistischen Wirtschaft in der DDR anhand der jeweils typischen Form sozialistischer Wirtschaftseinheiten verdeutlichen. Dabei werde ich auf die ersten Phasen, d.h. auf den Aufbau des Sozialismus, nur stichwortartig eingehen (ausführlich: AUTORENKOLLEKTIV 1983, 241ff.).

6.1. Von der Errichtung des Sozialismus bis zur Bildung der Kombinate

Die Einführung und Herausbildung der sozialistischen Leitung und Planung der Wirtschaft beginnen bekanntlich bereits nach dem Ende des Zweiten Weltkrieges.

1945 Bildung der Sowjetischen Militäradministration in Deutschland (SMAD), Beschlagnahmung und Zwangsverwaltung der durch SMAD-Befehle 124 und 126 enteigneten Betriebe von Konzernen, Staatseigentum und Kriegsgewinnlern und deren Verwaltung durch die SMAD

Mai 1946 Übergabe des größten Teils dieser Betriebe in Länderverwaltung (Treuhandschaft der Länder); damit Entstehung der Basis des volkseigenen Sektors der Wirtschaft auf der Grundlage eines Volksentscheids in Sachsen. Dies ist die Geburtsstunde des sozialistischen Eigentums auf dem Territorium der heutigen DDR.

11.1.1947 SMAD-Befehl zur Einstellung der Reparationsdemontagen von 200 Betrieben und deren Umwandlung in SAG-Betriebe (Sowjetische Aktiengesellschaft). Zunächst wurden davon 74, in späteren Jahren alle weiteren SAG-Betriebe in Volkseigentum übernommen. Außerdem erstmaliges Wirksamwerden von "Elementen der planmäßigen Lenkung der Wirtschaft".

1947 Gründung der *Deutschen Wirtschaftskommission* (DKW) als beratendes Organ der SMAD für Fragen der Wirtschaftsplanung. Hiermit wurde ein wichtiger Keim auf dem Wege einer einheitlichen zentralen Leitung und Planung der Wirtschaft gelegt (inzwischen war in den Westzonen am

29. Mai 1947 der Bizonen-Wirtschaftsrat ins Leben gerufen worden).

April 1948 Auf der Grundlage von SMAD-Befehlen (64 und 76) wurden "Vereinigungen Volkseigener Betriebe" (VVB) auf Länder- und "Zonen"-Ebene geschaffen und zweigmäßig die Volkseigenen Betriebe (VEB) darin zusammengefaßt (Leitung nach dem "Zweig [Produktions-] Prinzip"). Somit gab es zentrale VVB, VVB auf Länderebene und kommunale Wirtschaftsunternehmen (KWU), neben den Genossenschaften und den noch bestehenden Privatbetrieben. Die damalige Leitungslinie war fünfstufig (vgl. Abb. 1).

Abb. 1: Leitungslinien Ende der 40er Jahre

DKW-Vorsitzender
|
Hauptverwaltungen
(u.a. Industrie)
|
Hauptabteilungen
(der Industriezweige)
|
VVB
(je Industriezweig)
von 5 - 23 VVB je Zweig
|
VEB

Juni 1948 Verkündung des 1. Zwei-Jahresplanes 1949/50 und der ersten Jahresvolkswirtschaftspläne ab 1949. Weitere Schritte auf diesem Weg waren die Einführung der *Finanzplanung* als untrennbarer Bestandteil der zentralen und der Betriebsplanung und der *Bilanz-Methode* für wichtige Erzeugnisse.

2.Hj. 1948 1. Plan zur Wiederherstellung und Entwicklung der Friedenswirtschaft unter maßgeblicher Förderung durch die SMAD. Bildung der "Hauptabteilung Wirtschaftsplanung" bei den damaligen Länderregierungen, die den Ministerpräsidenten unterstellt waren.

Die erste Form der Planung war eine "Planung von unten nach oben" im Sinne einer Zusammenfassung von Vorschlägen durch die 1945 gebildete Zentralverwaltung für einzelne Wirtschaftszweige, was als erste Anfänge des *demokratischen Zentralismus* im Wirtschaftsleben gesehen werden kann. In diesem Anfang waren die Gewerkschaften mit ihren damaligen Betriebsräten einbezogen. Die ersten Leiter kamen aus den Reihen der Arbeiterklasse, Angestellten und damaliger Direktoren. Von den VVB-Direktoren waren 27,3 % ehemalige Arbeiter, 11,9 % Angestellte, 23,7 % Ingenieure, 37,1 % Kaufleute; von den VEB-Direktoren waren 47,6 % ehemalige Arbeiter, 13 % Angestellte, 13,5 % Ingenieure, 21,7 % Kaufleute und 4,2 % ehemalige Direktoren. Damit wuchsen die ersten Voraussetzungen einer *demokratischen* Wirtschaftsführung als Keimform der späteren *sozialistischen* Wirtschaftsführung in der DDR. Parallel dazu bildete sich als demokratisches Element der Mitwirkung der Belegschaften die *Aktivisten-* und *Wettbewerbsbewegung* etwa ab 1948 heraus (Parole: Besser arbeiten ➡ Besser leben!).

Okt. 1949 *Gründung der DDR* und Übergang der bisherigen Aufgaben der DKW an die neue Regierung. Bildung der ersten Ministerien als wirtschaftsleitende zentrale Organe, wie z.B. Ministerium für Planung, Ministerium für Industrie (mit Hauptverwaltungen für Industriezweige) und Ministerium für Finanzen, nach dem Haupt-Leitungsprinzip des demokratischen Zentralismus. Im Ergebnis dessen waren die beiden grundlegenden Voraussetzungen, nämlich Volkseigentum an Produktionsmitteln und zentrale staatliche Planung als Grundlage der weiteren Entwicklung der DDR-Wirtschaft geschaffen. Ähnlich verlief die Entwicklung in der Landwirtschaft.

1950 war bereits die Zielstellung zur Herausbildung des Übergewichts des volkseigenen Sektors wie folgt realisiert:

- 75 % der Industrieproduktion (ohne SAG 52,4 %)
- 71 % des Großhandels
- 43 % des Einzelhandels (volkseigen und genossenschaftlich)

Auf dem III. Parteitag der SED wurde außerdem der erste Fünf-Jahresplan 1951/55 aufgestellt.

Im weiteren Verlauf wurde zunehmend eine straffere Leitung sowie eine stärkere Spezialisierung und Zentralisierung erforderlich, die zur Aufteilung des *einen* Ministeriums für Industrie in drei Ministerien führte, nämlich:

- Ministerium für Schwerindustrie
- Ministerium für Maschinenbau
- Ministerium für Leichtindustrie.

Im Ergebnis einer "Reorganisation" der Industrie erfolgte die Auflösung der den Länderverwaltungen unterstellten VVB und deren teilweise Zuordnung der zugehörigen Betriebe unter die zentrale VVB oder als Betriebe der örtlichen Organe, die Trennung kommunaler Betriebe in Produktionsbetriebe einerseits und Versorgungs- und Dienstleistungsbetriebe andererseits sowie dort, wo bereits ein hoher Konzentrationsgrad bestand (Chemie, Schwermaschinenbau) die Um- und Neubildung zentraler VVB und sogenannter "direkt-geleiteter VEB" mit Direktunterstellung über die Hauptverwaltung der Industrieministerien. Ferner wurde das *Prinzip der wirtschaftlichen Rechnungsführung* eingeführt, das ab 1952 gesetzlich für alle VEB verbindlich wurde.

1954 wurden die restlichen 33 SAG-Betriebe in Volkseigentum übernommen, darunter Leuna, Buna, Wolfen. Anstelle von fünf Länderregierungen wurden 14 *Bezirke* (sowie Berlin als gesonderte Einheit) mit ihren *Räten* als demokratische Leitungsorgane gebildet. Im weiteren Verlauf kam es dann noch zur Bildung weiterer Ministerien (insgesamt 8 im Jahre 1955), zur Bildung der Staatlichen Plankommission als zentralem Organ für wirtschaftliche Führung beim Ministerrat sowie zur Errichtung des Staatssekretariat für Örtliche Wirtschaft, dem die Räte der Bezirke, der Kreise, Gemeinden und örtlichen VEB unterstellt wurden. Damit konnte insgesamt das System der Leitung und Planung der Wirtschaft weiter ausgebaut und vervollkommnet werden. Die Verbindung zwischen staatlichen Organen der Leitung und den Betrieben wurde enger gestaltet, die ökonomische und juristische Selbständigkeit der Wirtschaftseinheiten stabilisiert. Das Prinzip des *demokratischen Zentralismus* wurde zum Hauptprinzip der Leitung entwickelt.

1958 wurde eine generelle Reorganisation des Staatsapparats ausgeführt, in deren Verlauf u.a. die bestehenden Industrieministerien aufgelöst und als Bereiche eines neugebildeten Volkswirtschaftsrates konstituiert wurden. Im nachhinein betrachtet hat sich diese Umbildung - soweit es die Wirtschaft betrifft - nicht bewährt. Sie wurde etwa 9 Jahre (bis 1967) beibehalten.

1967 Im System der zentralen Wirtschaftsleitung wurden wieder Industrieministerien anstelle des Volkswirtschaftsrates und seiner Industrieabteilungen gebildet. Das gestiegene Niveau der sozialistischen Vergesellschaftung verlangte, das *Prinzip der Zweigleitung* konsequent zu verwirklichen. Dieses System der Zweigleitung durch Industrieministerien hatte sich bewährt und wurde nun weiter ausgebaut. Inzwischen war auch die Notwendigkeit zur Schaffung größerer industrieller Komplexe herangereift, um die Vorzüge des sozialistischen Eigentums an Produktionsmitteln noch besser auszunutzen. In diese Zeit fallen daher die ersten Überlegungen zur Bildung volkseigener Industriekombinate und sozialistischer Großbetriebe, was Ende der 60er Jahre/Anfang der 70er Jahre zur Entstehung der Kombinate führte.

6.2. Die Bildung von Kombinaten

Folgende Formen wurden bei der Bildung der Kombinate angewandt:

- Kombinate ersetzen die bisherigen VVBs, sofern bereits ein entsprechender Konzentrationsgrad erreicht war (ca. ein Drittel).
- Bildung von Kombinaten innerhalb bestehender VVBs
- Kombinatsbildung durch Zusammenlegung von Betrieben verschiedener VVBs, teilweise sogar unterschiedlicher Ministeriumsbereiche

Die Mehrzahl der so gebildeten Kombinate erreichte eine höhere Leistung und Produktivität, auf der weitere Konzentrationsprozesse aufbauen konnten. Gleichzeitig traten an die Stelle der bis dahin vorherrschenden administrativen Leitungsmethoden eine stärkere ökonomische Stimulierung (vgl. AUTORENKOLLEKTIV 1982, 30ff.). Parallel dazu wurden von der Parteileitung die ersten Schritte zum Übergang zum *intensiven Reproduktionstyp* der Wirtschaft eingeleitet, bei weiterer Ausnutzung der Zweigleitung.

Im Ergebnis der Umwandlung der bis 1970 bestehenden halbstaatlichen und privaten Betriebe sowie industriell produzierenden Produktionsgenossenschaften des Handwerks bestanden

1974 in der DDR immerhin bereits 1 620 zentralgeleitete und 5 000 bezirksgeleitete Industriebetriebe. Damit erfolgte der Übergang zum einheitlichen Volkseigentum in der Industrie im Ergebnis von Konzentrationsprozessen.

Zu dieser Zeit wurden noch zwei Kombinatstypen unterschieden, nämlich Kombinate, die noch einer VVB oder einem anderen wirtschaftlich leitenden Organ unterstellt waren, und Kombinate, die zugleich selbst Aufgaben, Pflichten und Rechte wirtschaftlich leitende Organe wahrnahmen und *direkt* einem Ministerium unterstanden. Es handelte sich dabei bereits um 37 leistungsfähige Kombinate, die zentral den Ministerien unterstellt waren, und mehr als ein Drittel der Industrieproduktion und fast 50 % aller industriellen Exportgüter herstellten. Die typische Form war das *vertikal gegliederte Kombinat*, das von der Rohstoffgewinnung über Zwischenstufen bis zum Endprodukt verantwortlich war.

1976 war noch eingeschätzt worden, daß "[...] die VVB auch in Zukunft eine notwendige Organisationsform der Leitung in der Industrie sein wird". Sie trage als Zweigleitung eine zunehmende Verantwortung für die einheitliche Leitung des Industriezweiges. 1977 wurden dann aber Beschlüsse gefaßt, die Kombinate zu solchen Wirtschaftseinheiten zu entwickeln, die Grundlagen der erweiterten Reproduktion vorausschauender und komplexer lösen können. In diese Zeit fallen erste Überlegungen zur Zuordnung aller den geschlossenen Reproduktionsprozeß bildenden Phasen wie Forschung und Entwicklung, Rationalisierungsmittelbau, Baukapazitäten, erzeugnisbestimmende Zulieferer, Außenhandelsbetriebe bis hin zu den Absatzorganen zu den Kombinaten.

1979/80 erfolgte dann die Umstellung aller im zentral geleiteten Bereich der Industrieministerien und des Bauwesens auf direkt unterstellte Kombinate und damit die Bildung eines durchgängig zweistufigen Leitungssystems. Als Beispiel für ein zentrales Kombinat kann das Kombinat Mikroelektronik gelten, in dem 22 Betriebe mit 46 000 Beschäftigten und einem Produktionsvolumen von mehr als 2 Mrd. Mark zusammengefaßt wurden. Bereits 1980 betrug der Anteil der Kombinate an der gesamten Industrieproduktion etwa 90 %.

Jahr	Anzahl	Anteil an Arbeitern und Angestellten im Bereich der In.Min. (?)	Anteil am Export
1975	45	36 %	45 %
1980	130	98 %	99 %
1983	132	98 %	99 %

Einige Zeit nach Bewährung der zentralen Kombinate wurden außerdem 66 Bezirks-Kombinate gebildet, die den Bezirken bzw. dem Ministerium für Leicht- und Lebensmittelindustrie unterstellt wurden.

Zwischen den Kombinaten gab es Unterschiede objektiver Natur, die sich aus den Reproduktionsbedingungen und dem Niveau der Vergesellschaftung ergeben, etwa unterschiedliche Größe, Anzahl und territoriale Verteilung der Kombinatsbetriebe. So reicht die Anzahl je Kombinat von 3 bis 5 in der Grundstoffindustrie bis hin zu 40 bis 60 in der Leichtindustrie. Weiterhin unterschiedlich waren die Größe und Struktur des wissenschaftlich-technischen Potentials der Kombinate, die Produktionsstruktur (etwa Grad der Vertikalisierung der Produktionsstufen, Breite des Produktionssortiments, Anteil der Konsumgüter innerhalb von Produktionsmitteln herstellenden Kombinaten usw.) sowie die Absatz- und Marktsituation (z.B. Außenwirtschaftsbeziehungen, Vorhandensein eigener Vertriebsorganisationen etc.).
Ab 1983:

Kombinate	Anzahl
• der zentral geleiteten Industrie	132
• der zentral geleiteten Bauwirtschaft	21
• der bezirklich geleiteten Lebensmittelindustrie	27
• der übrigen bezirklich geleiteten Industrie	66
• des Bauwesens in den Bezirken	31
Gesamt	277

Die Entwicklung der Kombinate in Industrie und Bauwesen war der wichtigste Schritt der Vervollkommnung der Leitung in den 70er Jahren; sie sind zur grundlegenden Wirtschaftseinheit der materiellen Produktion geworden. Damit wurde der Prozeß der Überführung des gesamten Organismus der Volkswirtschaft auf eine *vorwiegend intensiv erweiterte* Reproduktion wesentlich vorangetrieben sowie der wissenschaftlich-technische Fortschritt in der Produktion beschleunigt und auf den erforderlichen Effektivitätszuwachs ausgerichtet.

Der Übergang der Wirtschaft der DDR der umfassenden Intensivierung ist mit der Entwicklung der Kombinate einhergegangen. Mit ihnen ist eine neue Stufe der Vergesellschaftung der Arbeit erreicht. Die Kombinate verfügen grundsätzlich über große geistige und materielle Potenzen, um entsprechend den internationalen Maßstäben den Zyklus

Wissenschaft ➡ Technik ➡ Produktion ➡ Absatz

zu beschleunigen.Diese großen Wirtschaftseinheiten müssen in der Lage sein, flexibel auf Anforderungen der eigenen Volkswirtschaft, des Exports und der Versorgung der Bevölkerung zu reagieren. Sie gestalten einen relativ geschlossenen Produktionsprozeß unter Zusammenführung all dessen, was zum geschlossenen Kreislauf der intensiv erweiterten Reproduktion gehört, d.h. sie garantieren eine einheitliche Leitung des Reproduktionsprozesses von Forschung und Entwicklung bis hin zum Absatz und eine unmittelbare Verbindung von Wissenschaft und Produktion auf der Ebene des Produktionsprozesses.

Kombinate besitzen grundsätzlich:

- leistungsfähige Produktionsbetriebe für Finalerzeugnisse
- leistungsfähige Produktionsbetriebe für qualitätsbestimmende Zulieferungen
- profilbestimmende Erzeugnislinien in der Konsumgüterproduktion (auch in den Produktionsmittel erzeugenden Kombinaten)
- bedeutende wissenschaftlich-technische Potentiale für Forschung, Konstruktion und Projektierung

- seit 1977 einen eigenen Rationalisierungsmittelbau und eigene Baukapazitäten zur Modernisierung bzw. Rationalisierung der Kapazitäten
- wirkungsvolle Kundendienstorganisationen im In- und Ausland
- eigene zugehörige Außenhandelsbetriebe (mit doppelter Unterstellung beim Ministerium für Außenhandel und dem jeweiligen Kombinat

Für die wirksame Beherrschung des gesellschaftlichen Reproduktionsprozesses im Kombinat ist ein klarer, übersichtlicher Leitungsaufbau des Kombinats notwendig. Kernfrage ist dabei die Qualifizierung der Leitung durch einen leistungsfähigen Stammbetrieb, von dem Impulse für den Leistungszuwachs in allen Kombinatsbetrieben ausgehen.

6.3. Weitere Entwicklung der Kombinate nach dem X. Parteitag

1983 wurden auf dem X. Parteitag der SED Maßnahmen zur weiteren Vervollkommnung der Leitung, Planung und wirtschaftlichen Rechnungsführung beschlossen. Diese wurden zum festen Bestandteil der neuen Etappe der Verwirklichung der ökonomischen Strategie der Intensivierung, des Kurses des wirtschaftlichen Wachstums durch höhere Effektivität auf der Grundlage des wissenschaftlich-technischen Fortschritts, vor allem der raschen Erneuerung der Erzeugnisse und Anwendung der Technologien (vgl. u.a. STEINITZ 1982; MITTAG 1987). Heute sind bereits Erneuerungsraten von 30 - 40 % des Produktionssortiments reale Zielgrößen.

Durch neue gesetzliche Regelungen wurden - beginnend mit dem Plan 1984 - u.a. folgende Maßnahmen wirksam:

- Ausbau der zentralen Leitung und Planung (u.a. Quantifizierung des Bilanzierungssystems)
- Erhöhung der Eigenverantwortung und ökonomischen Interessen der Kombinatsbetriebe

- Vervollkommnung der wirtschaftlichen Rechnungsführung durch Einführung der Leistungsbewertung mittels qualitativer Kennziffern
- Verstärkte Nutzung qualitativer Wachstumsfaktoren (wissenschaftlich-technischer Fortschritt, Schlüsseltechnologien)
- Weiterentwicklung von Initiative und Schöpferkraft der Werktätigen (vgl. z.B. AUTORENKOLLEKTIV 1988)
- Engere Verknüpfung von Plan und wirtschaftlicher Rechnungsführung.

Vier Komplexe stehen seitdem im Mittelpunkt von Leitung und Planung:

1. Die gesamte Leitung der ökonomischen Prozesse ist auf der Grundlage des demokratischen Zentralismus weiter zu qualifizieren. Dies betrifft u.a.:

- klare Weisungslinien vom Minister über die Generaldirektoren und Betriebsdirektoren und Meister bis zu den Werktätigen (Verantwortungsabgrenzung)
- Gewährleistung von Einzelleitung und persönlicher Verantwortung bei gleichzeitiger kollektiver Beratung in der Entscheidungsvorbereitung
- Koordination von Effektivität und Leistungsentwicklung über den Plan
- Konsequente Wahrnehmung der Leitung des Kombinats über den Stammbetrieb
- Bestätigung des politischen Charakters der ökonomischen Leitung durch die Generaldirektoren als Beauftragte der Arbeiter und
- Förderung von Initiative und Schöpfertum der Werktätigen zu hohen Ergebnissen durch dementsprechende Leitungsmethoden.

2. Die Vervollkommnung der Planung und Bilanzierung bildet den Hauptweg, um die volkswirtschaftliche Entwicklung noch exakter zu erfassen und zu leiten. Planung und die Bilanzierung als Kernstück der sozialistischen Planung sind dabei die Hauptinstrumente zur Sicherung der planmäßig proportionalen Ent-

wicklung im gesamtgesellschaftlichen Interesse. Gleichzeitig ist die Bilanzverantwortung entsprechend der Bilanz-Nomenklatura von der Staatlichen Plankommission bis zu den Kombinaten (sog. *Bilanz-Pyramide*) gestärkt worden. Weitere Verfeinerungen der Bilanzierung umfassen:

- die Anwendung von Normen und Normativen des Produktionsverbrauchs
- die Qualifizierung der Quartals-, Monats- und Dekadenplanung bei der Durchführung des Volkswirtschaftsplanes sowie
- die Qualifizierung der Grundfondsreproduktion (Modernisierung, höhere Auslastung, Effektivität der Investition etc.)

3. Neue Maßstäbe der Leistungsbewertung für die Kombinate und Betriebe werden gesetzt. Hauptkennziffern sind nun die Nettoproduktion, der Nettogewinn, die Bereitstellung von Erzeugnissen und Leistungen für die Bevölkerung sowie der Export. Trotzdem ist die Kennziffer *"Industrielle Warenproduktion"* als Meßgröße jedenfalls des Volkswirtschaftsplans beibehalten worden (Industrielle Warenproduktion minus Produktionsverbrauch ergibt die Nettoproduktion). Zielsetzung dieser Umstellung ist die Erhöhung des Produktionswachstums bei sinkendem Produktionsverbrauch und die Erhöhung des verteilbaren Endprodukts in höchster Qualität und Zuverlässigkeit.

4. Mit der umfassenden Intensivierung wächst die Bedeutung der wirtschaftlichen Rechnungsführung und der bewußten Ausnutzung des Wertgesetzes mit seinen Kategorien Preis und Kosten, Geld, Kredit und Zins. So ist z.B. ab 1984 das Prinzip der wirtschaftlichen Rechnungsführung auf Forschung und Entwicklung sowie auf Wissenschaft und Technik übertragen worden, um so eine größtmögliche ökonomische Verwertung von Forschungsergebnissen zu forcieren (vgl. AUTORENKOLLEKTIV 1987; AUTORENKOLLEKTIV 1988). Als grundsätzliches Prinzip für alle Wirtschaftseinheiten gilt die Deckung der Ausgaben durch die Einnahmen und die Erwirtschaftung von wachsendem Gewinn. In mehreren zeitlichen Etappen wurden ferner realere Wertmaßstäbe durch neue Industriepreise eingeführt (*Industriepreisreform*) und gezieltere Preis- und Kostenobergrenzen für neu entwickelte Erzeugnisse festgelegt. Zuschläge bei Preisen für neu

eingeführte Produkte mit hoher Qualität bzw. Abschläge bei veralteten und preisungünstigen Erzeugnissen dienen als weitere Stimulierungsinstrumente auch im Hinblick auf eine Verbesserung der Energie- und Materialökonomie. Darüber hinaus sind jetzt die Stimulierungsfonds an Nettogewinne der Betriebe gebunden. Zu Kernfragen sind folglich die Kostensenkung bei der Produktion und die Gewinnerhöhung geworden (vgl. u.a. KOZIOLEK 1987).

Nach dem X. Parteitag wurden die Kombinate neu strukturiert. Kerngedanke der neuen Kombinatsform mit völlig in sich geschlossenem Reproduktionszyklus ist die Leitung des Kombinats über den *Stammbetrieb*. Bei dieser Form besteht am wenigsten die Gefahr einer "Loslösung" der Linien- und Funktionalleiter von der produzierenden Basis, den Produktions-, Montage- und Absatzbereichen und den dort vor Ort tätigen Leitern, Arbeitern und Angestellten. Bei dieser Form der Leitungsorganisation ist immer der Generaldirektor des Kombinats *zugleich* Direktor des Stammbetriebs. Sinngemäß gilt dies auch für die Parteileitung und die Gewerkschaftsorganisation von Kombinat und Stammbetrieb. Differenzierter ist dagegen die Stellung des *Direktors für Produktion*, der zwar auch immer Direktor für Produktion des Stammbetriebes ist, jedoch *nicht* immer auch Linienleiter der Produktionsdirektoren in den Kombinatsbetrieben. Das hängt im Einzelfall von verschiedenen Faktoren ab, wie:

- Anzahl der Kombinatsbetriebe und deren Produktionsprogramm
- territoriale Verteilung der Betriebe
- Art der Kooperationsbeziehungen und Verflechtungsgrad mit dem Kombinat und untereinander
- dem angewendeten Schichtrhythmus usw.

Dementsprechend gibt es hier zwei verschiedene Grundstrukturen für die Einordnung des Produktionsdirektors sowie innerhalb des Stammbetriebes vier unterschiedliche Formen der Leitung durch das Kombinat, nämlich:

1. Kombinate, die bereits längere Zeit erfolgreich über einen leistungsfähigen Stammbetrieb geleitet werden;

2. Kombinate mit stark zersplittertem Stammbetrieb, der oft zugleich einen relativ geringen Leistungsanteil am Kombinat hat, sei es daß dieser territorial zersplittert ist, ein niedriges technologisches Niveau hat, einen teilweise hohen Verschleißgrad der Anlagen aufweist, ohne profilbestimmende F&E-Kapazitäten oder ohne Ratiomittel-Potentiale dasteht. Die Mehrzahl der Kombinate, die 1984 zur Leitung über Stammbetriebe übergegangen sind, haben solche Bedingungen;
3. Kombinate, die über wissenschaftlich-technische Stammbetriebe geleitet werden (bis 1983 ausschließlich im Bereich Schwermaschinen- und Anlagenbau);
4. Kombinate mit bisher selbständiger Kombinatsleitung *und* vorhandenem Stammbetrieb. Die Mehrzahl ist 1984 zur unmittelbaren Leitung über den Stammbetrieb übergegangen.

Abb. 2: Grundstruktur eines Kombinats (AUTORENKOLLEKTIV 1983, 206)

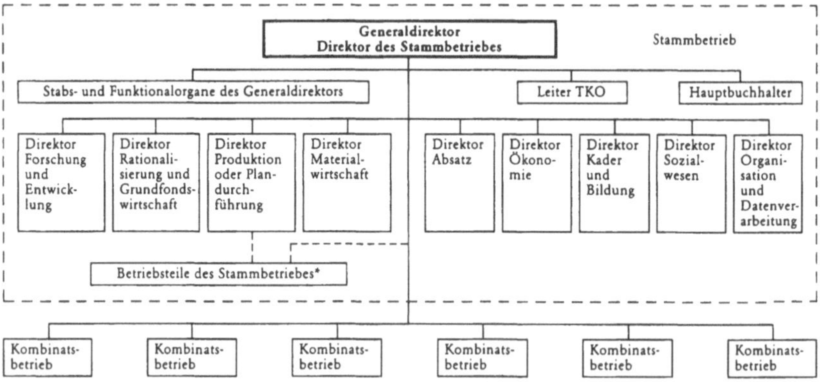

* Varianten der Zuordnung der Betriebsteile des Stammbetriebes

Die Vorzüge der Kombinate neuerer Prägung sind zum einen die Beschleunigung des wissenschaftlich-technischen Fortschritts durch Beherrschung komplexer Neuerungsprozesse (vgl. AUTORENKOLLEKTIV 1988), die Gewährleistung einer raschen Reaktion auf neue Bedingungen der inneren und äußeren Märkte, die Ökonomisierung der Produktionsreserven (Veredlung auf allen Stufen bis hin zur Weiterverwendung von Industrieabfallstoffen durch Regeneration zur Vermeidung von Umweltbelastungen) sowie die wirksame Nutzung des kooperativ eingesetzten Arbeitsvermögens zur Erhöhung von Flexibilität und Effektivität.

Die Bildung der Kombinate war somit das Ergebnis eines längeren Prozesses, in dessen Verlauf es darum ging, jene Formen der Leitung und Organisation zu entwickeln, die dem jeweiligen Niveau der Produktivkräfte und der Produktionsvermögen am besten entsprechen und ihren Fortschritt am wirksamsten fördern.

Literaturhinweise

AFANASJEW, W.G. (1969): Wissenschaftliche Leitung der Gesellschaft (Berlin, DDR)

__ (1976): Soziale Information und Leitung der Gesellschaft (Berlin, DDR)

__ (1979): Der Mensch in der Leitung der Gesellschaft (Berlin, DDR)

AUTORENKOLLEKTIV (1976): Leitungsorganisation in den Betrieben und Kombinaten (Berlin, DDR)

AUTORENKOLLEKTIV (1979): Grundfragen der sozialistischen Wirtschaftsführung (Berlin, DDR)

AUTORENKOLLEKTIV (1982): Stimulierung in Industriebetrieben und Kombinaten (Berlin, DDR)

AUTORENKOLLEKTIV (1982a): Leiter-Kollektiv-Persönlichkeit (5. Aufl.) (Berlin, DDR)

AUTORENKOLLEKTIV (1983): Leitung der sozialistischen Wirtschaft,Lehrbuch (3. Aufl.) (Berlin, DDR)

AUTORENKOLLEKTIV (1984): Wörterbuch der Ökonomie des Sozialismus (6. Aufl.) (Berlin, DDR)

AUTORENKOLLEKTIV (1987): Intensivierung - Leitung - Neuerungsprozesse. Leitiung von Neuerungsprozessen im Kombinaten und Betrieben (Berlin, DDR)

AUTORENKOLLEKTIV (1988): Das geistige Potential in den Kombinaten. Leitungserfahrungen bei seiner wirksamen Nutzung (Berlin, DDR)

BOHRING, G./LADENSACK, K. (1981): Leiter und Leiterverhalten (Berlin, DDR)

BOHRING, G./LADENSACK, K. (1986): Wie Leiter den wissenschaftlich-technischen Fortschritt bewältigen (Berlin, DDR)

KAMENIZER, S.I. (1973): Zur Leitung der Industrieproduktion in der UdSSR - Prinzipien, Methoden, Probleme (Berlin, DDR)

KOSLOWA, O.W./KUSNEZOW, J.N. (1971): Die wissenschaftlichen Grundlagen der Leitung der Produktion (Berlin, DDR)

KOZIOLEK, H. (1987): Betriebswirtschaft im System unserer sozialistischen Planwirtschaft, *Einheit*, 12/1987, 1077-1086

LADENSACK, K./WEIDEMEIER, A. (1977): Leitungsentscheidungen - soziale Prozesse im Betrieb (Berlin, DDR)

LADENSACK, K. (1981): Arbeits- und Lebensweise der Leiter (Berlin, DDR)

MITTAG, G. (1987): Ökonomische Strategie bestimmt die Arbeit der Kombinate, *Neuer Weg*, 1/1987

STEINITZ, K. (1982): Neue Bedingungen des Wirtschaftswachstums in den 80er Jahren (Berlin, DDR)

TICHOMIROV, J.A. (1975): Die Leitungsentscheidung (Berlin, DDR)

WEIDAUER, R./WETZEL, A. (1981): Kombinate erfolgreich leiten (Berlin, DDR)

Rekonstruktion der Geschichte von Betriebswirtschaftslehre und Leitungswissenschaft in der DDR

Rüdiger Pieper

(Freie Universität Berlin)

"Die Betriebswirtschaften der einzelnen Kulturen sind je nach dem Gesellschaftssystem und der Wirtschaftsverfassung wesensverschieden voneinander. Dementsprechend weichen auch die einzelnen betriebswirtschaftlichen Begriffe und Probleme inhaltlich und teilweise auch formal je nach der Wirtschaftskultur voneinander ab. Die Problematik hat außer den grundlegenden logischen Begriffsformen nichts miteinander gemein. Daraus aber ergibt sich, daß wir die betriebswirtschaftliche Problematik uns fremder Kulturen nur zu verstehen und erklären können, wenn wir sie in deren Zusammenhang mit der Wirtschaftsordnung und dem Gesellschaftssystem, der wirtschaftlichen Mentalität jener Kulturen sehen und betrachten." (LÖFFELHOLZ, zit.n. ZfB 6/1950, S. 331)

1. Einleitung

Während Studien über die geschichtliche Entwicklung der Betriebswirtschaftslehre in Deutschland bzw. später der Bundesrepublik zwar relativ rar, aber immerhin vorhanden sind[1], liegen bisher kaum entsprechende Untersuchungen über die DDR vor.[2] Dies gilt auch für die DDR selbst: historische Betrachtungen beziehen sich dort fast ausschließlich auf strukturelle Entwicklungen der Wirtschaft (z.B. FRIEDRICH ET AL. 1987, 233ff.), kaum jedoch auf Wissenschaftsgeschichte im engeren Sinne. Die Geschichte von Betriebswirtschaftslehre und Leitungswissenschaft in der DDR läßt sich daher angesichts fehlender Literatur nur anhand von Lehrbüchern und Diskussionsbeiträgen in Fachzeitschriften im Zusammenhang mit der politischen Entwicklung *rekonstruieren*.

Insbesondere letztere ist von wesentlicher Bedeutung, um verschiedene betriebswirtschaftliche Diskussionen in der DDR verstehen zu können. Denn anders als in der Bundesrepublik sind dort das politische, ökonomische und wissenschaftlich-kulturelle Subsystem nicht relativ autonom, sondern engstens miteinander verflochten, bei eindeutiger Dominanz der Politik. Dies wird nicht nur an den Plänen und Zielvorgaben deutlich, die auch für die einzelnen Wissenschaftsdisziplinen und -institute aufgestellt werden, sondern auch anhand intensiver personeller Verflechtungen (vgl. GLAESSNER 1977). Entmachtete Politiker werden Wissenschaftlern (z.B. Oelßner), mißliebige Wissenschaftler Manager (z.B. Benary), Wissenschaftler zu Politikern (Hager, Koziolek) usw. Der Hinweis von Löffelholz kann insofern primär als methodischer interpretiert werden: Die Entwicklung von Betriebswirtschaftslehre und Leitungswissenschaft in der DDR ist angesichts des relativ geringen Autonomiegrades der dortigen Wissenschaft nicht primär Wissenschaftsgeschichte, sondern im

1 Zum Beispiel: HUNDT 1977; SCHNEIDER 1981; auch zahlreiche Lehrbücher umfassen einen historischen Teil, etwa WÖHE 1984 und STAEHLE 1987.

2 Zu den wenigen Ausnahmen gehören vor allem Teile aus den verschiedenen Arbeiten von FÖRSTER (1967; 1968; 1970; 1984) sowie KRAKAT (1977; 1980), PIORKOWSKY (1980) und Hinweise in einigen Stichwortartikel des DDR-Handbuch (ZIMMERMANN ET AL. 1985).

wesentlichen Ausfluß der politischen und ökonomischen Entwicklung insgesamt. Durch Aufzeigen dieser Quer- und ursächlichen Verbindungen ist m.E. eine solche Rekonstruktion der Geschichte dieser Disziplinen möglich.[3]

2. Von der Betriebswirtschaftslehre zur Politischen Ökonomie

In der unmittelbaren Nachkriegszeit wurde in der damaligen Sowjetisch Besetzten Zone (SBZ) zunächst formal an die Tradition der deutschen Betriebswirtschaftslehre angeknüpft (vgl. FÖRSTER 1983, 300). So zielte die erste Hochschulreform im Herbst 1945 - der Lehrbetrieb wurde jedoch erst Anfang 1946 wieder aufgenommen - weniger auf eine Veränderung des Fächerangebots als vielmehr auf eine Entnazifizierung. Alleine an der Universität Leipzig wurden 170 von 222 Hochschullehrern entlassen (vgl. HEITZER 1984, 41). Ferner sollten die Hochschulen für breitere Bevölkerungskreise (insbesondere für Arbeiterkinder) erschlossen werden.[4]

Einschneidende inhaltliche Änderungen, wie ein obligatorisches gesellschaftswissenschaftliches Grundstudium und russischer Sprachunterricht für Studenten aller Fachrichtungen, wurden erst im Zuge der zweiten Reform 1951 vorgenommen (vgl. USKO 1974, 10ff.; ZIMMERMANN ET AL. 1985, 1382). Grundlegende strukturelle Änderungen gab es zunächst nur in Berlin, wo im Oktober 1946 die Handelshochschule in die - 1949 dann in Humboldt-Uni-

[3] Die historische Perspektive kann dann als ein Element zur Beantwortung der Frage genommen werden, was für die DDR-Betriebswirtschaftslehre *spezifisch* ist bzw. was sie etwa von der Betriebswirtschaftslehre in der Bundesrepublik unterscheidet (Ansatz der Vergleichenden Betriebswirtschaftslehre, PERRIDON 1967, 1975).

[4] So wurden seit 1946 an den Hochschulen Sonderkurse für junge Arbeiter und Bauern angeboten, um diesen den nachträglichen Erwerb der Hochschulreife zu ermöglichen. Diese Vorbereitungskurse wurden 1949 in die sogenannten "Arbeiter- und Bauernfakultäten umgewandelt. Von 1946 bis 1949 stieg der Anteil der Arbeiterkinder an der Studentenschaft von 19 % auf 36 % (WEBER 1976, 32).

versität umbenannte - Friedrich-Wilhelms-Universität integriert wurde. Die betriebswirtschaftlichen Lehrstühle blieben dort wie an den anderen fünf Universitäten der SBZ unverändert bestehen. Zunächst wurden die meisten Lehrbücher weiterbenutzt, nicht zuletzt deshalb, weil in Teilbereichen Rechtsgrundlagen und Methoden (etwa der Buchführung, vgl. FÖRSTER 1967, 67) weitgehend beibehalten wurden. Teilweise gab es sogar Neuauflagen (z.B. MELLEROWICZ 1947; SCHMALENBACH 1948).

Doch schon während dieser Phase der "antifaschistisch-demokratischen Umwälzung" (vgl. WEBER 1976, 18ff.) wurde von der SED zunehmend die Forderung artikuliert, auch die Wissenschaft solle zu dieser Umwälzung beitragen und sich als explizit politisch, d.h. als parteilich für den Sozialismus verstehen. Insbesondere den Wirtschaftswissenschaften wurde vorgeworfen, bürgerlichem, d.h. kapitalistischen Denken verhaftet und somit eher Apologetik als Wissenschaft zu sein (z.B. BERGER 1949; BEHRENS 1950, 1952; WINTERNITZ 1950). Behrens, ein Hochschullehrer aus Leipzig, titulierte sie sogar als unwissenschaftliche "Vulgärökonomie" (1950, 61). Entsprechend empfahlen diese Kritiker eine Umorientierung der Betriebswirtschaftslehre, wobei jedoch zunächst das Ausmaß einer solchen Umorientierung umstritten war. Behrens, der sich anfangs vorrangig mit Problemen des betrieblichen Rechnungswesens beschäftigte und versuchte, das vorhandene Instrumentarium auf das System der Wirtschaftsplanung zu übertragen (ders. 1949), verstand die Betriebswirtschaftslehre noch 1949 primär als Technik und erklärte, daß eine Übernahme entwickelter Teiltechniken und deren Weiterentwicklung sehr wohl möglich sei (ebd.).

LEMMNITZ ging ebenfalls von einem technischen Verständnis der Betriebswirtschaftslehre aus und kam zu der Einschätzung (1949, 45): "Die betriebswirtschaftlichen Grundsätze der volkseigenen Wirtschaft unterscheiden sich der Form nach wenig von der kapitalistischen Betriebswirtschaft [...]. Der Unterschied liegt tatsächlich nicht in der Technik der Betriebswirtschaft und der Produktion, sondern in dem Charakter der Volkswirtschaft". Eben diesen unterschiedlichen Charakter der Volkswirtschaft müsse die Betriebswirtschaftslehre aber berücksichtigen, erklärten verschiedene Kritiker. So räumte Winternitz zwar ein, daß es nicht darum ginge, die Betriebswirtschaftslehre politisch oder weltanschaulich auszurichten, doch: "Die Betriebswirtschaftslehre kann nicht ohne ein Fundament gesamtwirtschaftlicher, d.h. politisch-ökonomischer Erkenntnisse auskommen". (WINTERNITZ 1950, 56) Berger wurde deutlicher; er forderte, "[...] der Betriebswirtschaftslehre eine neue theoretische Grundlage zu geben oder noch besser, die Betriebswirtschaftslehre als den Teil in die Theorie der politischen Ökonomie aufzunehmen, der im besonderen der Analyse des innerbetrieblichen Produktionsumlaufes und seiner qualitativen Erfassung gewidmet ist". (BERGER 1949, 253) Dementsprechend sei es "für die fortschrittlichen Betriebswirtschaftler erforderlich, sich die Theorie von Marx [...] anzueignen" (ebd., 253). Nur mit einer marxistischen Orientierung könnte die Wirtschaftswissenschaft ein wissenschaftliches Niveau erlangen.

Solche Vorstellungen einer Politisierung der Betriebswirtschaftslehre und die Forderung nach ihrer Integration in die Politische Ökonomie stießen jedoch auf heftigen Widerstand. Kramer warf den Vertretern der Politischen Ökonomie vor, wenig Interesse an der Praxis der Betriebswirtschaften zu haben. Gleichwohl empfahl er eine enge Zusammenarbeit zwischen Betriebswirtschaftslehre, Politischer Ökonomie und betrieblicher Praxis, die durch die Gründung *"betriebswirtschaftlicher Aktive"* institutionalisiert werden könne (KRAMER 1949, 224ff.).

Mellerowicz hingegen, der bis Anfang 1950 an der Humboldt-Universität lehrte, lehnte ein Zusammengehen mit der Politischen Ökonomie, die - ähnlich der Volkswirtschaftslehre - ein grundsätzlich anderes Erkenntnisinteresse als die Betriebswirtschaftslehre habe, ab. Auch er definierte die Betriebswirtschaftslehre als betriebswirtschaftliche Technik, die folglich unabhängig von der Wirtschaftsordnung sei und diese auch nicht in ihren Erklärungsbereich einbeziehe. "Kennzeichnend für den Betriebswirt ist [...] immer, daß er die so gewonnenen Erkenntnisse auf den konkreten Einzelbetrieb bezieht, ohne den Anspruch zu erheben, gesellschaftliche zustände erklären zu wollen" (MELLEROWICZ 1949, 521). Als Technik sei die Betriebswirtschaftslehre somit unabhängig von der Wirtschaftsordnung. So gäbe es beispielsweise keine qualitativen Unterschiede zwischen dem Rechnungswesen kapitalistischer oder sozialistischer Betriebe, sondern nur "ein gutes oder schlechtes Rechnungswesen" (ebd., 519). Folglich sei auch für die Betriebswirtschaftslehre insgesamt unwichtig, ob sie sich als kapitalistisch oder marxistisch verstehe, sondern vielmehr ob sie richtig oder falsch sei, ob sie nämlich "zu einer Betriebsführung mit dem Ziel höchster Wirtschaftlichkeit fähig ist [oder] [...] zu betrieblicher Mißwirtschaft führt" (ders. 1950b, 499).

Bemerkenswerterweise wurden ähnliche Diskussionen über eine Integration von Volks- und Betriebswirtschaftslehre zu einer einheitlichen Wirtschaftswissenschaft praktisch zeitgleich in der Bundesrepublik geführt (z.B. RUCHTI 1949; HASENACK 1951). Vor allem Nationalökonomen erklärten, daß die traditionellen Unterschiede zwischen beiden Disziplinen inzwischen bedeutungslos geworden seien (z.B. EUCKEN 1947/1950; SCHNEIDER 1947). Mellerowicz sah sich daher nach seiner Umsiedlung in den Westteil Berlins gezwungen, die in der DDR geführte Diskussion erneut aufzunehmen, diesmal allerdings nicht mit Stoßrichtung gegen die Politische Ökonomie, sondern die Nationalökonomie (MELLEROWICZ 1950a, 1950b, 1951, 1953). Er warnte insbesondere davor, daß mit einer solchen Integration der Praxisbezug der Betriebswirtschaftslehre praktisch aufgehoben würde. Entsprechend kritisierte er auch Gutenbergs "Grundlagen der Betriebswirtschaftslehre" (1951) als zu theoretisch und aufgrund weitgehender Mathematisierung unverständlich für Praktiker. Gutenberg habe weitgehend die Methodik der Volkswirtschaftslehre übernommen und damit die Tradition der Betriebswirtschaftslehre verlassen (MELLEROWICZ 1952, 145). Einig war sich Mellerowicz mit Gutenberg jedoch in dem Punkt daß zumindest wesentliche Teilbereiche der Betriebswirtschaftslehre als *systemindifferent* anzusehen seien. Während GUTENBERG (1951) explizit zwischen systembezogenen und systemindifferenten Aspekten differenzierte, baute MELLEROWICZ seine Argumentation dergestalt aus, daß er eine Unterscheidung zwischen dem Betrieb als Organismus (soziale Funktion) und als Organ der Gesamtwirtschaft traf. Dabei sei die innere Ordnung unabhängig von der jeweiligen Wirtschaftsform, so daß die Betriebswirtschaftslehre als betriebswirtschaftliche Technik auch bei einem anderen Typus von Gesamtwirtschaft ihre Existenzberechtigung habe (ders. 1950, 326).

In der DDR hingegen waren solche Einschätzungen mit dem Übergang von der antifaschistisch-demokratischen Phase (1945 - 1949) zur Phase des Aufbaus des Sozialismus und der damit verbundenen, immer enger werdenden Orientierung am Wirtschafts- und Gesellschaftssystem der UdSSR (vgl. WEBER 1976, 34ff.) nicht mehr aktuell. Vielmehr verstärkte sich der Druck auch auf die Wissenschaft, sich sozialistisch zu orientieren. Die allgemeine Richtung gab die SED dadurch an, daß sie von den als "zurückgeblieben" kritisierten Hochschulen forderte, den Kampf "gegen alle reaktionären Ideologien, gegen den bürgerlichen Objektivismus, den Kosmopolitismus und Sozialdemokratismus zu entfalten und die Ergebnisse der Sowjetwissenschaft zu vermitteln" (Forum 1951, zit.n. WEBER 1976, 55f.; ähnlich OELSSNER 1951). Die Betriebswirtschaftslehre wurde nun als ausschließlich kapitalistisch angesehen. So kritisierte BEHRENS (1950, 57), "daß die Betriebswirtschaftslehre in der Tat nur handlich geordnete und systematisierte Anweisungen für die monopolkapitalistische Praxis gibt". Sie sei als wissenschaftliche Hilfe für den Aufbau des Sozialismus untauglich. Entsprechend wurden im Zuge der 2. Hochschulreform 1951 die betriebswirtschaftlichen Lehrstühle aufgelöst; Teile des Lehrkörpers hatten sich bereits vorher in den Westen abgesetzt. Dies interpretierte die DDR im nachhinein wie folgt:

> "Die meisten während der Nazizeit an den Kathedern lehrenden Volkswirte und Betriebswirtschaftler waren auf Grund ihrer Entwicklung und Tätigkeit eng mit dem Monopolkapitalismus verbunden. Ihnen stand die Erhaltung der kapitalistischen Ausbeuterordnung höher als das humanistische Anliegen der Wissenschaft. Dem Antikommunismus verfallen, verließen sie unsere Republik, als sich der antifaschistisch-demokratische Weg eindeutig abzeichnete, und stellten sich dem in Westdeutschland wiedererstandenen deutschen Monopolkapital zur Verfügung" (REDAKTIONSKOLLEGIUM 1965, 707).

Mit der Auflösung der Betriebswirtschaftslehre wurden die wirtschaftswissenschaftlichen Fakultäten grundlegend umgestaltet. In ihr Zentrum rückte die vor allem der weltanschaulichen Bildung und Erziehung dienende "Politische Ökonomie" (vgl. AURAS/BRASS 1962, 1535). Diese bildete neben dem Historischen und Dialektischen Materialismus das Fundament sozialistischer Theorie wie Politik; ihre Verbreitung insbesondere in der Lehre war zunächst wichtiger als der Praxisbezug (vgl. KAMPFERT/

KRAUSE 1960, 491). Daneben kreierte die DDR nach dem Vorbild der UdSSR die sich eher auf die Praxis beziehenden Fächer "Ökonomik der nationalen Wirtschaft", das sich primär mit Fragen der Volkswirtschaftsplanung beschäftigte, und "Betriebsökonomik", das zumindest Teilaspekte der früheren Betriebswirtschaftslehre umfaßte, allerdings fachlich enger begrenzt war, nämlich auf Fragen der Betriebsorganisation, Verwaltung und Planungsmethoden (vgl. das Lehrbuch von ARNOLD/BORCHERT/SCHMIDT 1956) und zudem - anders als die konzeptionell vergleichbaren Wirtschaftszweiglehren der Betriebswirtschaftslehre - auf verschiedene Fakultäten und Institute aufgeteilt wurde. Fragen der Betriebsführung im engeren Sinne wurden einer Teildisziplin der Betriebsökonomik, "Organisation und Planung des sozialistischen Industriebetriebes" zugeordnet. Zugleich wurden innerhalb der wirtschaftswissenschaftlichen Fakultäten separate Ausbildungswege für Industrieökonomen, Finanzökonomen (Schwerpunkt an der Humboldt-Universität), Arbeitsökonomen und Außenhandelsfachleute geschaffen, jedoch mit einem einheitlichen Studienabschluß als "Diplom-Wirtschaftler". Später erfolgten weitere Differenzierungen: 1955 gab es 27 wirtschaftswissenschaftliche Fachrichtungen mit 19 Spezialisierungsmöglichkeiten (vgl. NULTSCH 1955).

Auch innerhalb der einzelnen Spezialgebiete gab es Ende der 40er Jahre erhebliche Änderungen. Insbesondere wurde eine völlige Abkehr von dem "unzulänglichen System des bürgerlichen Rechnungwesens" (WOLF/UEBERÜCK 1949) angestrebt, was 1952 durch die Übernahme des sowjetischen Prinzips der *Wirtschaftlichen Rechnungsführung* (Chosrastschot) erfolgte. Dieses erhielt - wie FÖRSTER analysiert (1983, 301; vgl. auch ders. 1967, 62ff.) nun eine zentrale politische Bedeutung, "indem die Elemente der Finanz- und Betriebsbuchhaltung aus einem Erkenntnis- und Gestaltungsmittel für eigenverantwortliche Unternehmensdispositionen in einen 'Hebel zur Erfüllung der staatlichen Planung' transformiert" wurden. Das Prinzip der wirtschaftlichen Rechnungsführung geht auf Lenin zurück, der 1920 auf dem IX. Parteitag der Kommunistischen Partei erklärte, daß sich Kommunisten nicht scheuen sollten, vom Kapitalismus zu lernen; kapitalistische Techniken, insbesondere solche der Organisation und des Rechnungswesens müßten nur auf das sozialistische System konkret zugeschnitten werden (vgl. FÖRSTER 1957; ders. 1967, 47ff.; KRAKAT 1977, 141f.). Solche Diskussionen wurden in der DDR jedoch dadurch umgangen, daß die Wirtschaftliche Rechnungsführung als integraler Bestandteil des Instrumentariums der Politischen Ökonomie umdefiniert wurde, womit Legitimationszwänge im Hinblick auf eine partielle Übernahme betriebswirtschaftlicher Methoden entfielen (vgl. FÖRSTER 1983, 302-304). Wegen seiner Bedeutung für das betriebliche Rechnungswesen und die volkswirtschaftliche Lenkung bildete dieser Komplex seitdem einen wesentlichen Schwerpunkt der wirtschaftswissenschaftlichen Diskussion in der DDR (vgl. ders. 1967).

Nach der Auflösung der Betriebswirtschaftslehre und der Umstrukturierung der Wirtschaftswissenschaften war vor allem das Angebot an Lehrbüchern problematisch. Im Fachgebiet Rechnungswesen z.B. wurden sie bereits 1948 durch die schrittweise Einführung neuer Buchführungs- und Bilanzierungsrichtlinien weitgehend obsolet und 1952 mit der Einführung des Prinzips der Wirtschaftlichen Rechnungsführung (zusammengefaßt dargestellt in Heft 25/1952 der DFW) vollends unbrauchbar. Die Ausarbeitung neuer Werke ließ jedoch z.T. bis Mitte der 50er Jahre auf sich warten (Rechnungswesen: OELSSNER 1952; Politische Ökonomie: AUTORENKOLLEKTIV 1955; Betriebsökonomik: ARNOLD/BORCHERT/SCHMIDT 1956), so daß zunächst teilweise auf sowjetische Lehrbücher zurückgegriffen werden mußte. Jedoch waren diese nur zum Teil als Übersetzungen verfügbar (z.B. KANTOR 1953; KAMENZIER 1953); allerdings veröffentlichte die Zeitschrift "Sowjetwissenschaft" regelmäßig aktuelle Artikel sowjetischer Wissenschaftler in deutscher Sprache. Darüber hinaus fehlten auch qualifizierte Hochschullehrer, so daß auch hier Importe aus der Sowjetunion vorgenommen werden mußten (vgl. REDAKTIONSKOLLEGIUM 1965).

Um eine eigenständige Entwicklung im Bereich der Wirtschaftswissenschaften zu ermöglichen und zu beschleunigen, wurde 1953 das Institut für Wirtschaftswissenschaften bei der Deutschen Akademie der Wissenschaft (DAdW) gegründet, das in den 50er Jahren zum führenden Zentrum der wirtschaftswissenschaftlichen Forschung in der DDR wurde.

Abb. 1: Struktur der Wirtschaftswissenschaft Mitte der 50er Jahre

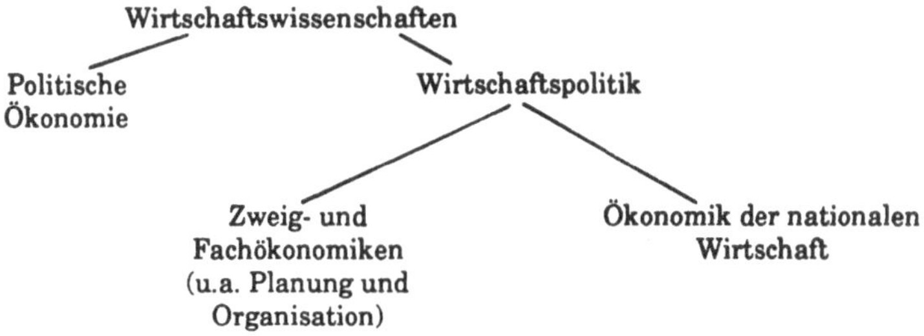

3. Erste Diskussionen über die Schaffung einer Leitungswissenschaft

Diese Umgestaltung der Wirtschaftswissenschaft fand jedoch zu einem Zeitpunkt statt, zu dem in der UdSSR bereits diskutiert wurde, ob nicht doch die Schaffung einer sozialistischen Betriebswirtschaftslehre sinnvoll sei, mit der eine Konzentration aller mit der betrieblichen Wirtschaftsführung zusammenhängenden Fragen auf eine Disziplin ermöglicht würde, und die zugleich stärker praktisch als politisch-ideologisch orientiert wäre (ab 1952).

In der UdSSR wurde darüber hinaus nach dem Tode Stalins (1953) die Diskussion über die Fragen der Leitung der sozialistischen Wirtschaft, die seit Ende der 30er Jahre unterbrochen war (vgl. GVISIANI 1974, 20), wieder aufgenommen, wobei erneut an Arbeiten Lenins über Prinzipien der Organisation und Leitung angeknüpft wurde (als Übersicht hierzu vgl. ebd., 88ff.; FRIEDRICH ET AL. 1987, 29ff.). Zumindest diese Diskussion wurde in der DDR, wenn auch mit erheblicher Zeitverzögerung, aufgenommen; auf sie konzentrierte sich die Frage der Praxisorientierung der gerade umstrukturierten Wirtschaftswissenschaft. So tauchte in dieser Diskussion, die 1957 bis 1959 vor allem im Theorieorgan der SED "Einheit" geführt wurde (BERGER 1957; FRIEDRICH 1957; JOHANNES 1957, 1958; BÖER 1958; DREHER 1958; KLAMPL 1958; KRÖMKE 1958; REDAKTION EINHEIT 1958; THAMM 1958; GLÄSER 1959; APEL-

1959), zum ersten Mal in der DDR die Forderung nach Schaffung einer praxisbezogenen Leitungswissenschaft auf. Insbesondere BERGER (1957, 1014ff.), der die Diskussion eröffnete, forderte die Einrichtung einer "Lehre von der Leitung sozialistischer Betriebe" mit entsprechendem Lehrangebot und einem Lehrbuch. Die vorhandenen, an den Hochschulen benutzten Lehrbücher "Politische Ökonomie" und "Ökonomik der sozialistischen Industrie in der Deutschen Demokratischen Republik" (ARNOLD/BORCHERT/SCHMIDT 1956) würden nämlich die subjektive Seite der Leitung kaum behandeln. Berger kritisierte zwar nur die Lehrbücher, meinte aber gleichwohl die Politische Ökonomie als solche. Bei dieser werde "weder bei der Behandlung des gesellschaftlichen Eigentums an den Produktionsmitteln als der Grundlage der Produktionsverhältnisse im Sozialismus, noch bei der Behandlung der gesellschaftlichen Arbeit im Sozialismus *theoretisch* nachgewiesen, daß die neuen Produktionsverhältnisse die aktive Teilnahme der Produzenten an der Leitung der Produktion mit objektiver Notwendigkeit bedingen, daß diese aktive Teilnahme ein Erfordernis des ökonomischen Grundgesetzes des Sozialismus ist, welches an die Methoden der Leitung sozialististischer Betriebe ganz spezifische Anforderungen stellt" (BERGER 1957, 1015). Aufgrund dieser spezifischen Anforderungen sei Leitung im Sozialismus grundlegend verschieden von der im Rahmen der kapitalistischen Betriebswirtschaftslehre behandelten: "Die Betriebswirtschaftslehre beschäftigt sich neben der Verschleierung der Ausbeutungsverhältnisse mit dem Studium der Marktbewegung im Kapitalismus und zeigt dem Unternehmer, wie im Konkurrenzkampf ein möglichst hoher Profit herauszuholen ist. Die Arbeiter sind dabei Objekt, Gegenstand der kapitalistischen Ausbeutung. Die Theorie der *Human Relations* ist die - durch innere Unwahrhaftigkeit gekennzeichnete - Antwort der Ökonomen der Kapitalisten auf die Idee und die Praxis des Sozialismus [...]" (ebd., 1018). Im Sozialismus hingegen seien die Arbeiter Subjekte; Leitung bedeute dort primär "Führung der Werktätigen zur bewußten schöpferischen Aktivität" (ebd., 1017). Für den Werksleiter bedeute dies, "daß seine leitende Tätigkeit hauptsächlich darin bestehen muß, die Belegschaft bei Einhaltung der Produktionsdisziplin zur Teilnahme an der Leitung des Betriebes heranzuziehen und auf dieser Grundlage feste, dauerhafte und kameradschaftliche Beziehungen zwischen der Belegschaft und der

Leitung zu entwickeln. Er muß als erster unter Gleichen auftreten. Er leitet, indem er die Werktätigen zu Leitern der Produktion und des Betriebes ersieht" (ebd., 1016). Eben solche Aspekte würden aber in Forschung und Lehre weitgehend ausgeklammert; dort stünden nicht "Formen und Methoden der Führung der Werktätigen" im Vordergrund (ebd., 1017), sondern neben allgemeinen politischen Fragen die formalen, strukturellen Elemente von Leitung und Planung.

Bergers inhaltlichem Anliegen, eine bessere Vorbereitung und Unterstützung von Leitern zu gewährleisten, wurde in der folgenden Diskussion kaum widersprochen. BÖER (1958, 408f.) betonte sogar: "Unsere Absolventen, die mit dem besten Willen und mit Elan an ihre Arbeit gehen, stehen in den Betrieben oftmals sehr bald vor dem ernsten Problem, Menschen sozialistisch zu leiten, ohne daß ihnen vorher das entsprechende Wissen vermittelt wurde". Vertreter der 1956 gegründeten Berliner Hochschule für Ökonomie bezeichneten die Diskussion als "eine längst notwendige": "Das Erfordernis, der sozialistischen Leitung unserer Betriebe in Forschung und Lehre einer ihrer Bedeutung für den sozialistischen Aufbau entsprechenden Raum zu widmen, besteht seit Jahren. Dies beweisen nicht nur die wiederholten Forderungen unserer Partei, die Arbeitsweise der Leiter und die Organisation der Leitung unserer Betriebe im Sinne der sozialistischen Leitungsprinzipien ständig zu verbessern, sondern auch die aus der Praxis an uns herangetragenen Wünsche, mehr wissenschaftliche Anleitung bei der Erfüllung dieser Aufgaben zu geben" (KLAMPFL 1958, 879).

Umstritten war in der Diskussion jedoch zweierlei: Zum einen inwieweit Leitung überhaupt lern- und lehrbar sei und zum anderen - jedenfalls bei den prinzipiellen Befürwortern der Forderung Bergers - die Frage der Organisation einer solchen Disziplin. Der erste Streitpunkt weist bemerkenswerte Parallelen zu der sich praktisch zeitgleich in der Bundesrepublik vor allem um Gutenberg rankenden Kontroverse über die Lern- und Lehrbarkeit von Management auf. Die Richtung Gutenbergs schon in der DDR besonders deutlich von JOHANNES, einem Praktiker, vertreten (1957; 1958): "Leiter kann man auf verschiedene Weise werden, zum Leiten muß man befähigt sein. Fähigkeit ist eine individuelle Besonderheit, die man hat oder nicht hat und nicht gelehrt werden kann" (ders. 1958, 1079).

Dem wurde nicht nur von anderen Autoren widersprochen, sondern - quasi offiziös - auch von der Redaktion der "Einheit", die Johannes Befangenheit im bürgerlichen Elitedenken vorwarf: "Wir sind vielmehr der Ansicht, daß sich die zum Leiten eines sozialistischen Betriebes erforderlichen Kenntnisse und Fähigkeiten erwerben lassen" (REDAKTION "EINHEIT" 1958, 1084). Die Redaktion nannte zugleich einen Weg, wie dies geschehen könne:

> "Der Leiter eines sozialistischen Betriebes erlangt die Fähigkeit zum sozialistischen Leiten durch die kollektiven Erfahrungen der Arbeiterklasse, auf die er sich stützen muß, und durch die Hilfe unserer Partei, die ausgerüstet mit der Kenntnis der Theorie des Marxismus-Leninismus, diese Erfahrungen theoretisch verallgemeinert und ihm dadurch eine Anleitung zum Handeln, zur Leitung des Betriebes auf sozialistische Weise gibt. Der Leiter eines volkseigenen Betriebes kann und muß sich die zum Leiten eines solchen Betriebes erforderlichen Kenntnisse und Fähigkeiten aneignen, und zwar durch aktive Teilnahme am gesellschaftlichen Leben und durch gründliches Studium" (ebd., 1084).

In der Praxis aber gäbe es durchaus noch unklare Vorstellungen "über die Leitung sozialistischer Betriebe besonders bei solchen Werkleitern und anderen leitenden Wirtschaftlern, die ihre praktischen Erfahrungen in der Leitungstätigkeit im Kapitalismus sammelten [...]". Dies sei nicht zuletzt deshalb so, "weil es eine ausgearbeitete Lehre von der Leitung sozialistischer Betriebe - im Sinne einer wissenschaftlichen Verallgemeinerung all dessen, was sich in der Praxis herausgebildet und bewährt hat - noch nicht gibt" (ebd., 1087).

Trotz dieser Feststellung griff die Redaktion der "Einheit" die Forderung Bergers nach Schaffung einer neuen Disziplin *"Leitungswissenschaft"* nicht auf; sie plädierte lediglich für die Erarbeitung eines entsprechenden praxisbezogenen Lehrbuches. Andere Autoren schlugen eine Erweiterung des Lehrfaches "Organisation und Planung" um Leitungsaspekte vor (z.B. BÖER 1958) oder beschränkten sich auf die Forderung nach einer Verbesserung des bestehenden Lehrangebots und einer "wissenschaftliche[n] Verallgemeinerung und Popularisierung der besten Erfahrungen der Leitungspraxis" (THAMM 1958, 270), Thamm meinte gar, daß diese nicht unbedingt "an die Form der wissenschaftlichen Arbeit gebunden" sei, sondern "sich mit den Mitteln der schöngeistigen Literatur sicher ebenso gut und vielleicht noch wirkungsvoller darstellen [lasse] als mit den Mitteln der wissenschaftlichen Analyse" (ebd., 270). Gleichwohl war Thamm einer der ersten Autoren, der ein wissenschaftliches Buch über Leitung veröffentlichte (THAMM 1956). Aspekte des Verhaltens von Leitern spielten darin aber nur am Rande eine Rolle: im Zentrum standen Leitungsstrukturen (ca. 85 % des Inhalts).

Die Hochschule für Ökonomie griff die Diskussion um die Einrichtung einer Leitungswissenschaft auf, um eine Umstrukturierung der Wirtschaftswissenschaft vorzuschlagen. Ihrer Vorstellung nach sollte die Aufsplitterung betriebswirtschaftlicher Themen auf unterschiedliche Institute aufgehoben und eine einheitliche der Betriebswirtschaftslehre ähnliche Disziplin geschaffen werden. Konkret forderte sie, "daß in den industrieökonomischen Fakultäten Institute für Betriebsökonomie bestehen, die alle Lehrstühle umfassen" (KLAMPFL 1958, 885). "Auch die Lehre von der Leitung sozialistischer Betriebe kann von einem Lehrstuhlinhaber als Mitglied eines solchen Instituts vertreten werden" (ebd., 885).

Keiner dieser Vorschläge konnte sich jedoch durchsetzen; die Diskussion um die Einführung einer Leitungswissenschaft und die Forderung nach einer Umstrukturierung der Wirtschaftswissenschaft wurde zunächst vertagt.

Ein wesentlicher Grund hierfür dürfte das Ende des Tauwetters der im Februar 1956 in der UdSSR eingeleiteten Entstalinisierung gewesen sein; nach Ulbrichts erfolgreichem Kampf gegen den "Revisionismus" und der Ausschaltung seiner innenpolitischen Gegner 1958 (vgl. STARITZ 1985, 107ff.) wurden im Wissenschaftsbereich jedenfalls kaum noch offen kontroverse Diskussion geführt.[5] Dies gilt insbesondere für die Wirtschaftswissenschaf-

5 Der *Revisionismus* geht historisch auf Bernsteins um die Jahrhundertwende formulierte Kritik am Marxismus und Reformismus-Tendenzen innerhalb der marxistischen Bewegung zurück. Im Kern stellt er eine Ak-

ten, aus deren Reihen zunächst in den Jahren 1956 bis 1958 im Zusammenhang mit einer beginnenden Orientierung hin zur Systemtheorie Vorschläge für eine grundlegende Umgestaltung des Wirtschaftssystems kamen.

4. Die Revisionismus-Debatte und das Vordringen der Kybernetik

Zunächst hatte die SED-Führung Elemente der Entstalinisierung aufgegriffen und dem Dogmatismus den Kampf angesagt (vgl. ebd.). Ulbricht selbst forderte Mitte 1956 den "wissenschaftlichen Meinungsstreit" (vgl. WEBER 1976, 61). Dies führte u.a. dazu, daß Diskussionen, die bisher auf kleine Zirkel beschränkt waren, an die Öffentlichkeit drangen und auch veröffentlicht wurden, was vor allem für zwei, inhaltlich eng zusammenhängende Themenkomplexe galt, an denen vor allem an der DAdW gearbeitet wurde. In zwei Sonderheften der Zeitschriften "Wirtschaftswissenschaft" (Sonderheft 1, 1956, "Ökonomie und Technik" und Sonderheft 3, 1957, "Zur ökonomischen Theorie und Politik in der Übergangsperiode") wurden Arbeiten von Behrens und Benary abgedruckt, in denen diese vorsichtig systemtheoretische Gedanken aufgriffen (BEHRENS 1956, 1957; BENARY 1957). Doch nicht primär wegen solcher Bezüge zur Kybernetik, die damals offiziell noch als obskure Pseudowissenschaft von der SED bekämpft wurde, wurden beide sogleich erbittert bekämpft (immerhin durfte Klaus, der spätere Nestor der DDR-Kybernetik, noch Mitte 1958 einen allgemein gehaltenen, aber tendenziell eher positiven Aufsatz über Kybernetik in der "Einheit" veröffentlichen; KLAUS 1958), sondern wegen ihrer Kritik an der DDR-Wirtschaftspolitik und der ihrer Meinung nach zu ideologisierten Wirtschaftswissen-

tualisierung und Entdogmatisierung der Lehren von Marx und Engels dar. Nach dem Tode Stalins bekamen solche Entdogmatisierungsversuche Auftrieb (z.B. Lukacs, Bloch, Harich, Kuczynski, Havemann, Entwicklung in Polen und Ungarn); zumindest zeitweilig wurden sie sogar offiziell gefördert. In der DDR wurden revisionistische Tendenzen als opportunistisch, antisowjetisch, antikommunistisch und als gefährlichste Rechtsabweichung des Marxismus bekämpft (vgl. als aktuelle DDR-Einschätzung: SCHÜTZ ET AL. 1983, 816ff.).

schaft. So bemängelte BEHRENS (1957, 125), daß der demokratische Zentralismus zu einem bürokratischen Zentralismus verkommen sei. BENARY (1957, 63) kritisierte die "zentrale Administrierung und Reglementierung des gesamten Wirtschaftslebens", die eigentlich mit dem Gedanken des Sozialismus unvereinbar sei. Beide proklamierten eine stärkere Selbstverwaltung der Wirtschaft unter Ausnutzung der ökonomischen Gesetze des Sozialismus. "Man kann ökonomische Gesetze nicht durch juristische Gesetze, Anordnungen und Direktiven ersetzen" (ebd., 109). Die Politische Ökonomie müsse daher als "eine Methodenlehre der planmäßigen Wirtschaftsführung" ausgebaut werden, wobei "die Methoden planmäßiger Wirtschaftsführung [...] nichts anderes als Methoden der bewußten Ausnutzung der ökonomischen Gesetze" seien (BEHRENS 1957, 85). Eben diese Vorstellung von der Existenz ökonomischer Gesetze im Sozialismus hatte Behrens und Benary der Systemtheorie entlehnt.

Zunächst konnten sie sich mit solchen Vorstellungen noch nicht durchsetzen; ihnen wurde vielmehr vorgeworfen, "individualistisch-anarchistische" Positionen zu vertreten (OELSSNER 1957, 321ff.), ein *"Managertum"* anzustreben und de facto kapitalistischem Gedankengut anzuhängen (z.B. REDAKTIONSKOLLEGIUM 1957; WOLF 1957; KAMPFERT 1957; LEMMNITZ 1958). Beide fielen 1958 den Säuberungsaktionen Ulbrichts, die sich gegen die genannten Revisionisten richteten, zum Opfer und wurden aus denjenigen Positionen entfernt, aus denen heraus sie in die Öffentlichkeit wirken konnten. Dies galt gleichermaßen für diejenigen SED-Politiker, die ebenfalls auf Reformen in der Wirtschaft gedrängt hatten (vgl. STARITZ 1985, 115ff.): Der damalige Chef-Ideologe Oelßner wurde z.B. aus dem Politbüro entfernt, jedoch gleichzeitig zum Direktor der Sektion Wirtschaftswissenschaften an der DAdW ernannt. Dort ersetzte er Kohlmey, dem ideologische Schwäche vorgeworfen worden war. Kohlmey habe einen individualistischen Arbeitsstil am Institut geduldet und revisionistische Ansätze nicht entschieden genug bekämpft (LEMMNITZ 1958, 263ff.). Überhaupt schienen vor allem die Wirtschaftswissenschaftler verdächtigt zu sein, revisionistischem Gedankengut anzuhängen. So kritisierte Lemmnitz: "Nur wenige Wirtschaftswissenschaftler haben sich in der Öffentlichkeit an der Auseinandersetzung mit den revisionistischen Auffassungen Behrens' und

Benary beteiligt" (ebd., 262). Bemerkenswerterweise wurden auch unter Oelßner, der sich zunächst noch klar von Behrens und Benary distanziert hatte und zeitweilig sogar öffentlich als Ankläger gegen beide aufgetreten war (z.B. OELSSNER 1957), an der DAdW die Reform-Überlegungen - wenn auch unter Ausschluß der Öffentlichkeit - weitergeführt. Im Zuge der sog. *Liberman-Diskussion*, die 1961 von der UdSSR ausging, kamen sie dann sogar zum Durchbruch.

Diesem Durchbruch voran ging eine Zunahme der Kritik an der DDR-Wirtschaftswissenschaft im Hinblick auf ihre mangelnde Praxis-Orientierung. Auf der 6. Tagung des ZK der SED kritisierte z.B. Ulbricht ein Zurückbleiben der Wissenschaften: "Dieses Zurückblieben der Beantwortung der Grundfragen, die das Leben auf die Tagesordnung setzt, widerspiegelt sich auch in der Zeitschrift 'Wirtschaftswissenschaft'" (ULBRICHT 1959, 38f.). Auch die Wirtschaftswissenschaftler selbst fingen an, "eine stärkere Hinwendung zur Wirtschaftspraxis" und eine in diese Richtung gehende "entscheidende Wende in Lehre und Forschung" zu fordern (KAMPFERT/KRAUSE 1960, 485, 491; ähnlich HESS/OELSSNER 1962). Theorie und Praxis sollten stärker miteinander verbunden werden. Ulbricht schlug als einen Lösungsweg einen Austausch von Praktikern und Theoretikern vor, der sowohl Forschung und Lehre wie Betriebspraxis befruchten könnte (vgl. KOZIOLEK 1960). Dieser Vorschlag wurde jedoch nicht realisiert; die Diskussion wurde vielmehr grundsätzlicher.

Mit dem Scheitern des 1959 aufgenommenen und 1961 abgebrochenen Siebenjahrplans, d.h. dem politischen Eingeständnis des Scheiterns der bisherigen Methoden der Wirtschaftsplanung und -leitung, manifestierte sich nämlich die Notwendigkeit struktureller Änderungen in der Wirtschaft. Folglich verschärfte sich noch die Kritik an den Wirtschaftswissenschaften, deren unzureichende Fundierung als eine der Ursache des wirtschaftspolitischen Scheiterns eingeschätzt wurde. In die Schußlinie geriet vor allem die Politische Ökonomie und ihr mangelnder Bezug zur Praxis (z.B. KÖRNER/MULCH 1961; HAUK/KOZIOLEK 1961). Die Redaktion der "Wirtschaftswissenschaft" meinte gar, daß partielle Veränderungen nicht mehr ausreichten, sondern daß vielmehr die "Herbeiführung einer raschen und gründlichen Wende in der Forschungsarbeit" notwendig sei (REDAKTIONSKOLLEGIUM 1962, 164). Künftig müsse auch bei der Politischen Ökonomie der praktische Nutzen im Vordergrund stehen. Umstritten war ferner, ob die Politische Ökonomie weiterhin eine Dominanzstellung innerhalb der Wirtschaftswissenschaften haben solle oder ob nicht ihre Verschmelzung mit der Volkswirtschaftsökonomik zu einer neuen Disziplin sinnvoller sei (z.B. AURAS/BRASS 1962; MUßLER 1962; SACHSE 1962; REDAKTIONSKOLLEGIUM 1962). Gleichzeitig wurde auch den Zweigökonomien, die eigentlich das praktische Element innerhalb der Wirtschaftswissenschaft verkörpern sollten, ein unzureichender Praxisbezug vorgeworfen: Sie seien lediglich deskriptiv und daher kaum in der Lage, den Praktikern sinnvolle Hilfestellungen zu geben (insbesondere KOZIOLEK 1960).

Den Ausweg aus diesen Problemen schien eine stärkere Orientierung an der Systemtheorie zu bieten und damit ein Anknüpfen an Gedanken, die bis dahin von der SED als revisionistisch abgetan und bekämpft wurden. Zwei Entwicklungen ermöglichten diese inhaltliche Kehrtwende: Zum einen hatte die SED mit dem weitgehenden Abschluß der Umgestaltung der Wirtschaft, d.h. der Verstaatlichung der Industrie und der Kollektivierung der Landwirtschaft (von der SED als "Sieg der sozialistischen Produktionsverhältnisse" bezeichnet) sowie dem Bau der Mauer 1961 ihren Herrschaftsanspruch abgesichert und sich so den Handlungsspielraum für Reformen geschaffen, zum anderen hatte sich in der Zwischenzeit die sowjetische Politik geändert und in deren Gefolge auch die Politik der RGW-Staaten insgesamt.

Bereits im November 1960 waren bei einer Tagung der Parteichefs der sozialistischen Staaten Wirtschaftsreformen angekündigt worden. Seit Anfang 1962 wurde dann im Zuge der Liberman-Diskussion deutlich, in welche Richtung solche Reformbestrebungen gehen sollten, nämlich hin zu einer stärkeren Dezentralisierung, größeren Freiheiten für die Betriebe und - ganz im Sinne der Überlegungen von Behrens und Benary - einer bewußten Ausnutzung der ökonomischen Gesetze des Sozialismus. Entsprechend wurde verstärkt über Fragen der Kybernetik geforscht; erste Artikel erschienen 1960 als Übersetzungen aus der Sowjetunion (etwa NEMTSCHINOW 1960). Danach begannen *Kybernetik* und *Systemtheorie* die wirtschaftswissenschaftliche Diskussion auch in der DDR zu dominieren (z.B. RUDOLPH 1960; FRIEDRICH 1961; KLAUS 1962; THIEL 1962; BEHR 1963; BEHRENS 1963). Auf dem 14. Plenum des ZK der SED 1961 forderte Ulbricht, die Kybernetik zum Forschungsschwerpunkt zu machen, was 1963 vom VI. Parteitag bekräftigt wurde:

> "Die Beherrschung und Anwendung der modernsten Betriebs- und Arbeitsorganisation, die sich mathematisch-ökonomischer Methoden der Rechentechnik und der maschinellen Datenverarbeitung bedient, ist von entscheidender Bedeutung für die rationelle Gestaltung der Produktionsprozesse, für den höchsten Nutzeffekt der gesellschaftlichen Arbeit, für die beste Ausnutzung der vorhandenen Maschinen und Anlagen. Der weiteren Druchdringung ökonomischer Prozesse mit mathematischen Verfahren und der Errichtung eines Netzes von Rechenstationen und Rechenzentren der Betriebs- und Volkswirtschaftsplanung sind deshalb besondere Aufmerksamkeit zu widmen" (zit. n. BMGF 1965, 248).

Eine solche Entwicklung wurde als "unvermeidbar" angesehen: "Das Eindringen von Mathematik und Kybernetik ist ein unvermeidlicher, gesetzmäßiger Prozeß, den man mit allen Mitteln beschleunigen muß, um zu einer schnellen Entwicklung der Wirtschaftswissenschaft beizutragen und um vor allem die Effektivität in der Praxis zu steigern" (WINTGEN 1962, 1895).

Den Durchbruch der kybernetischen Orientierung von Wirtschaftswissenschaft und -politik stellte dann die Einführung des sogenannten *"Neuen Ökonomischen Systems der Planung und Leitung der Volkswirtschaft"* (NÖS) im Jahre 1963 dar. Statt reiner Mengenplanung ("*Tonnenideologie*") und umfassender zentraler Steuerung wurden indirekte Steuerungsmechanismen wie Preise, Zinsen, Prämien und Gewinne mit dem Ziel der Etablierung einer gewissen Selbstregulierung der Wirtschaft in den Vordergrund gestellt, d.h. FÖRSTER (1983, 304) zufolge typisch betriebswirtschaftliche Elemente. Gleichzeitig wurde eine solche Nutzung ökonomischer Hebel als Perfektionierung des (nun nicht mehr ausschließlich und unmittelbar *direktiven*) Planungssystem aufgefaßt: Planungsinstrumente waren jetzt weniger der quantitative Aspekt des Plans sowie Einzelanweisungen als vielmehr der Automatismus eines in sich geschlossenen Systems ökonomischer Hebel. Damit dieses allerdings wirksam werden konnten, mußten zugleich das Menschenbild des *homo politicus*, der primär politisch-ideell motivierbar ist, ersetzt werden durch den altbekannten materiell stimulierbaren *homo oeconomicus*, d.h. es mußte (in der DDR-Begrifflichkeit) verstärkt auf das Prinzip der materiellen Interessiertheit rekurriert werden, auch im Hinblick auf das Handeln der einzelnen Betriebe.

Mit der Einführung des NÖS wurde zugleich das Verhältnis von Ökonomie und Politik neu definiert. Hatte bis 1961 die Absicherung der Herrschaft der SED den Vorrang, d.h. politische Aufgaben, so rückten jetzt ökonomische Fragen in den Vordergrund. MITTAG (1963, 52) bezeichnete sogar die "Führung der Volkswirtschaft mit dem Ziel, eine höhere Arbeitsproduktivität zu erreichen, als sie der Kapitalismus aufzuweisen hat" als zentrale Aufgabe der Parteiarbeit, d.h. Staats- und Parteitätigkeit wurden nun primär definiert als Bewältigung ökonomischer Aufgaben (vgl. GLAESSNER 1977, 132ff.). Damit erhielt nicht nur die alte Forderung Ulbrichts (1959): "Wir brauchen eine Methode der planmäßigen Leitung sozialistischer Betriebe" eine systemtheoretische Antwort, sondern auch die Ende der 50er Jahre geführte Diskussion über die Staatsfunktion im Sozialismus (vgl. GLAESSNER 1977). Allerdings hatte die Liberman-Diskussion noch keine detaillierten, operationalisierbaren Ausgestaltungsvorschläge angeboten, sondern nur Grobzüge angedeutet, so daß deren Erarbeitung in den 60er Jahren zur Hauptaufgabe sowohl der politischen wie der wirtschaftswissenschaftlichen Diskussion wurde. Da hierbei - anders als in der Phase der Errichtung des Sozialismus - nicht auf historische Erfahrungen zurückgegriffen werden konnte, waren die DDR-Wissenschaftler und Politiker auf Experimente angewiesen. Dementsprechend waren die 60er Jahre geprägt von häufigen Änderungen in der Wirtschaftspolitik wie auch - korrespondierend damit - den Strukturen und Inhalten der zuständigen Wirtschaftswissenschaften.

5. Die Lehre von der sozialistischen Wirtschaftsführung und die Phase der marxistisch-leninistischen Organisationslehre

Eine erste Umstrukturierung der Wirtschaftswissenschaften und zugleich Ausdruck des neu entstandenen Bedarfs nach einer allgemeinen Theorie der Planung und Leitung war die Einführung der *Lehre von der sozialistischen Wirtschaftsführung* als neuer Teildisziplin. Betriebsökonomik und die stark spezialisierten Bereichsökonomiken hatten nämlich Leitungsfragen bisher nur nach eng umgrenzten Verwaltungsgesichtspunkten behandelt, die Teildisziplin Theorie der Volkswirtschaftsfragen klammerte einzelwirtschaftliche Leitungsaspekte völlig aus, so daß sich hier eine Forschungslücke aufzeigte (vgl. LAUTERBACH 1973). Die neue Disziplin zielte dementsprechend auf eine Integration gesamt- und einzelwirtschaftlicher Leitungsfragen unter Einbeziehung von leitungsrelevanten Erkenntnissen anderer Wissenschaftszweige wie Rechtswissenschaft, Soziologie und Sozialpsychologie. Sie

> "[...] behandelt die zweckmäßigste Art und Weise der Leitung der Volkswirtschaft, der VVB und des volkseigenen Betriebes. Sie ist die Wissenschaft von der Leitung, die alle Vorzüge der sozialistischen Ordnung voll ausnutzt. Sie schließt das System der Leitung, das Treffen von Entscheidungen, die wirksamsten Methoden der Führung von Arbeitskollektiven und die Anwendung modernster Organisation und Technik im Leitungsprozeß ein" (ULBRICHT 1964, 410).

Die Notwendigkeit einer stärkeren und integrativen Behandlung einzelwirtschaftlicher Leitungsfragen resultierte vor allem aus der 1963 verstärkten Selbständigkeit der Betriebe. Wesentliches Teilelement des NÖS war nämlich der Ausbau der Vereinigungen Volkseigener Betriebe (VVB) zu relativ selbständigen "ökonomischen Führungsorganen" der einzelnen Industriezweige bei gleichzeitiger Stärkung der Kompetenzen der Einzelbetriebe. Diese Stärkung der mittleren und unteren Ebene machte nicht nur die Entwicklung neuer Leitungsmethoden erforderlich, sondern auch eine entsprechende Schulung der jeweiligen Leiter. Die Lehre von der sozialistischen Wirtschaftsführung wurde daher nicht als reine (theoretische) Forschungsdisziplin konzipiert, sondern vor allem als praxisorientierte Lehrdisziplin zur Verbesserung der Aus- und Weiterbildung von Wirtschaftsleitern: "Aufgabe einer speziellen Lehrdisziplin 'sozialistische Wirtschaftsführung' ist es, in geschlossener und systematischer Form die Erfordernisse, Prinzipien und Methoden der sozialistischen Wirtschaftsführung an Hand konkreter Situationen darzulegen und die in verschiedenen Lehrdisziplinen zuvor ermittelten Einzelerkenntnisse zusammenzufassen" (GRAICHEN/JOHN 1964, 1767f.). Als zentrales Organ für die neue Disziplin wurde 1965 das Zentralinstitut für sozialistische Wirtschaftsführung beim ZK der SED gegründet, das neben konzeptionellen Aufgaben vor allem die Weiterbildung von Leitern der obersten Nomenklaturstufe übertragen bekam.

Um die Forderung nach *Interdisziplinarität* der Lehre von der sozialistischen Wirtschaftsführung im Hinblick auf eine Integration sozialpsychologischen und soziologischen Wissens erfüllen zu können, mußte allerdings überhaupt erst einmal eine entsprechende Forschung institutionalisiert werden. Dies geschah ab 1963 (vgl. STOLLBERG 1988, 85). So fand im Oktober 1964 an der Universität Jena eine erste RGW-weite Tagung von Sozialpsychologen statt (vgl. HIEBSCH/VORWERG 1965), die für diese Disziplin den Durchbruch bedeutete. Seit 1963 wurden an den meisten Hochschulen Lehrstühle für Soziologie eingerichtet. Soziologie wurde in der damaligen Diskussion definiert als eine "Disziplin von den Gesetzmäßigkeiten der Verhaltensweisen von Gruppen" (BRAUNREUTHER/STEINER 1964, 1610), wobei Konflikte in Organisationen, formelle und informelle Gruppen von besonderem Interesse waren. Angestrebt wurde vor allem eine enge Verbindung von soziologischer und sozialpsychologischer mit wirtschaftswissenschaftlicher Forschung; entsprechend wurde 1964 die Soziologie als eigener Forschungszweig im Rahmen des Instituts für Wirtschaftswissenschaften an der DAdW etabliert (vgl. HESS 1964); an der Humboldt-Universität wurde 1965 eine industriesoziologische Zusatzausbildung ins Lehrprogramm aufgenommen (vgl. BERGER 1966).[6] Ende der 60er Jahre wurden auch erste theo-

6 Zunächst boten die Hochschulen Soziologie nur als Nebenfach für Studenten der Wirtschaftswissenschaften und der Philosophie an. Erst 1975 wurde ein selbständiger Studienzweig mit dem Abschluß "Diplom-Soziologie" etabliert.

retische Überlegungen verhaltenswissenschaftlich ausgerichteten Schulungsprogrammen für Leiter vorgenommen (vgl. KASEK/ ULBRICH 1988, 202); entsprechende Konzepte wurden 1971 publiziert (VORWERG 1971).

Erste empirische Forschungsergebnisse aus den Sozialwissenschaften wurden 1965 in der "Wirtschaftswissenschaft" veröffentlicht, bemerkenswerterweise über Probleme des *Betriebsklimas* (ARMELIN 1965) - kurze Zeit nachdem in der Bundesrepublik VON FRIEDEBURG (1963) entsprechende Studien vorgestellt hatte. Ende der 60er Jahre rückten dann Fragen der *"sozialistischen Demokratie im Industriebetrieb"* ins Zentrum des industriesoziologischen Interesses (vgl. RITTERSHAUS 1969; ARNOLD/ WIELAND 1970), wobei - vergleichbar der bundesdeutschen *Partizipationsforschung* - sowohl Fragen der individuellen Partizipationsbereitschaft wie der Partizipationskompetenz diskutiert wurden. Nach einer Soziologen-Tagung 1969, die sich primär solchen Fragestellungen widmete, wurde es jedoch ruhig um die DDR-Soziologie. Bis Ende der 70er Jahre wurden kaum noch industriesoziologische Studien veröffentlicht; der Partizipationsforschung vergleichbare Ansätze sind heute kaum noch erkennbar. Umfassende soziologische Lehrbücher erschienen erst Ende der 70er Jahre (z.B. AßMANN/STOLLBERG 1977; STOLLBERG 1978; eine Ausnahme bildet HIEBISCH/VORWERG 1968). Erst in den 80er Jahren sind wieder umfassende Ergebnisse der empirischen Sozialforschung veröffentlicht worden (z.B. STOLLBERG 1978, 1988 und verschiedene Arbeiten des Leipziger Zentralinstituts für Jugendforschung.[7]

Einen weiteren Forschungsschwerpunkt der Lehre von der sozialistischen Wirtschaftsführung bildeten Entscheidungsprobleme auf einzelwirtschaftlicher Ebene; 1966 erschienen hierzu die ersten Veröffentlichungen (z.B. FRIEDRICH/GERISCH 1966), d.h. in einer Zeit, in der auch in der Bundesrepublik (aufbauend auf amerikanischen Arbeiten) an entscheidungsorientierten Ansätzen

7 Bemerkenswerterweise ist die sozialpsychologische Forschung in der DDR am Leipziger Zentralinstitut für Jugendforschung konzentriert, das allerdings in den letzten Jahren verstärkt auch verhaltenswissenschaftliche Aspekte der Leitungstätigkeit untersucht (als Übersicht vor allem FRIEDRICH/VOSS 1988).

in der Betriebswirtschaftslehre gearbeitet wurde (insbesondere HEINEN 1962, 1969). Regelrechte Lehrbücher, die solche entscheidungsorientierten Überlegungen zu einem geschlossenen System verdichteten, wurden allerdings erst Mitte der 70er Jahre veröffentlicht (TICHOMIROV 1975 LADENSACK/WEIDEMEIER 1977).

Während sich die Lehre von der sozialistischen Wirtschaftsführung als Teildisziplin der Wirtschaftswissenschaften explizit auf ökonomische Prozesse bezog und damit im Rahmen des NÖS erfolgte Ausrichtung der Staatstätigkeit auf ökonomische Prozesse widerspiegelte, bildete die gleichfalls Mitte der 60er Jahre etablierte Marxistisch - leninistische Organisationswissenschaft (MLO) den Versuch, die Staatstätigkeit wieder umfassender, d.h. nicht ökonomisch verkürzt aufzufassen und Fragen der Leitung gesellschaftlicher Prozesse insgesamt wissenschaftlich zu erfassen. Sie ist u.a. das Resultat einer Teilrevision des NÖS hin zum sogenannten *Ökonomischen System des Sozialismus* (ÖSS), bei dem das Prinzip der ökonomischen Hebel, also die weitgehende Selbstregulierung der Wirtschaft, kombiniert wurde mit einer deutlicheren Perspektivplanung und zentraler Planung der Wirtschaftsstrukturen, d.h. einer wieder stärkeren *politischen* Führung der Wirtschaft.

Da die MLO auf der Grundlage von Kybernetik und Systemtheorie als eine allgemeine Theorie der Leitung der Gesellschaft konzipiert war, wurde sie als eigenständige Wissenschaftsdisziplin im Rahmen des Marxismus-Leninismus geführt. Als "Wissenschaft von der rationellen Organisation gesellschaftlicher Prozesse" kam ihr die Aufgabe zu, "die höchste Effektivität in der Arbeit der Partei, der Staatsorgane und der gesellschaftlichen Organisationen in der Durchführung der grundlegenden Parteibeschlüsse, der Planaufgaben und der wissenschaftlich-technischen Revolution zu erreichen" (ULBRICHT 1968, 590). Sie war damit wesentlicher Teil des SED-Konzepts der *"sozialistischen Rationalisierung"* (vgl. ders. 1966), das der Organisation den Charakter einer Produktivkraft zuwies, die vor allem mit Hilfe verstärkten EDV-Einsatzes, von Methoden des Operations Research und der Gesellschaftsprognostik (vgl. hierzu u.a. EDELING 1968; HEYDEN 1968) steigerbar sei. Die Lehre von der sozialistischen Wirtschaftsführung wurde nun zum Teilgebiet der

MLO, nämlich als Anwendung der Erkenntnisse dieser Grundlagendisziplin auf das ökonomische Subsystem.

Abb. 2: Struktur der Wirtschaftswissenschaft in der Zeit der MLO mit Gewichtung der einzelnen Teildisziplinen im Hochschulstudium

Sektion Wirtschaftswissenschaften

Politische Ökonomie	Volkswirtschaftsplanung	Fachökonomiken	MLO, Kybernetik	Technik	Recht
(ca. 25%)	(ca. 10 %)	(ca. 17%)	(ca. 22%)	(ca. 12%)	(ca. 3%)

Nach der Modifizierung von NÖS und ÖSS Anfang der 70er Jahre sank die Relevanz der Kybernetik und damit auch der MLO. Bereits in der Planperiode 1967 - 1970 wurden wieder stärkere Zentralisierungselemente eingeführt und somit ein Teil der Reformen rückgängig gemacht. Nach der aus verfehlter Strukturplanung resultierenden Wachstumskrise 1970 verloren monetäre Leitungsinstrumente - das Kernstück von NÖS und ÖSS - ihre Bedeutung: Die DDR-Wirtschaftspolitik kehrte mit dem Wechsel von Ulbricht zu Honecker zu einer stärkeren zentralen, administrativen Wirtschaftslenkung zurück.

Zugleich hatte sich auch auf der politischen Ebene die Einstellung zur Kybernetik, der unterschwellig immer noch der Greuch des Unpolitischen und Systemindifferenten anlastete, gewandelt. Hager etwa kritisierte, daß in manchen wirtschaftswissenschaftlichen Publikationen, in denen noch 1970 die Kybernetik eine zentrale Rolle spielte (z.B. HALBRITTER 1970), mit dem Systembegriff Mißbrauch getrieben worden sei:

> "So wichtig Kybernetik und Systemtheorie sind und bleiben, so können wir natürlich nicht zulassen, daß sie an die Stelle des Dialektischen und des Historischen Materialismus, der politischen Ökonomie des Sozialismus, des wissenschaftlichen Kommunismus oder auch der sozialistischen Leitungswissenschaft treten" (HAGER 1971, 1215).

Solche Bewertungen, die aus den Reihen der Wirtschaftswissenschaftler durch den Vorwurf der Abstraktheit und des Formalismus ergänzt wurden (etwa HÖRNIG 1972), bedeuteten das Ende der MLO; mit dem VIII. Parteitag 1971 verschwand sie schließlich. 1972 wurde auch die Akademie für marxistisch-leninistische Organisationswissenschaft aufgelöst. GLAESSNER (1977, 217) betont, daß dies nicht bedeutete, daß die Erkenntnisse der MLO "nicht auch weiterhin als gültig erachtet werden, soweit sie nicht auf die konkrete Gestaltung von Leitungsprozessen beziehen. Die von ihr gelieferten gesamtgesellschaftlichen Erklärungsmuster wurden jedoch ebenso verworfen wie der Anspruch, allgemeinverbindliche Aussagen über Struktur- und Organisationsprinzipien der Lenkungs- und Leitungsapparaturen zu machen".

Beibehalten wurde hingegen die Lehre von der sozialistischen Wirtschaftsführung, jedoch reduziert in ihrer Bedeutung und weitgehend bereinigt von ihrem vormals dominierenden kybernetischen Gedankengut. Mit der Abkehr der SED von NÖS und ÖSS, dem Ende der "Systemzeit", war damit wieder einmal eine Umstrukturierung der Wirtschaftswissenschaften fällig.

6. Renaissance der Betriebswirtschaftslehre

Teile dieser Umstrukturierung resultierten jedoch noch im wesentlichen aus den Wirtschaftsreformen im Rahmen von NÖS und ÖSS. Durch diese war ja zum einen die Koordination zwischen den Betrieben und zwischen einzel- und gesamtwirtschaftlicher Planung auf monetäre Mechanismen umgeschaltet worden, so daß ein Bedarf an ausgefeilteren Methoden der Rechnungsführung entstand und damit ein neuer wirtschaftswissenschaftlicher Forschungsschwerpunkt notwendig wurde (etwa KOZIOLEK 1965; KUPFERNAGEL/POLASCHEWSKI 1966). Ähnlich wie sich die Betriebswirtschaftslehre insgesamt aus dem Rechnungswesen entwickelt hatte, bildeten solche Arbeiten auch in der DDR den Grundstein für eine Renaissance der Betriebswirtschaftslehre, die nicht zuletzt dadurch wesentlich forciert wurde, daß der durch NÖS und

ÖSS neu geschaffene Handlungsspielraum der Betriebe[8] praktisch wie wissenschaftlich (d.h. mit Handlungsempfehlungen) gefüllt werden mußte.

Die Wirtschaftswissenschaften in ihrer bisherigen Struktur - d.h. ihrer Aufgliederung in Politische Ökonomie und Zweig- bzw. Fachökonomien - hatten jedoch betriebswirtschaftliche Fragen bisher nur unzureichend theoretisch erschlossen; konkrete und wissenschaftlich fundierte Handlungsempfehlungen waren von ihr daher nicht zu erwarten (vgl. ZIMMERMANN ET AL. 1985, 1159). Da sich die MLO und - wenn auch in geringerem Maße - die Lehre von der sozialistischen Wirtschaftsführung primär auf gesamtwirtschaftliche Fragen konzentrierten und nur Teilaspekte des betrieblichen Geschehens erfaßten und auch die Kybernetik angesichts ihres eher methodischen Charakters kein Surrogat für eine betriebswirtschaftliche Theorie bilden konnte, entstand Mitte der 60er Jahre gewissermaßen ein praktischer Bedarf nach einer Betriebswirtschaftslehre (vgl. FÖRSTER 1983).

Daher wurde im Rahmen des VII. Parteitages der SED 1967 zum ersten Mal die Forderung nach Schaffung einer komplexen sozialistischen Betriebswirtschaftslehre erhoben, die denn auch umgehend im Volkswirtschaftsplan 1968 verankert wurde. 1969 wurden die ersten Vorstellungen über eine solche sozialistische Betriebswirtschaftslehre veröffentlicht (SCHMIDT 1969); 1970 erfolgt ihre Konkretisierung und eine deutliche Zielbestimmung (insbesondere KUPFERNAGEL ET AL. 1970, 1504ff.):

> "Sie hat die Aufgabe, die Planung, die Leitung und die Organisation des betrieblichen Reproduktionsprozesses so zu entwickeln, daß es den sozialistischen Kombinaten, Betrieben und VVB ermöglicht wird und sie darauf orientiert werden, langfristig optimale Leistungen im Sinne der gesamten Volkswirtschaft zu erbringen. Aufgabe der Lehre von der sozialistischen Betriebswirtschaft ist es, den mit der Planung, Leitung und Organisation der Tätigkeit sozialistischer Warenproduzenten beauftragten Staats- und Wirtschaftsfunktionären und den Werktätigen in den Betrieben hierfür das notwendige anwendungsorientierte Wissen zu vermitteln" (dies., 1504).

8 Dieser blieb auch nach der Aufgabe von NÖS und ÖSS durch die Schaffung der Kombinate weiter, wenn auch revidiert, bestehen.

Doch die Rückkehr zum Begriff "Betriebswirtschaftslehre" brachte auch einen neuen Rechtfertigungs- und Abgrenzungsbedarf mit sich. So zählten KUPFERNAGEL ET AL. als solche Unterschiede zum westlichen Pendant auf:

> "- das prinzipiell anders geartete Ziel des sozialistischen Betriebes und hieraus abgeleitet die Übereinstimmung von gesellschaftlichen und Einzelinteressen;
>
> - der grundlegende Unterschiede in der Erkenntnisfunktion. Die bürgerliche Betriebswirtschaftslehre muß die Ausbeutungsverhältnisse verschleiern. Die Funktion der sozialistischen Betriebswirtschaftslehre besteht darin, die gesellschaftlichen Zusammenhänge zu erklären und sie den Werktätigen bewußt zu machen. Sie stellt namentlich unter den Bedingungen der wissenschaftlich-technischen Revolution neue Anforderungen an die sozialistische Demokratie und an die Information der Werktätigen;
>
> - daß die sozialistische Betriebswirtschaft daher stets als ein organischer Bestandteil des zentralgeleiteten, gesamten Wirtschaftsprozesses bei breiter Entfaltung der sozialistischen Demokratie ist."

Als weiteren Unterschied zur traditionellen Betriebswirtschaftslehre hoben KUPFERNAGEL ET AL. das divergierende Menschenbild hervor, wobei sie Gutenberg als westliches Musterbeispiel herausstellte. Dessen Degradierung des Menschen als Objekt sei eine "Mißachtung des Menschen" (ebd., 1510). Im Rahmen der sozialistischen Betriebswirtschaftslehre hingegen sei der Mensch Subjekt.

Als konkrete Ziele einer solchen sozialistischen Betriebswirtschaftslehre wurden von KUPFERNAGEL ET AL. (1970, 1511ff.):

- Organisation des gesamten betrieblichen Reproduktionsprozesses
- Weiterentwicklung der sozialistischen Rechnungsführung
- Modellierung informationeller Prozesse

Während dabei zunächst noch kybernetische Verfahren relativ stark akzentuiert wurden, rückte nach dem Ende der *"Systemzeit"* Anfang der 70er Jahre die "organische Einordnung des sozialistischen Warenproduzenten in das heranreifende Gesamtsystem der staatlichen Leitung" (ebd., 1511) in den Vordergrund. Da der Verzicht auf ein kybernetisches Gesamtsystem der staatlichen Leitung und der Betriebswirtschaft sowie der Wechsel der SED-Wirtschaftsstrategie von der Extensivierung zur Intensivierung neuer wissenschaftliche Ansätze erforderte (vgl. AUTORENKOLLEKTIV 1969), nämlich u.a. die Erarbeitung betrieblicher Intensivierungsstrategien und - damit verbunden - ausgefeiltere Konzepte der Rechnungsführung, wurde die wirtschaftswissenschaftliche Forschung erneut intensiviert. So wurde im Oktober 1973 der Wissenschaftliche Rat für Fragen der sozialistischen Betriebswirtschaftslehre gegründet (vgl. KOZIOLEK/KUNZ 1973). Außerdem wurden an den Hochschulen wieder betriebswirtschaftliche Lehrstühle eingerichtet, welche die zweigbezogenen ökonomischen Lehrstühle verdrängten. Bereits Ende 1973 erschien das erste Lehrbuch (AUTORENKOLLEKTIV 1973).

Gegenstand und Aufgabe der sozialistischen Betriebswirtschaftslehre werden inzwischen wie folgt definiert:

> "Gegenstand [...] sind die ökonomischen und sozialen Beziehungen im Reproduktionsprozeß der Betriebe, zwischen den Betrieben und zwischen dem betrieblichen und dem gesellschaftlichen Reproduktionsprozeß sowie jene politisch-ideologischen Erscheinungen und Prozesse, die diese Beziehungen unmittelbar widerspiegeln. [...] Aufgabe der Disziplin ist es, wissenschaftliche Erkenntnisse zu gewinnen und bereitzustellen, deren bewußte Anwendung einer hohen Effektivität der wirtschaftlichen und sozialen Tätigkeit des Betriebskollektivs dient. Die sozialistische Betriebswirtschaft löst diese Aufgabe unter Berücksichtigung der Stellung der Betriebe im gesellschaftlichen Reproduktionsprozeß und im Leitungssystem der Volkswirtschaft aus der Sicht der *betrieblichen Reproduktion* und entwickelt sich zur *Theorie des effektiven Wirtschaftens sozialistischer Betriebe*, die die wissenschaftliche Grundlage der planmäßigen Leitung der ökonomischen und sozialen Prozesse im Betrieb bildet." (AUTORENKOLLEKTIV 1980, 23)

Das Lehrbuch selbst gliedert sich in 15 Teilabschnitte:

- Die Stellung der Betriebe im gesellschaftlichen Reproduktionsprozeß und im Leitungssystem der Volkswirtschaft
- Der betriebliche Reproduktionsprozeß und seine Intensivierung
- Die Leitung im Betrieb
- Der Mensch und seine Arbeitskraft im Betrieb

- Die Grundmittelwirtschaft im Betrieb
- Die Materialwirtschaft des Betriebes
- Die Vorbereitung der Produktion
- Die Durchführung der Produktion
- Die Realisierung der Erzeugnisse und Leistungen
- Die Kosten im Betrieb
- Finanzen im Betrieb
- Die Planung im Betrieb
- Rechnungsführung und Statistik im Betrieb
- Analyse im Betrieb
- Kontrolle im Betrieb

Bereits diese Gliederung verdeutlicht, daß die sozialistische Betriebswirtschaftslehre bei ihrer Betrachtung des betrieblichen Geschehens von der Produktion ausgeht, hierin also Ähnlichkeiten mit der Betriebswirtschaftslehre Gutenbergs aufweist. Dies entspricht der Relevanz der Produktion als Engpaß - sowohl in der DDR von heute wie der Bundesrepublik der 50er Jahre. Anders als bei Gutenberg wird jedoch die betriebliche Produktion in das System der volkswirtschaftlichen Planung eingebettet, dafür entfallen Fragen des Marketing.[9] Als zentrales betriebswirtschaftliches Problem der DDR bleibt somit neben der Verbesserung des Systems der wirtschaftlichen Rechnungsführung die Frage, wie die die Produktion betreffenden Planungsvorgaben realisiert werden können; alle anderen Problemstellungen leiten sich hieraus ab. Dies allerdings ist ein andersgearteter Ansatz als jener der modernen westlichen Betriebswirtschaftslehre (Entscheidungs-, Marketing-, System- oder Verhaltensorientierung).

Bemerkenswert ist auch, daß trotz einer entsprechenden Zielbestimmung der sozialistischen Betriebswirtschaftslehre, die neben den ökonomischen explizit auch die "sozialen Beziehungen im Reproduktionsprozeß der Betriebe" (ebd., 23) analysieren will, *ver-*

9 Zwar werden auf sechs Seiten Fragen der Bedarfs- und Marktforschung abgehandelt (AUTORENKOLLEKTIV 1980, 559ff.), doch bereits die entsprechende Definition ist aufschlußreich: "Die Bedarfs- und Marktforschung ist die systematische Analyse und Voraussicht der Entwicklung der Realisierungsbedingungen der Erzeugnisse und Leistungen in ihrem wechselseitigen Zusammenhang" (ebd., 559).

haltensorientierte Aspekte weitgehend *ausgeklammert* werden. Der Mensch wird primär als Arbeitskraft analysiert; andere Bedürfnisse, Fragen der Motivation und Führung sowie betriebliche Konfliktfelder werden nicht behandelt. Insofern spitzt sich der Unterschied zur Betriebswirtschaftslehre Gutenbergs darauf zu, daß jener offen und ausschließlich vom Produktionsfaktor Arbeit sprach, während im Rahmen der sozialistischen Betriebswirtschaftslehre, die gleichfalls vom Mensch als "Hauptproduktivkraft im Betrieb" spricht (ebd., 223), diese primäre Betrachtungsweise dadurch verschleiert wird, daß der Mensch zugleich als "gesellschaftlicher Eigentümer, als Produzent und als Machtausübender" definiert wird (ebd., 223). Aber gerade der letzte Punkt und die damit verbundene Einschätzung, daß so "die objektive Grundlage für die Übereinstimmung der grundlegenden persönlichen Interessen der Werktätigen mit den Interessen der gesamten Gesellschaft" gegeben seien (ebd., 223), führt zu diesem Verzicht der Behandlung sozialpsychologischer Fragen. Anzumerken ist jedoch, daß diese weitgehende Vernachlässigung subjektiver Faktoren durch die die sozialistische Betriebswirtschaftslehre keineswegs der betrieblichen Realität in der DDR entspricht; dort haben die Werktätigen nämlich schon aufgrund der arbeitsrechtlichen Bestimmungen eine relativ starke Position. Fragen der Motivation stellen aber - auch angesichts geringer Sanktionsmöglichkeiten durch die Leitung - in der betrieblichen Praxis ein zentrales Problem dar (vgl. AUTORENKOLLEKTIV 1982; AUTORENKOLLEKTIV 1987); auch die im Vergleich zur Bundesrepublik deutlich niedrigere Produktivität verdeutlicht dies.

7. Die Einführung der Leitungswissenschaft

Die Problemstellung als solche wurde schon frühzeitig erkannt. Bereits 1964 forderte Mittag eine Theorie der sozialistischen Führungstätigkeit, die durchaus westliche Managementtheorien und -methoden einschließen könne: "Es geht also vor allen Dingen darum, bestimmte Erscheinungen der kapitalistischen Leitungsmethoden, die aus den objektiven Entwicklungstendenzen der Vergesellschaftung der Arbeit geboren werden, ihrer kapitalistischen Hülle zu entkleiden und in ihrem rationellen Kern für uns nutzbar zu machen" (MITTAG 1964, 1592).

Doch erst nach dem Ende der "Systemzeit" wurden solche Überlegungen konsequent aufgegriffen, indem nach dem VIII. Parteitag der SED 1972 die MLO als Forschungsdisziplin wie als universitäres Lehrfach durch die als interdisziplinär konzipierte *Leitungswissenschaft* ersetzt wurde. Diese sollte, obwohl sie den Wirtschaftswissenschaften zugeordnet wurde, nicht nur Fragen der Leitung von Wirtschaftsprozessen, sondern generell (ähnlich der MLO) Fragen der Leitung in allen Bereichen der Gesellschaft analysieren und hierzu den Praktikern in Betrieben und staatlichen Leitungsorganen Handlungsempfehlungen geben (vgl. GLAESSNER 1977). "Die Wissenschaft von der Leitung der sozialistischen Wirtschaft erforscht die objektiven Gesetzmäßigkeiten der Bildung und Entwicklung des Leitungssystems und der Gestaltung der Leitungsbeziehungen in der sozialistischen Wirtschaft. Sie entwickelt und verallgemeinert die dazu erforderlichen Methoden, Verfahren und Instrumente" (AUTORENKOLLEKTIV 1982a, 597f.).

Obwohl der Lehrbetrieb an den Universitäten bereits 1972 aufgenommen wurde, erschien das erste Lehrbuch erst 1976 (FRIEDRICH ET AL. 1976), so daß zunächst auf russische Übersetzungen zurückgegriffen werden mußte. Dort war bereits seit Ende der 60er Jahre eine lebhafte Diskussion über Leitungsfragen und die Entwicklung einer eigenen sozialistischen Leitungstheorie im Gange (z.B. AFANASJEW 1969, 1974; AUTORENKOLLEKTIV 1973a; POPOW 1974), im Rahmen derer auch westliche Management-Konzepte ausführlich rezipiert wurden (vor allem GVISIANI 1974; MILNER/TSCHISHOW 1980). 1966 und 1972 fanden dort spezielle Tagungen zu Fragen der sozialistischen Leitung statt, bei denen der Grundstein für die Etablierung einer eigenständigen Disziplin gelegt wurde. Zwei Ziele standen dabei im Mittelpunkt: zum einen der Ausbau der theoretischen Fundierung der sozialistischen Leitung, zum anderen die Verallgemeinerung der bereits gesammelten praktischen Erfahrungen in der Leitung (vgl. FRIEDRICH 1972).

Wesentliche Grundlage dieser neuen Leitungswissenschaft bilden Arbeiten von Lenin über Leitungsfragen, die 1970 im Zuge der

Feiern aus Anlaß des hundertsten Geburtstages von Lenin ausführlich rezipiert wurden (etwa KOZIOLEK 1970; AUTORENKOLLEKTIV 1970). Aus diesen schlußfolgern die sowjetischen wie die DDR-Autoren Kernprinzipien sozialistischer Leitung (vgl. AUTORENKOLLEKTIV 1970; AUTORENKOLLEKTIV 1980, 189ff.; FRIEDRICH ET AL. 1987, 39ff.), nämlich:

- demokratischer Zentralismus
- Einheit von Politik und Ökonomie
- Einzelleitung und persönliche Verantwortung des Leiters in Verbindung mit kollektiver Beratung

Ideologische Grundlage der Leitungswissenschaft ist der Marxismus-Leninismus. Gleichzeitig wird ihre Etablierung als "objektives Erfordernis der sozialistischen Entwicklung eingeschätzt:

> "Bekanntlich ermöglicht der Sozialismus zum ersten Mal in der Geschichte die bewußte und planmäßige Gestaltung der gesellschaftlichen Prozesse und gerade deswegen muß die politische Leitung der Gesellschaft durch die Partei von wissenschaftlichen Grundlagen ausgehen" (HONECKER 1972, 5).

Abb. 3: Derzeitige Struktur der Wirtschaftswissenschaft

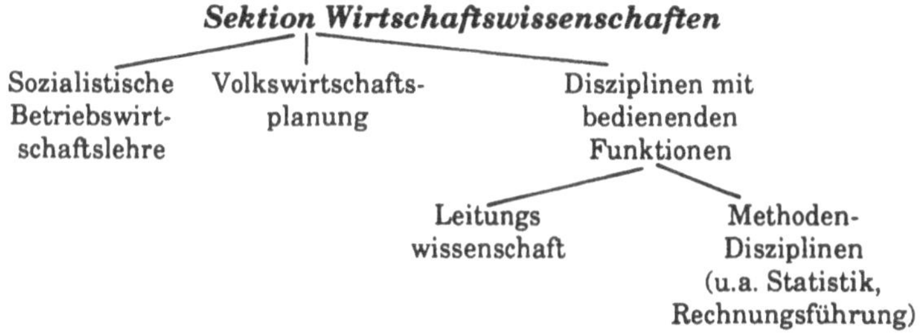

Obwohl im Zentrum der Leitungswissenschaft die Beschäftigung "mit dem Leitungsprozeß und insbesondere mit dem Entscheidungsprozeß, der Entwicklung sozialistischer Persönlichkeiten und Kollektive im Leitungsprozeß, dem Leitungsstil, der Organisation von Leitungssystemen, der Organisation der Informationssysteme sowie der Rationalisierung der Leitung und Erhöhung ihrer Effektivität" steht (AUTORENKOLLEKTIV 1982a, 598), realisiert sie die Vorstellung Mittags von einer sozialistischen Führungstheorie nur unzureichend; Verhaltensaspekte werden im derzeit geltenden Lehrbuch nur auf 20 von ca. 260 Seiten behandelt (FRIEDRICH ET AL. 1987, 148ff.); die Disziplin ist trotz anhaltender Betonung der Bedeutung des subjektiven Faktors stark strukturalistisch orientiert: Fragen der Organisation der Leitung, d.h. Leitungsstrukturen stehen im Mittelpunkt. Diese Einschätzung trifft auch auf andere Publikationen zu, die sich mit Leitungsfragen befassen (z.B. ILCHMANN/SANDMANN/THOMASCH 1980; WEIDAUER/WETZEL 1981). Selbst LADENSACK und WEIDEMEIER (1977) behandeln in ihrem Buch "Leitungsentscheidungen - soziale Prozesse im Betrieb" soziale Prozesse lediglich unter der Perspektive von Entscheidungsverfahren und -techniken. Forschungsergebnisse der in der DDR ja existenten Sozialpsychologie werden weitgehend ausgeklammert. Eine - wenn auch praktizistische Ausnahme - stellen Lehrbücher für die Meisterausbildung dar, die sich explizit den "pädagogisch-psychologische[n] Grundlagen der sozialistischen Leitungstätigkeit" widmen (AUTORENKOLLEKTIV 1986), und Fragen der Persönlichkeitstheorie und -entwicklung, des Leitungsstils sowie der Beurteilung der Werktätigen behandeln. Obwohl die Leitungswissenschaft den Anspruch erhebt, interdisziplinär zu sein, bezieht sie de facto Erkenntnisse anderer Disziplinen nur spärlich ein.

8. Aktuelle Diskussionen

In der aktuellen betriebswirtschaftlichen und leitungswissenschaftlichen Diskussionen in der DDR läßt sich m.E. jedoch eine Tendenz beobachten, sozialpsychologische Fragen stärker zu beachten. Diese Tendenz läßt sich vor allem im Hinblick auf die in den letzten Jahren relativ zahlreich erschienenen Publikationen über Innovations-Management feststellen, in denen Fragen der Motivierung und des Human-Resource-Management eine zentrale Rolle spielen (etwa AUTORENKOLLEKTIV 1987; AUTORENKOLLEKTIV 1988; BOHRING/LADENSACK 1986; NEUNER 1987; vgl. PIEPER 1988). Hier hat sich aufgrund der aktuellen wirtschaftspolitischen Anforderungen (vgl. STEINITZ 1982; MITTAG 1987) und der bereits

Anfang der 70er Jahre eingeleiteten Umstellung der DDR-Wirtschaftspolitik auf Intensivierung ein neuer Forschungsschwerpunkt herausgebildet, was sich auch an einer wachsenden Anzahl sozialpsychologischer Literatur zeigt, die sich gezielt an Leiter wendet (z.B. FRIEDRICH/HOFFMANN 1986; FRIEDRICH/ VOSS 1988; MEHLHORN/MEHLHORN 1985; PETROWSKI 1983). Bemerkenswert ist auch, daß in diesem Zusammenhang westliche Managementtechniken inzwischen weniger unter ideologischen (etwa MILYNER/ TCHIHOW 1980), sondern primär unter funktionalen Aspekten diskutiert werden (z.B. HARTMANN 1988).

Diese steigende Bedeutung des Faktors Mensch und die damit verbundene Beschäftigung mit Möglichkeiten der Beeinflussung von Motivation, Leistung und Schöpfertum durch Leiter steht in engem Zusammenhang mit den aktuellen Versuchen in der DDR, eine rechnergestützte Betriebswirtschaft zu entwickeln,

> "[...] die insbesondere durch die immer engere Verknüpfung von Leistungs-, Leitungs- und Informationsprozessen charakterisiert wird. Grundlage dafür sind eine ständige aktuelle, einheitliche Datenbasis und eine effektive Kommunikationsstruktur, die - rechnergestützt - die zeitliche Verknüpfung von Informationen aus dem gesamten betrieblichen Reproduktionsprozeß [...] möglich machen" (KOZIOLEK 1987, 1080).

Dies sei mit einer weitgehenden Automatisierung aller betrieblichen Teilbereiche und Aufgaben, d.h. mit weitgehender Umstellung auf "rechnergestützte Arbeit" verbunden. Eben diese erfordere aber

> "[...] die umfassende Teilnahme, das sachkundige Mitwirken der Werktätigen an jedem Arbeitsplatz und in jedem Arbeitskollektiv. Gefragt ist nicht nur Detailkenntnis, gefordert ist prozeßübergreifendes Denken, um die sozialistische rechnergestützte Betriebswirtschaft in ihrer ganzen Breite produktivitätswirksam zu nutzen" (ebd., 1018).

Entsprechend erhöhen sich die "Anforderungen an Qualifikation, Disponibilität und Mobilität der Werktätigen" (ebd., 1079) und damit zwangsläufig die Bedeutung von Human-Resource-Management und die Notwendigkeit einer stärkeren Einbeziehung verhaltenswissenschaftlicher Erkenntnisse.

Ein weiterer, wesentlicher Aspekt der rechnergestützten sozialistischen Betriebswirtschaft ist die Verbesserung der wirtschaftlichen Rechnungsführung. Die entsprechenden technischen Möglichkeiten sind durch die EDV verbessert worden; gleichzeitig sind die politischen Anforderungen durch den Bedeutungszuwachs der Kennziffer Gewinn und das neue Primat der Kostensenkung gestiegen, so daß hier ein weiterer Forschungsschwerpunkt der sozialistischen Betriebswirtschaftslehre besteht. KOZIOLEK zufolge sind Kostensenkung und Gewinnerhöhung zur "Kernfrage sozialistischer Betriebswirtschaft" geworden (ebd., 1083ff.), wodurch zwangsläufig die Relevanz der betrieblichen Ebene steigt, da nur dort die Kosten gesenkt und Gewinne erzielt werden können. Dies läßt eine Intensivierung der betriebswirtschaftlichen Forschung in der DDR erwarten.

Literaturhinweise*

AFANASJEW, W.G. (1969): *Wissenschaftliche Leitung der Gesellschaft* (Berlin, DDR)

— (1974): *Wissenschaftlich-technische Revolution, Leitung, Bildung* (Berlin, DDR)

ARMELIN, P. (1965): Zur Problematik des Betriebsklimas - Ergebnisse einer industriesoziologischen Untersuchung, *WW* 2/1965, 239-251

ARNOLD, H., H. BORCHERT und **J. SCHMIDT** (1956): *Ökonomik der sozialistischen Industrie in der Deutschen Demokratischen Republik* (Berlin, DDR)

ARNOLD, O. und **K.H. WIELAND** (1970): Zu Problemen der soziologischen Forschung in der Industrie, *WW* 3/1970, 416-430

AßMANN, G. und **R. STOLLBERG** (Hg.) (1977): *Grundlagen der marxistisch-leninistischen Soziologie* (Berlin, DDR)

AURAS, H.H. und **H. BRASS** (1962): Zum Verhältnis zwischen der politischen Ökonomie des Sozialismus und den Fachökonomien, *WW* 10/1962, 1533-1537

AUTORENKOLLEKTIV (1955): *Politische Ökonomie. Lehrbuch* (Berlin, DDR)

AUTORENKOLLEKTIV (1969): *Politische Ökonomie des Sozialismus und ihre Anwendung in der DDR* (Berlin, DDR)

AUTORENKOLLEKTIV (Hg.) (1970): *Die Grundlagen der sozialistischen Wirtschaftsführung in den Werken Lenins und ihre aktuelle Bedeutung* (Berlin, DDR)

AUTORENKOLLEKTIV (1973a): *Organisazija uprawlenija* (Moskau)

AUTORENKOLLEKTIV (1973/1980): *Sozialistische Betriebswirtschaftslehre* (Berlin, DDR)

AUTORENKOLLEKTIV (1979): *Grundfragen der sozialistischen Wirtschaftsführung* (Berlin, DDR) (2. Aufl. 1985)

AUTORENKOLLEKTIV (1982): *Stimulierung in Industriebetrieben und Kombinaten* (Berlin, DDR)

AUTORENKOLLEKTIV (1982a): *Lexikon der Wirtschaft - Arbeit, Bildung, Soziales* (Berlin, DDR)

* BFuP = Betriebswirtschaftliche Forschung und Praxis; DFW = Deutsche Finanzwissenschaft; E = Einheit; WW = Wirtschaftswissenschaft; ZfB = Zeitschrift für Betriebswirtschaft.

AUTORENKOLLEKTIV (1986): *Pädagogisch-psychologische Grundlagen der sozialistischen Leitungstätigkeit* (Berlin, DDR) (9. Aufl.)

AUTORENKOLLEKTIV (1987) *Intensivierung - Leitung - Neuerungsprozesse* (Berlin, DDR)

AUTORENKOLLEKTIV (1988): *Das geistige Potential in den Kombinaten* (Berlin, DDR)

BEHR, J. (1963): Kybernetik und Wirtschaft, *WW* 3/1963, 327-343

BEHRENS, F. (1948): *Alte und neue Probleme der politischen Ökonomie* (Berlin)

__ (1949): Einige Grundprobleme des betrieblichen Rechnungswesens in der Wirtschaftsplanung, *DFW* 6/1949, 218-224

__ (1950): Ist die Betriebswirtschaftslehre eine Wissenschaft? *DFW* 2/1950, 57-60

__ (1952): *Zur Methode der Politischen Ökonomie* (Berlin, DDR)

__ (1956): Fragen der Ökonomik und Technik, *WW* Sonderheft 1956, 1-5

__ (1957): Zum Problem der Ausnutzung ökonomischer Gesetze in der Übergangsperiode, *WW* Sonderheft 3, 1957, 105-140

__ (1958): Die Planung und Leitung der Volkswirtschaft - eine Stellungnahme, *WW* 1/1958, 31-38

__ (1963): Zur Anwendung mathematischer Verfahren in der Ökonomischen Analyse, *WW* 3/1963, 419-423

BENARY, A. (1957): Zu Grundproblemen der politischen Ökonomie des Sozialismus in der Übergangsperiode, *WW* Sonderheft 3, 1957, 62-94

BERGER, H. (1966): Probleme eines industriesoziologischen Zusatzstudiums, *WW* 7/1966, 1199-1203

BERGER, W. (1949): Karl Marx als Kritiker der modernen Betriebswirtschaftslehre, *DFW* 10/1949, 249-253

__ (1957): Wie soll die Lehre von der Leitung sozialistischer Betriebe aussehen? *E* 8/1957, 1014-1021

BÖER, P. (1958): Die Ausbildung unserer Wirtschaftskader und die Lehre von der Leitung sozialistischer Betriebe, *E* 3/1958, 406-409

BOHRING, G. und K. **LAUENSACK** (1986): *Wie Leiter den wissenschaftlich-technischen Fortschritt bewältigen* (Berlin, DDR)

BRAUNREUTHER, K. und **H. STEINER** (1964): Soziologische Probleme der sozialistischen Wirtschaftsführung, *WW* 10/1964, 1601-1612

BUNDESMINISTER FÜR GESAMTDEUTSCHE FRAGEN (BMGF) (Hg.) (1965): *SBZ von A bis Z*, Bonn (9. Aufl.)

EDELING, H. (1968): *Prognostik und Sozialismus* (Berlin, DDR)

EUCKEN, W. (1947/1950): *Grundlagen der Nationalökonomie* (Godesberg)

FÖRSTER, W. (1957): Chosrastschot - Wirtschaftliche Rechnungsführung in der UdSSR, *Osteuropa-Wirtschaft*, 2/1957, 107-114

__ (1967): *Rechnungswesen und Wirtschaftsordnung*, Berlin

__ (1968): Betriebswirtschaftliche Aspekte der Wirtschaftsentwicklung in Mitteldeutschland, in: *Beiträge zur Wirtschafts- und Gesellschaftsgestaltung*, Berlin, 491-501

__ (1970): Zur Rolle der Betriebswirtschaftslehre in der sowjetischen und mitteldeutschen Wirtschaftswissenschaft, in: ders. und D. Lorenz (Hg.): *Beiträge zur Theorie und Praxis von Wirtschaftssystemen*, Berlin, 49-64

__ (1983): Ächtung und Achtung betriebwirtschfatlicher Wirkungsfaktoren im wirtschaftswissenschaftlichen Konzept der DDR, *Recht, Wirtschaft, Politik im geteilten Deutschland*, Zieger, G. (Hg.), Köln, 297-309

FRIEDEBURG, L. VON (1963): *Soziologie des Betriebsklimas*, Frankfurt/M.

FRIEDRICH, G. (1957): Probleme der staatlichen Leitung unserer Industrie, *E* 9/1957, 1134-1140

__ (1961): Die Anwendung mathematischer Methoden zur Vervollkommnung der Planung, *WW* 9/1961, 1281-1299

__ (1972): Leitungswissenschaft und die Vervollkommnung der sozialistischen Wirtschaftsführung, *E* 5/1972, 573-584

FRIEDRICH, G. und **R. GERISCH** (1966): Die Information als Führungsaufgabe in der sozialistischen Industrie, *WW* 1/1966, 44-63

FRIEDRICH, G. ET AL. (1976): *Leitung der sozialistischen Wirtschaft* (Berlin, DDR) (3. Aufl.)

FRIEDRICH, W. und **A. HOFFMANN** (Hg.) (1986): *Persönlichkeit und Leistung* (Berlin, DDR)

FRIEDRICH, W. und **P. VOSS** (Hg.) (1988): *Sozialpsychologie für die Praxis* (Berlin, DDR)

GLAESSNER, G.J. (1977): *Herrschaft durch Kader*, Opladen

GRAICHEN, D. (1972): Das neue Ausbildungsmodell der Fachrichtung Sozialistische Betriebswirtschaft - ein wichtiger Schritt zur Weiterentwicklung der wirtschaftswissenschaftlichen Ausbildung an den Universitäten und Hochschulen der DDR, *WW* 1972, 334-350

GRAICHEN, D. und **F. JOHN** (1964): Das neue ökonomische System und die Ausbildung ökonomischer Hoch- und Fachschulkader in der DDR, *WW* 11/1964, 1761-1775

GUTENBERG, E. (1951): *Grundlagen der Betriebswirtschaftslehre*, 1. Bd.: Die Produktion (Berlin/Göttingen/Heidelberg)

__ (1962): *Unternehmensführung: Organisation und Entscheidung* (Wiesbaden)

GVISIANI, D.M. (1974): *Management - Eine Analyse bürgerlicher Theorien von Organisation und Leitung* (Berlin, DDR)

HACKER, W. (1986): *Allgemeine Arbeits- und Ingenieurpsychologie* (Leipzig) (4. Aufl.)

HAGER, K. (1971): Die entwickelte sozialistische Gesellschaft, *E* 11/1971, 1203-1242

HALBRITTER, J. (1970): Zum Systemcharakter der Verwirklichung der ökonomischen Gesetze, *E* 3/1970, 266-274

HARTMANN, W.D. (1988): *Handbuch der Managementtechniken* (Berlin, DDR)

HASENACK, W. (1951): Zukunfts- und Grenzfragen der Betriebswirtschaftslehre, *ZfbF* 6/1951, 369-371

HAUK, R. UND H. KOZIOLEK (1961): Zum Aufbau der politischen Ökonomie des Sozialismus, *WW* 5/1961, 713-730

HEINEN, E. (1962): Die Zielfunktion der Unternehmung, *Zur Theorie der Unternehmung*, Koch, H. (Hg.) (Wiesbaden), 9-71

__ (1969): Zum Wissenschaftsprogramm der entscheidungsorientierten Betriebswirtschaftslehre, *ZfB* 1969, 207-220

HEITZER, H. (1984): *DDR - Geschichtlicher Überblick* (Berlin, DDR) (2. Aufl.)

HESS, P. (1964): Die Wirtschaftswissenschaft in unserer Zeit, *WW* 9/1964, 1533-1541

HESS, P. und **F. OELSSNER** (1962): Das Institut für Wirtschaftswissenschaft an der Schwelle einer neuen Entwicklungsetappe, *WW* 9/1962, 1412-1417

HEYDEN, G. (Hg.) (1968): *Gesellschaftsprognostik - Probleme einer neuen Wissenschaft* (Berlin, DDR)

HIEBISCH, H. und **M. VORWERG** (Hg.) (1965): *Sozialpsychologie im Sozialismus* (Berlin, DDR)

__ (1968): *Einführung in die marxistisch-leninistische Sozialpsychologie* (Berlin, DDR)

__ (1979) (Hg.): *Sozialpsychologie* (Berlin, DDR)

HÖRNIG, H. (1972): Die Aufgaben der Wirtschaftswissenschaften in der Gegenwart, *E* 5/ 1972, 616ff.

HUNDT, S. (1977): *Zur Theoriegeschichte der Betriebswirtschaftslehre* (Köln)

ILCHMANN, W., E. SANDMANN und **E. THOMASCH** (1980): *Leiten - Planen - Entscheiden. Handbuch zu den Aufgaben der Leiter bei der Betriebsplanung* (Berlin, DDR) (2. Aufl.)

JOHANNES, E. (1957): Diskussion zum Artikel des Genossen Wolfgang Berger, *E* 12/1957, 1626-1627

__ (1958): Leserbrief, *E* 7/1958, 1078-1082

KAMENZIER, S.E. (1953): *Organisation und Planung des sozialistischen Industriebetriebes* (Berlin, DDR)

KAMPFERT, K. (1957): Gegen das Aufkommen revisionistischer Auffassungen in der Wirtschaftswissenschaften, *WW* Sonderheft 3, 1957, 1-19

KAMPFERT, K. und **W. KRAUSE** (1960): Für einen schnellen Umschwung in Lehre und Forschung an den wirtschaftswissenschaftlichen Fakultäten und Hochschulen, *WW* 4/1960, 481-501

KANTOR, L.M. (1953): *Die Organisation der wirtschaftlichen Rechnungsführung innerhalb des Betriebes* (Berlin, DDR)

KASEK, L. und **K. ULBRICH** (1988): Leitung, in: Friedrich, W. und P. Voß (Hg.): *Sozialpsychologische für die Praxis* (Berlin, DDR), 189-204

KLAMPFL, W. (1958: Zur Lehre von der Leitung sozialistischer Betriebe, *E* 6/1958, 879-888

KLAUS, G. (1958): Zu einigen Problemen der Kybernetik, *E* 7/1958, 1026-1040

__ (1962): *Kybernetik in philosophischer Sicht* (Berlin, DDR)

KÖRNER, W./MULCH, G. (1961): Zur Veränderung der Relationen innerhalb der Lehre der politischen Ökonomie, *WW* 12/1961, 1853-1862

KOSLOW, O.W. UND I.N. KUSNEZOW (1971): *Die wissenschaftlichen Grundlagen der Leitung der Produktion* (Berlin, DDR)

Koziolek, H. (1960): Zur Lehre der politischen Ökonmoie im Sozialismus, *WW* 7/1960, 1030-1045

_ (1965): Das neue ökonomische System der Planung und Leitung der Volkswirtschaft und die modernen Methoden der Bilanzierung, *WW* 6/1965, 881-895

_ (1970): Probleme der politischen Ökonomie des Sozialismus und der Leitung der Wirtschaft in den Werken Lenins, *WW* 4/1970, 483-504

_ (1972): Wirtschaftswissenschaftliche Forschung und ihre Leitung, *WW* 6/1972, 813-822

_ (1987): Betriebswirtschaft im System unserer sozialistischen Planwirtschaft, *E* 12/1987, 1077-1086

Koziolek, H. und **W. Kunz** (1973): Zur Vervollkommnung der sozialistischen Wirtschaftsführung nach dem VIII. Parteitag der SED Autorenkollektiv (Hg.): *Aktuelle Fragen der sozialistischen Wirtschaftsführung* (Berlin, DDR)

Krakat, K. (1977): Zur Organisationswissenschaft in der DDR, in: *Betriebswirtschaftliche Probleme in der DDR und anderen RGW-Ländern*, FS Analysen Sonderheft 77, Berlin, 139-157

_ (1980): *Organisationspraxis in der DDR,* Berlin

Kramer, C. (1949): Praxis und Theorie in der Betriebswirtschaft, *DFW* 4/ 1949, 224-225

Krömke, C. (1958): Probleme der Lehre von der staatlichen Leitung unserer sozialistischen Industrie, *E* 4/1958, 539-550

Kupfernagel, E. und **E. Polaschewski** (1966): Zur Theorie der Kostenrechnung, *WW* 9/ 1966, 1409-1420

Kupfernagel, E. et al. (1970): Über die weitere Entwicklung der sozialistischen Betriebswirtschaft bei der Gestaltung und umfassenden Anwendung des ökonomischen Systems des Sozialismus in der DDR, *WW* 10/1970, 1504-1522

Ladensack, K. (1981): *Lebens- und Arbeitsweise der Leiter* (Berlin, DDR)

Ladensack, K. und **A. Weidemeier** (1977): *Leitungsentscheidungen - soziale Prozesse im Betrieb* (Berlin, DDR)

Lauterbach, G. (1973): *Zur Theorie der sozialistischen Wirtschaftsführung in der DDR* (Köln)

Lemmnitz, A. (1949): Das Rentabilitätsprinzip in der demokratischen Wirtschaft, *DFW* 10/1949, 268, 275-278

_ (1949a): *Probleme der Sozialisierung* (Berlin, DDR)

_ (1958): Einige Fragen der wissenschaftlichen und politisch-ideologischen Arbeit unserer Wirtschaftswissenschaftler, *E* 2/1958, 257-267

MEHLHORN, G. und **H.G. MEHLHORN** (1985): *Begabung - Schöpfertum - Persönlichkeit. Zur Psychologie und Soziologie des Schöpfertums* (Berlin, DDR)

MELLEROWICZ, K. (1947): *Allgemeine Betriebswirtschaftslehre* (Berlin) (5. Aufl.; 1. Aufl. 1929)

_ (1949): Betriebswirtschaftslehre und politische Ökonomie, *DFW* 15/ 1949, 519-527

_ (1950): Wirtschaftsordnung und Betriebsordnung - Das Problem in historischer Betrachtung, *ZfB* 6/1950, 321-331

_ (1950a): Wirtschaftsordnung und Betriebsordnung - Das Problem theoretisch betrachtet, *ZfB* 8/1950, 497-509

_ (1950b): Einheitliche Wirtschaftswissenschaft?, *BFuP* 12/1950, 705-730

_ (1951): Die Stellung der Betriebswirtschaftslehre im Rahmen der Wirtschaftswissenschaften, *ZfB*/1951, 383-396

_ (1952): Eine Betrachtung zu dem Buch von E. Gutenberg, *ZfB* 3/ 1952, 145-161

_ (1953): Betriebswirtschaftslehre am Scheideweg?, *ZfB* 5/1953, 265-276

MILNER, B.S. und **J.A. TSCHISHOW** (1980): *Amerikanische bürgerliche Theorien der Leitung* (Berlin, DDR)

MITTAG, G. (1963): Fragen des neuen ökonomischen Systems der Planung und Leitung der Volkswirtschaft (Berlin, DDR)

_ (1964): Einige Fragen der sozialistischen Führungstätigkeit, *WW* 10/ 1964, 1585-1600

_ (1987): *Kurs der Hauptaufgabe prägt Arbeit der Partei und Handeln der Massen* (Berlin, DDR)

MUßLER, W. (1962): Die politische Ökonomie des Sozialismus muß ein wirksames Instrument für die Lölsung volkswirtschaftlicher Aufgaben werden, *E* 3/1962

NEMTSCHINOW, W. (1960): Zu aktuellen Problemen der sowjetischen Wirtschaftswissenschaft, *WW* 4/1960, 564-578

NEUNER, G. (Hg.) (1986): *Leistungsreserve Schöpfertum* (Berlin, DDR)

NULTSCH, G. (1955): Über einige Fragen des ökonomischen Studiums, *WW* 5/1955, 755-761

OELSSNER, F. (1951): Die Bedeutung der Arbeiten des Gen. Stalin "Über den Marxismus und die Frage der Sprachwissenschaft" für die Entwicklung der Wissenschaft, *E* 12/1951

_ (1952): *Über die wirtschaftliche Rechnungsführung* (Berlin, DDR)

_ (1957): Staat und Ökonomie in der Übergangsperiode, *WW* 3/1957, 321-331

PERRIDON, L. (1967): Ansätze und Methodik der Vergleichenden Betriebswirtschaftslehre, *ZfB* 1967, 677-686

_ (1975): Betriebswirtschaftslehre, Vergleichende, in: Grochla, E./ Wittmann, N. (Hg.): *Handwörterbuch der Betriebswirtschaft*, Stuttgart, 808-816

PETROWSKI, A. (1983): *Psychologische Theorie des Kollektivs* (Berlin, 1983)

PIEPER, R. (1988): *The management of technological change in GDR combines*, Berlin

PIORKOWSKY, M.B. (1980): *Sozialistische Warenproduktion und Betriebswirtschaftslehre*, Berlin

POPOW, G.C. (1974): *Problemy teorii uprawlenija* (Moskau)

REDAKTION EINHEIT (1958): Antwort auf Leserbriefe, *E* 7/1958, 1082-1087

REDAKTIONSKOLLEGIUM WW (1956): Über den Kampf gegen den Dogmatismus und über die Parteilichkeit in unserer wirtschaftswissenschaftlichen Arbeit, *WW* 3/1956, 321-333

_ (1957): Das 30. Plenum und die Wirtschaftswissenschaften, *WW* 2/ 1957, 161-165

_ (1961): Die Aufgabe der Wirtschaftswissenschaftler und die Rolle der Zeitschrift "Wirtschaftswissenschaft", *WW* 3/1961, 321-333

_ (1962): Zu den Aufgaben der Wirtschaftswissenschaften nach der 14. Tagung des Zentralkomitees der Sozialistischen Einheitspartei Deutschlands, *WW* 2/1962, 161-168

_ (1965): Wirtschaftswissenschaften in 20 Jahren demokratischer Entwicklung, *WW* 5/1965, 705-708

RITTERSHAUS, J. (1969): Konzeptionelle Fragen der soziologischen Erforschung der sozialistischen Demokratie im Industriebetrieb, *WW* 12/1969, 1816-1824

RUCHTI (o.Vorn.) (1949): Die Stellung der Betriebswirtschaftslehre im Rahmen der Wirtschaftswissenschaft, *ZfbF* 8/1949, 473-483

RUDOLPH, J. (1960): Die Berechnung des ökonomischen Nutzeffekts und die Ermittlung des Arbeitsaufwandes für die Produktion, *WW* 4/1960, 551-563

SACHSE, E. (1962): Um das Profil der wirtschaftswissenschaftlichen Arbeit, *Die Wirtschaft* 27.6.1962

SCHMALENBACH, E. (1948): Die dynamische Bilanz (Leipzig) (9. Aufl.)

SCHNEIDER, D. (1981): *Geschichte betriebswirtschaftlicher Theorien* (München - Wien)

SCHNEIDER, E. (1947): *Einführung in die Wirtschaftstheorie* (Tübingen)

STAEHLE, W.H. (1987): *Management* (München) (3. Aufl.)

STARITZ, D. (1985): *Geschichte der DDR 1949 - 1985* (Frankfurt/M.)

STOLLBERG, R. (1978): *Arbeitssoziologie* (Berlin, DDR)

__ (1988): *Soziologie der Arbeit* (Berlin, DDR)

THAMM, J. (1956): *Die Aufgaben und Prinzipien der sozialistischen Leitung der Industrie* (Berlin, DDR)

__ (1958): Wie kann die Leitung unserer sozialistischen Betriebe verbessert werden?, *E* 2/1958, 268-271

THIEL, R. (1962): Zur mathematisch-kybernetischen Erfassung ökonomischer Gesetzmäßigkeiten, *WW* 6/1962, 889-905

TICHOMIROV, J.A. (1975): *Die Leitungsentscheidung* (Berlin, DDR)

ULBRICHT, W. (1959): *Das Gesetz über den Siebenjahrplan und die Aufgaben der Partei bei der Durchführung des Plans in der Industrie* (Berlin, DDR)

__ (1963): *Das neue ökonomische System der Planung und Leitung der Volkswirtschaft in der Praxis* (Berlin, DDR)

__ (1964): *Die Durchführung der ökonomischen Politik im Planjahr 1964 unter besonderer Berücksichtigung der chemischen Industrie* (Berlin, DDR)

__ (1966): Sozialistische Rationalisierung mit den Menschen - für die Menschen, *Sozialistische Rationalisierung und Standardisierung. Konferenz des Zentralkomitees der Sozialistischen Einheitspartei Deutschlands und des Ministerrats der Deutschen Demokratischen Republik* (Berlin, DDR)

__ (1968): *Zum ökonomischen System des Sozialismus in der Deutschen Demokratischen Republik*, 2 Bände (Berlin, DDR)

USKO, M. (1974): *Hochschulen in der DDR* (Berlin)

VORWERG, G (1971): *Führungsfunktion in sozialpsychologischer Sicht*

Weber, H. (1976): *DDR - Grundriß der Geschichte 1495 - 1976* (Hannover)

Weidauer, R. und **A. Wetzel** (1981): *Kombinate erfolgreich leiten* (Berlin, DDR)

Willke, H. (1979): *Leitungswissenschaft in der DDR* (Berlin)

Winternitz, J. (1950): Zur Kritik der betriebswirtschaftlichen Metaphysik, *DFW* 2/1950, 52-57

Wintgen, G. (1962): Churchmann, C.W./Ackoff, R.C./Arnoff, E.L.: Operations Research. Eine Einführung in die Unternehmensforschung (Buchbesprechung), *WW* 12/1962, 1895-1898

Wöhe, G. (1984): *Einführung in die Allgemeine Betriebswirtschaftslehre*, München (14. Aufl.)

Wolf, H. (1957): Zu einigen aktuellen Problemen der Theorie der politischen Ökonomie des Sozialismus, *WW* 7/1957, 1032-1053

Wolf, H. und **H. Ueberrück** (1949): Die neue Finanzwirtschaft der volkseigenen Betriebe, *DFW* 2/1949

Zimmermann, H., H. Ulrich und **M. Fehlauer** (Hg.) (1985): *DDR-Handbuch*, hrsg. v. Bundesministerium für Innerdeutsche Beziehungen, 2 Bände (Köln)

Aus- und Weiterbildung von Managern

Ernst Zander

(Freie Universität Berlin)

1. Vorbemerkungen

Bevor ich auf die Aus- und Weiterbildung von Managern und die Beziehungen von Hochschule und Wirtschaft näher eingehe, möchte ich einige grundsätzliche Bemerkungen machen.

Während formale Aus- und Weiterbildung für Führungskräfte bei den Beamten, bei den Kirchen und in den Armeen selbstverständlich war und ist, gilt dies nicht unbedingt für die Form des Aufstiegs in der westlichen Wirtschaft. So wehrten sich die Hamburger Kaufleute noch zu Beginn dieses Jahrhunderts gegen die Gründung einer Universität und vertraten überwiegend den Standpunkt, daß man zum Kaufmann und Unternehmer geboren sei und dies durch die Praxis - meist weltweit - lernen müsse. Darum haben viele ältere Vorstände und Geschäftsführer besonders von Handelsunternehmen keine akademische Ausbildung.

Hinzu kam nach dem letzten Krieg eine neue Form, nämlich die des sogenannten Seiteneinsteigers. Über die Hälfte der Menschen in Führungspositionen wechselten ihren Beruf oder waren dazu gezwungen. Durch die Einführung der Mitbestimmung wurde die Praxis des Zweiten Bildungsweges verstärkt. Zugang zu Hochschulen ohne formales Abitur über Ingenieur- oder Betriebswirteausbildung an Fach- und Fachhochschulen und die gezielte Ausbildung für Führungskräfte aus dem gewerkschaftlichen Lager veränderte die ganze Landschaft. Um nun dem Thema in seiner vollen Breite gerecht zu werden, habe ich meinen Beitrag folgendermaßen gegliedert:

Im *ersten Teil* werden anhand statistischer Zahlen und darauf aufbauender Prognosen einige Ausführungen zu den quantitativen und qualitativen Rahmendaten des Themas gemacht. Dies ist notwendig, um die Veränderung der Ausbildungsstrukturen an den Hochschulen und die nachfolgenden Reaktionen des Beschäftigungssystems aufzeigen zu können (Kap. 2).

Der *Teil 2* beschäftigt sich mit der Nahtstelle Schule - Hochschule, der eingebrachten Qualifikation von Studienanfängern und möglichen Reaktionsweisen der Hochschule (Kap. 3).

Der *3. Teil* schließlich ist dem Übergang Hochschule - Wirtschaft gewidmet und hier speziell den Weiterbildungsaktivitäten als möglicher Reaktion der Unternehmen auf Qualifikationsdefizite wirtschaftswissenschaftlicher Hochschulabsolventen (Kap. 4).
Dies wird fallstudienhaft dargestellt an Beispielen von Firmen und deren Weiterbildungspraxis für Führungskräfte (Kap. 5 und 6).

2. Entwicklung der Nachfrage nach Hochschulbildung - quantitative und qualitative Konsequenzen

Zunächst sollen einige zahlenmäßig unterlegte Trends in der Entwicklung des gesamten tertiären Sektors in der Bundesrepublik Deutschland aufgezeigt werden. Anschließend werden dann Spezifika der Teildisziplin Wirtschaftswissenschaften bzw. des

Teilarbeitsmarktes für Wirtschaftswissenschaftler (speziell für Betriebswirte) aufgezeigt.

Grundsätzlich kann mit dem *Ausbau des sekundären Bildungswesens* davon ausgegangen werden, daß immer größere Teile der entsprechenden Altersgruppe (im allgemeinen die 18- bis 24jährigen) die formalen Voraussetzungen für den Erwerb der Hochschulreife erhalten. Gemessen an der gleichaltrigen Bevölkerung liegt der Anteil der Studienberechtigten derzeit bei etwa 28 %. Schätzungen der Kultusministerkonferenz folgend wird die Quote bis 1990 auf etwa 33 % wachsen, wobei Experten sogar einen Anstieg auf mehr als 40 % für das Jahr Zweitausend als wahrscheinlich halten (vgl. z.B. TURNER 1984, S. 16ff.).[1]

Verursacher dieser expansiven Entwicklung ist sicherlich die Bildungspolitik der 60er Jahre. Es ist jedoch zu berücksichtigen, daß sich der heutige Studiennachfrager in einer veränderten Situation im Vergleich zu der vorhergehenden Generation befindet. Er gehört zu der Generation, in der etwa jeder vierte eine Hochschulzugangsberechtigung besitzt, während dies in der Generation davor nur bei jedem zwanzigsten der Fall war.

Verfolgt man diese Relationen in absoluten Zahlen, so ergibt sich aufgrund der zurückgehenden Jahrgangsstärken ein etwas anderes Bild. Gleichwohl wird auch bei den geburtenschwachen Jahrgängen die Studentenzahl nicht proportional zum Geburtenrückgang fallen. Bei einer geschätzten Übergangsquote von etwa 80 % und einer durchschnittlichen Studiendauer von sechs Jahren (in den Wirtschaftswissenschaften liegt der Bundesdurchschnitt bei etwa sechs Jahren) schätzt die Kultusministerkonferenz, daß in den Jahren 1990/91 mit etwa 1,4 bis 1,6 Millionen Studenten zu rechnen ist. Erst ab Mitte der 90er Jahre werden wir in etwa den Stand Anfang der 80er Jahre erreichen: etwa 1,1 Millionen Studenten (vgl. hierzu BMBW 187, S. 131).

1 Was die Zuverlässigkeit von Prognosen angeht, halten wir es mit der Aussage: "Das einzige, was mit Sicherheit über quantitative Voraussagen gesagt werden kann, ist, daß sie sich als falsch erweisen werden. Das darf aber nicht daran hindern, Prognosen zu machen".

Auf einen weiteren Umstand, der eher *qualitative Konsequenzen* nach sich ziehen wird, ist aufmerksam zu machen. Von den Hochschulberechtigten zögern immer mehr, *sofort* nach den Abitur ein Studium aufzunehmen. Die Quote hat sich in der letzten Dekade bundesweit von rund 89 % auf etwa 67 % verringert (vgl. BMBW 1987, S. 165). Gleichzeitig hat die Tendenz zugenommen, vor dem Studium eine berufliche Qualifikation zu erwerben mit der Konsequenz, daß das Alter der Studienanfänger (es stieg bundesweit von 20,9 Jahre im Jahre 1976 auf 21,4 Jahre im Jahr 1985) und entsprechend der Absolventen steigt. Das durchschnittliche Alter bei Ablegung der Prüfung an Universitäten lag 1985 bei 28,3 Jahren; die Wirtschaftswissenschaftler liegen dabei mit 27,4 Jahren nahe am Gesamtdurchschnitt (vgl. BMBW 1987, S. 126).

Der Anteil derjenigen, die nach dem Erwerb der Hochschulreife eine Berufsausbildung aufnahmen, liegt bundesweit bei etwa 25 % (vgl. BMBW 1986a, S. 367). Korrespondierend hiermit nehmen nur noch rd. 26 % aller Studienberechtigten *unmittelbar*, d.h. im Jahr des Schulabschlusses, ein Studium auf (vgl. BMBW 1987, S. 165). Letztlich nehmen aber doch, wenn auch mit zeitlicher Verzögerung, etwa 80 % der Studienberechtigten ein Studium auf (vgl. BMBW 1987, S. 165).

Nach dieser kurzen *Skizze der Gesamtentwicklung* an Studentenpotential folgen nun einige Äquivalenzdaten für die *Wirtschaftswissenschaftler*, wobei die Zahlenwerte nur für die wissenschaftlichen Hochschulen gelten. Bundesweit hat sich in der letzten Dekade das Gewicht einzelner Studienbereiche verschoben. Lagen Mitte der 70er Jahre die Wirtschaftswissenschaften unter den 20 am stärksten nachgefragten Studienbereiche auf einem guten Mittelfeldplatz (vgl. BMBW 1978, S. 118f.), sind sie im Wintersemester 1986 der mit Abstand am stärksten besetzte Studienbereich (vgl. BMBW 1987, S. 146). In Zahlen ausgedrückt haben 1976 etwa 44 000 Studenten und 1986 etwa 124 000 Studenten Wirtschaftswissenschaften studiert, d.h. die Nachfrage hat sich nahezu verdreifacht. Diese Entwicklung gilt auch für Studenten im ersten Hochschulsemester: Im Jahre 1976 waren es rund 7 300 und im Jahre 1986 rund 23 500 Studenten, die eine Ausbildungsleistung in den Wirtschaftswissenschaften nachgefragt haben (vgl. BMBW 1978, S. 118f. und BMBW 1987, S. 146).

Prognosen, wie ich sie oben für die universitäre Gesamtnachfrage vorgestellt habe, liegen m.W. für den Studienbereich Wirtschaftswissenschaften nicht vor. Es ist jedoch davon auszugehen, daß insbesondere aufgrund der relativ guten Beschäftigungsmöglichkeiten - speziell auf dem Teilarbeitsmarkt für Betriebswirte - mit einer weiteren Steigerung der Nachfrage nach wirtschaftswissenschaftlichen Studiengängen zu rechnen ist. Auch die oben angesprochene Attraktivität des Studienfachs unterstützt diese Aussage.

Nachdem im einleitenden Teil einige Tendenzen aufgezeigt wurden, die speziell für die Struktur und die Organisation der "höheren" Bildung nicht ohne Konsequenzen bleiben kann, sollen im folgenden einige Möglichkeiten aufgezeigt werden, auf diese Entwicklungen zu reagieren.

3. Der Beitrag der Schule

Die Eingangsvoraussetzungen von Studienanfängern - als Ergebnis schulischer Vorbildung - werden gemeinhin unter dem Stichwort *"Studierfähigkeit"*, die personale, formale und materielle Bildungsvoraussetzungen umfaßt, diskutiert. Demnach ist Studierfähigkeit das Ergebnis eines kontinuierlichen Entwicklungsganges, der über Jahre hinweg den Schüler an bestimmte Formen des Arbeitens heranführt, ihn für den Erwerb geistiger Erfahrungen und Kompetenzen aufgeschlossen hat und ihn mit dem Sachanspruch der einzelnen Fächer ständig konfrontiert.

Hier wird nun Kritik laut, die in etwa wie folgt zusammengefaßt werden kann: Es ist ein starker Qualitätsabfall des Abiturs zu verzeichnen, insbesondere wegen der Veränderung der Leistungsprogramme (reformierte Oberstufe). Die Folge ist, daß schlechter vorbereitete Abiturienten das Studium aufnehmen. Hinzu kommt die bereits aufgezeigte quantitative Zunahme der Studierenden. Dies führt nun dazu, daß "[...] sowohl die Hochschulen wie die Wirtschaft [...] mit Studenten zu Rande kommen (müssen), die die früher geforderten Voraussetzungen heute teilweise nicht mehr erfüllen" (TIETZ 1986, S. 276). In der bislang umfangreichsten empirischen Studie ist der Hochschulverband, als Vertreter der Hochschullehrer an den deutschen Universitäten, dieser Frage nachgegangen. Er hat zu diesem Zweck eine Umfrage unter knapp 1 300 Hochschullehrern aus insgesamt 23 Fachdisziplinen durchgeführt (vgl. HELDMANN 1984). Die für unser Thema relevanten, forschungsleitenden Fragen und Thesen waren dabei (HELDMANN 1984, S. XIff.):

- *These 4*: Allgemeine Hochschulreife, Studierfähigkeit und Allgemeinbildung stehen in einem engen sachlichen Zusammenhang, die eine ebenso enge Wechselwirkung zwischen Gymnasium und Universität bedingt.
- *These 5*: Die Standards des Abiturs müssen deshalb von den Gymnasien und von der Universität gemeinsam festgelegt werden.
- *These 8*: Studierfähigkeit beruht für jedes Studium auf grundlegenden allgemeinen Leistungskriterien und fachspezifisch notwendigen Fähigkeiten, Kenntnissen und Fertigkeiten.
- *These 9*: Acht Leistungskriterien sind für das Studium in allen Fachdisziplinen unerläßlich:
  - Lernbereitschaft und Leistungsbereitschaft;
  - Denkvermögen;
  - Selbständigkeit und Motivation;
  - Ausdauer und Belastbarkeit;
  - Auffassungsgabe;
  - Urteilsfähigkeit;
  - Intellektuelle Neugier und
  - Arbeitsqualität.
- *These 14*: Die Universität muß die Möglichkeit erhalten, die Studienanfänger, soweit erforderlich, im Blick auf bestimmte fachspezifische Erfordernisse zu überprüfen. Vier (Schul-)Fächer wurden dabei von über 60 % der befragten Hochschullehrer als "besonders wichtig" bzw. "wichtig" für das Fachstudium (Wirtschaftswissenschaften) eingeschätzt (vgl. HELDMANN 1984, S. 306, 308, 342 und 357):
  - Deutsch
  - Englisch
  - Geschichte

- Sozialkunde/Politik und
- Mathematik

Dabei ist zu berücksichtigen, daß die universitären Fächergruppen in der Regel schulfachliche Profile mit den entsprechenden Schwerpunkten aufweisen; sie weisen auf eine Einschätzung der für das Fachstudium wichtigen Fächer hin. Im Ergebnis der Studie kommt zum Vorschein, daß die obengenannten Leistungskriterien wie a) Ausbildungsbereitschaft, b) Vorkenntnisse elementarer Voraussetzungen für wissenschaftliches Arbeiten, c) Formen geistiger Tätigkeit, d) Ausprägung der Persönlichkeit und e) Interesse und Engagement von den meisten der befragten Hochschullehrer als relativ positiv eingeschätzt wurden.

Dies gilt mit Einschränkung für die außerfachlichen und nahezu uneingeschränkt für die inhaltliche Kompetenz der Studierfähigkeit. Dabei wird hervorgehoben, daß beide Komponenten im Schulunterricht vermittelt werden müssen. Bei der Befürwortung einer Förderung von Arbeitstechniken wird betont, daß Arbeitsqualität, Ausdrucksvermögen, die Technik der schriftlichen Darstellung, die Präsenz des Wissens, die Selbständigkeit und die Motivation, die Ausdauer und die Belastbarkeit sowie schließlich das Differenzierungsvermögen besser entwickelt sein könnten, um schwerwiegende Folgen für die Forschung und Lehre an den Universitäten zu verhindern (vgl. HELDMANN 1984, S. 384). Erwartet man nun, daß die Universitäten der Bedeutung dieser Arbeitstechniken Rechnung tragen, indem derartige Lehrveranstaltungen in das Angebot der Hochschulen übernommen werden, sieht man sich enttäuscht. So ergab eine Umfrage im Jahre 1984 unter allen wirtschaftswissenschaftlichen Fakultäten/Fachbereichen im Ergebnis, daß Veranstaltungen zum Thema "Wissenschaftliches Arbeiten" kaum angeboten werden (vgl. THEISEN 1984). Ähnlich verhält es sich mit Lehrveranstaltungen zum Thema "Methodenprobleme der Ökonomie/Wissenschaftstheorie"; auch hier muß bundesweit weitgehend von einer Fehlmeldung gesprochen werden.

Mit diesen Ausführungen leite ich über zu der Frage, welche Beiträge die Hochschulen leisten, um einerseits auf das Eingangsverhalten von Studienanfängern einzugehen, und andererseits - speziell für die Wirtschaftswissenschaften - eine praxisnahe Hochschulausbildung zu vermitteln.

4. Der Beitrag der Hochschule

Die Beiträge der wissenschaftlichen Hochschulen zur Ausbildung eines "berufsfähigen" Führungsnachwuchses sind daran zu messen, inwieweit sie den bisher skizzierten quantitativen und qualitativen Veränderungen in der Nachfragerstruktur, aber auch den gestiegenen Anforderungen an Führungskräfte in der Wirtschaft und Verwaltung gerecht werden (können). ALEWELL (1980, S. 110) führt hierzu aus:

> "Die gestiegenen Anforderungen an Führungskräfte zwingen zur Überprüfung der Ausbildungsmöglichkeiten von Führungskräften, speziell des möglichen Beitrags bestehender Institutionen des tertiären Bildungssektors [...]. Die an die Universitäten herangetragenen Erwartungen waren und sind sehr hoch, was sich allerdings in der Regel nur indirekt aus der herben Kritik, daß die Universität diesen Erwartungen nicht gerecht werde, ableiten läßt. Kennzeichnend dafür ist das oft anzutreffende Pauschalurteil, die Universität sei praxisfern."

Zur Überprüfung dieser Aussage wurde in den vergangenen Jahren eine Reihe von empirischen Studien durchgeführt, die zum Ziel hatten zu überprüfen, inwieweit aus der Praxis abgeleitete Anforderungsprofile an Hochschulabsolventen durch die hochschulische Ausbildung geprägt sind. Eines der umfangreichsten Projekte wurde Anfang der 80er Jahre zum Thema "Studienreform und Berufspraxisbezug" durchgeführt. Dieses Projekt wurde vom Bundesminister für Bildung und Wissenschaft, von der Bundesvereinigung der Deutschen Arbeitgeberverbände sowie dem Institut für Sozial- und Bildungspolitik in Hamburg getragen (vgl. hierzu KEMMET/LINKE/WOLF 1982). Eine zweite, ähnlich gelagerte Studie wurde von der Schmalenbach-Gesellschaft unter dem Thema "Beziehung zwischen Wirtschaftswissenschaft und Wirtschaftspraxis" durchgeführt (vgl. KALLMANN 1981).

Für "kleine und mittlere Unternehmen" wurde in den Jahren 1978 bis 1980 ein Projekt von der Deutschen Forschungsgesellschaft mit dem Ziel finanziert, Arbeitsanforderungen an die Führungskräfte zu beschrieben und zu erklären. Speziell wurde untersucht, welche Ausbildung die betreffenden Führungskräfte am besten auf ihre zukünftige Tätigkeit vorbereitet.

Im Ergebnis gemein ist allen diesen Studien ein mehr oder weniger deckungsgleicher Anforderungskatalog an Führungskräften, der in seiner Konsequenz Auswirkungen auf die Ausbildungsstruktur an wissenschaftlichen Hochschulen nach sich zieht (bzw. ziehen müßte). Ohne Anspruch auf Vollständigkeit lassen sich folgende Anforderungen formulieren (vgl. hierzu auch ALEWELL 1980 und ACKERMANN 1987):

1. Anforderungen im Wissensbereich
   - Führungsmethodik
   - Fachwissen in einem oder mehreren Fachgebieten
   - Breites Spektrum an Zusatzwissen aus anderen Wissensgebieten
2. Anforderungen im Bereich der Umsetzung von Wissen in Handeln
   - Fähigkeiten zur Umsetzung von Führungswissen in Führungspraxis
   - Fähigkeiten zur Umsetzung von Fachwissen in fachliche Gestaltung
   - Fähigkeiten zur Umsetzung von Allgemeinwissen in zukunftsorientiertes und integratives Denken und Handeln
3. Anforderungen im Bereich der Persönlichkeit der Führungskraft
   - Aktivität und Initiative
   - Kommunikationsfähigkeit
   - Stabilität der Persönlichkeit
   - Entwicklungs- und Lernfähigkeit bzw. -bereitschaft

Konfrontiert man die in den Anforderungskatalogen genannten Faktoren mit den möglichen Beiträgen, die Universitäten zur Ausbildung von Führungskräften leisten können, lassen sich Folgerungen für die Möglichkeiten aber auch Grenzen der Universitäten ableiten. Speziell für die Führungslehre an den Hochschulen ist eine jüngst durchgeführte Erhebung unter den deutschsprachigen Vertretern der Personalwirtschaftslehre und/oder Organisationslehre an wissenschaftlichen Hochschulen aufschlußreich. Ziel war, den Ist- und Sollzustand der institutionalisierten Führungsausbildung aus der Sicht der Fachvertreter zu ermitteln.

Bei der Beurteilung des Ist-Zustands ist hervorzuheben, daß der Einfluß der Führungslehre, wie sie von den Universitäten und Hochschulen vermittelt wird, auf die Führungspraxis der Betriebe als relativ gering eingeschätzt wird. "Die Mehrzahl geht davon aus, daß der Einfluß der Management-Schulen auf die Führungspraxis stärker ist als der der Universitäten und Hochschulen" (ACKERMANN 1987, Sp. 607). An anderer Stelle hebt Ackermann hervor: "Die Hochschulen haben die Befriedigung des Weiterbildungsbedarfs der Führungskräfte weitestgehend den Unternehmen selbst und den in großer Zahl auf Initiative einzelner Unternehmer, Verbände, Kammern und Privatpersonen entstandenen 'Management-Schulen' überlassen." (ACKERMANN 1987, Sp. 612).

Insbesondere, um die Fähigkeiten im überfachlichen Bereich zu schulen, werden von den Befragten aktive Lehrmethoden, so vor allem Rollenspiele, Planspiele und Fallstudien, gefordert (vgl. hierzu auch die Beiträge in HUMMEL [Hrsg.] 1984). Um die Diskrepanz zwischen Soll- und Istzustand der Führungsausbildung zu vermindern, wird von den befragten Hochschullehrern folgender Maßnahmenkatalog vorgeschlagen (vgl. Tab. 1):

Tab. 1: Verbesserungsvorschläge zur Reform der Führungsausbildung (N = 26 Hochschullehrer)

Maßnahmen	Nennungen
1. Mehr aktive Lehrmethoden	12
2. Verstärkte Führungsforschung und engere Verbindung zur Lehre	9
3. Vergrößertes Lehrangebot (mehr Semesterwochenstunden)	8
4. Mehr Dozenten aus der Praxis	7
5. Erhöhte Prüfungsrelevanz	5

Quelle: ACKERMANN (1987, Sp. 609)

Im folgenden Kapitel meines Beitrags werde ich anhand von Kooperationsbeispielen aus der Praxis aufzeigen, welche konkreten Aktivitäten bislang unternommen wurden, um den oben angesprochenen Sollvorstellungen gerecht zu werden.

Ein Beispiel vorab: Der Vorstand der Hochschullehrer für Betriebswirtschaft hat Ende 1981 ein Seminar zum Thema "Experimente in der betriebswirtschaftlichen Hochschulausbildung" durchgeführt, in dessen Ergebnis eine Fülle von neuen Formen, Experimenten und Elementen von praxisbezogener Hochschulausbildung hervortraten. Die wichtigsten Aktivitätsbereiche waren (vgl. ALBACH/GAUGLER/MERTENS 1982):

- Neuere Methoden- und Medienkombinationen
- Projektstudium
- Praxisverbund
- Orientierung und Organisation ganzer Studiengänge und
- Effizienzkontrolle durch Absolventenbefragung

Nach Durchsicht dieser Studie drängt sich der Eindruck auf, daß an den wissenschaftlichen Hochschulen im Bereich wirtschaftswissenschaftlicher Ausbildung eine Fülle von Maßnahmen stattfindet, um obiges Defizit an Praxisbezug auszugleichen. Offenbar aber werden diese Aktivitäten nicht immer in der wünschenswerten Form der relevanten Öffentlichkeit - Studenten und Abnehmer - nahegebracht.

5. Aus- und Weiterbildungskooperation von Schule - Hochschule und Wirtschaft unter besonderer Berücksichtigung des Aus- und Weiterbildungssystems der Siemens AG

Zunächst sollen die institutionalisierten Kooperationsbeziehungen zwischen Schulen und Unternehmen/Wirtschaft, danach die Kooperationsformen Hochschule - Wirtschaft und schließlich eigene Weiterbildungsaktivitäten der Unternehmen (am Beispiel der Siemens AG) dargestellt und diskutiert werden.

5.1. Die Arbeitskreise Schule - Wirtschaft

Auch für den Schulbereich unseres Bildungssystems lassen sich Klagen, ähnlich der bereits skizzierten für die Hochschulausbildung, ausmachen. Die Klagen der Wirtschaft über die nicht ausreichende Berücksichtigung der Arbeitswelt im Angebot des Bildungssystems der Bundesrepublik Deutschland nehmen zu. Auch zahlreiche Jugendliche, die in eine betriebliche Ausbildung eintreten, kritisieren, daß sie während ihrer Schulzeit ungenügend auf die neue Situation vorbereitet worden sind. Die Wirtschaft bemüht sich seit nunmehr 30 Jahren, die bestehenden Mängel in Zusammenarbeit mit Lehrern zu beheben.

Aus Gesprächen mit Lehrern und Vertretern der Wirtschaft entstanden 1953 die ersten Arbeitskreise Schule/Wirtschaft. Als erklärtes Ziel der Zusammenarbeit wird der geegnseitige Austausch von Informationen und Erfahrungen gesehen. Mittlerweile existieren rund 400 Arbeitskreise in allen Bundesländern, die in 12 Studienkreisen oder Arbeitsgemeinschaften Schule/Wirtschaft zusammenarbeiten und in denen mehr als 20 000 Lehrer mitarbeiten. Die Abbildung 1 zeigt die Entwicklung der Arbeitskreise seit 1953.

Abb. 1: Entwicklung der Arbeitsgemeinschaften Schule/Wirtschaft

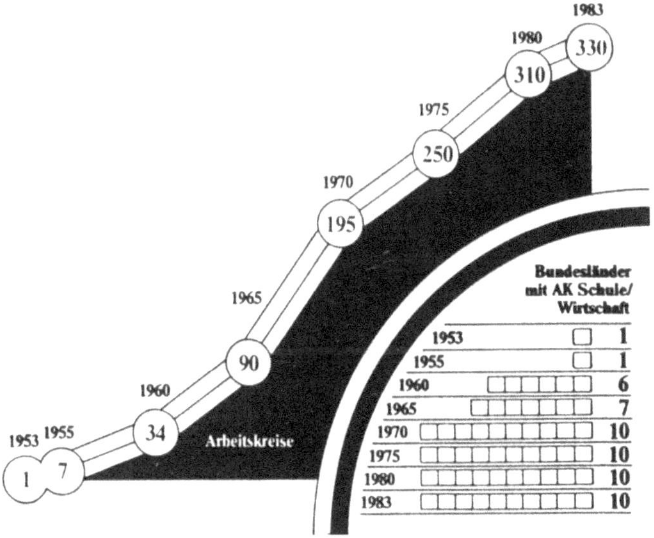

Quelle: Personalführung, Heft 10, 1986

Zusätzlich wurde im Jahre 1965 die Bundesarbeitsgemeinschaft Schule/Wirtschaft mit dem Zweck, die Bundesaktivitäten zu koordinieren, gegründet. Ziel ist es, den Lehrern und Professoren in der Lehrerbildung Grundlagen und Hilfen zur Vermittlung von Wissen über wirtschaftliche Zusammenhänge, Prozesse und Probleme und zur Berufsorientierung zu vermitteln. Umgekehrt soll den Vertretern der Wirtschaft ein Einblick in die Aufgaben, Methoden und Möglichkeiten der Schule gegeben werden.

Die Kooperationsformen und -aktivitäten sind dabei in den einzelnen Bundesländern unterschiedlich entwickelt und reichen von Betriebserkundungen, die gemeinsame Durchführung von Informationsveranstaltungen, Hospitation von Führungskräften der Wirtschaft im Unterricht bis hin zu Projekttagen und der gemeinsamen Durchführung von computergestützten Planspielen. Derzeit wird vom Institut der deutschen Wirtschaft ein Forschungsprojekt durchgeführt, das zum Ziel hat, neue Kooperationsmodelle in der Zusammenarbeit von Gymnasien und Unternehmen zu erproben und zu verbreiten.

Die *Siemens AG München* hat in ihrer jüngsten Aufstellung der Aus- und Weiterbildungsaktivitäten eine Fülle konkreter Kooperationsmaßnahmen beschrieben, die mit dem Satz "Schule und Unternehmen sind natürliche Partner" eingeleitet werden. Konkret werden genannt (vgl. SIEMENS AG [Hrsg.] 1987, S. 6f.):

- ein- oder mehrwöchige Schülerpraktika
- Partnerschaft mit 60 Schulen im gesamten Bundesgebiet
- Ausstellungen und Veranstaltungen (z.B. Teilnahme der Gymnasiasten an der jährlichen Hauptversammlung)
- Führungskräfte von Siemens halten unterrichtsergänzende Maßnahmen an den Schulen

Zusammenfassend kann festgehalten werden, daß all die genannten Maßnahmen dazu beitragen können,

1. die noch bestehenden Vorbehalte und Berührungsängste zwischen Schule und Wirtschaft abzubauen,
2. bei Unternehmen ein offenes Verständnis für den Bildungs- und Erziehungsauftrag der Schule und deren Belange und Probleme zu bewirken,
3. den Schulen und Lehrern Kenntnisse und Informationen über Berufs- und Arbeitswelt und Qualifikationsanforderungen der Betriebe zu vermitteln und ihr Bewußtsein für wirtschaftliche, ökonomische und technische Zusammenhänge zu fördern (vgl. hierzu auch den Beitrag von ZANDER 1986 sowie die von der Bundesarbeitssgemeinschaft Schule/Wirtschaft herausgegebenen Vorträge, Berichte und Texte).

5.2. Das Kooperationsfeld Hochschule - Wirtschaft

Auch hier ist man zunächst geneigt, von einer Fehlmeldung zu reden und zu vermuten, daß die Zusammenarbeit von Hochschule und Wirtschaft eher einen "weißen Fleck" auf der Landkarte der

Aktivitäten darstellt. Bei näherer Sichtung der Literatur, und hier insbesondere der beiden führenden Personalfachzeitschriften "Personalführung" und "Personal", gelangt man jedoch schnell zu der Überzeugung, daß es sich durchaus um ein funktionierendes Kooperationssystem handelt.

Bei ihrer Einschätzung der Stellungnahme des Wissenschaftsrates zur Zusammenarbeit von Hochschule und Wirtschaft kommt die Bundesvereinigung der Deutschen Arbeitgeberverbände zu dem Schluß, daß die kooperative Grundeinstellung gegenüber der Wirtschaft mancherorts Ausdruck einer erfreulichen Trendänderung im Verhältnis zwischen Hochschulen und Fächern unterschiedlich, die Zusammenarbeit mit der Wirtschaft seit Jahrzehnten. Grundsatzdebatten über das Verhältnis von Hochschule und Wirtschaft, die insbesondere in den 60er und 70er Jahren innerhalb und außerhalb der Hochschulen geführt wurden, sind wieder in den Hintergrund getreten. An ihrer Stelle stehen heute konkrete Abwägungen über die Vorteile eines Zusammenwirkens für beide Seiten.[2]

Das Spektrum angebotener Kooperationsmöglichkeiten reicht von Ferienkursen für Wirtschaftswissenschaftler bei der BASF, Trainee-Programmen für Hochschulabsolventen bis hin zu konkreten, auf das Curriculum der Hochschulen Einfluß nehmenden Aktivitäten, wie einwöchige Unternehmensplanspiele, PC-Seminare und Betriebsbesichtigungen (vgl. hierzu LILGE/WAGNER 1983 und ZANDER 1987).

Ebenfalls in diese Richtung gehen auch konkrete Vorschläge der Schmalenbach-Gesellschaft, die z.B. für den Bereich Personalwesen eine "musterhafte" Studienplanung für das Fach vorgelegt hat. Auf einzelbetrieblicher Ebene hat ein Arbeitsteam der Deutschen Unilever Gruppe eine Studie zum Thema "Wie kann das BWL-Studium verbessert werden" vorgelegt. Im Ergebnis finden sich auch hier die überfachlichen Fähigkeiten und deren Bedeu-

2 BUNDESVEREINIGUNG DER DEUTSCHEN ARBEITGEBERVERBÄNDE 1987 und KEMMET 1987 im Schwerpunktheft 4/87 "Hochschule und Wirtschaft" der Zeitschrift "Personal").

tung, die wir bereits am Anfang unseres Beitrags diskutiert haben, wieder.

Die Firma Siemens ist auch auf dem Gebiet der Kooperation mit Studenten vorbildhaft; sie hat im Jahre 1985 in Kooperation mit einigen betriebswirtschaftlichen Lehrstühlen ein *"Betriebsverbundenes Studium"* (BvS) konzipiert (vgl. BULACH 1986). In der Abbildung 2 sind die wesentlichen organisatorischen Elemente der Praktikums-Blöcke, die mit Studenten des Hauptstudiums durchgeführt werden, aufgezeigt.

Abb. 2: Praxisverbundenes Studium (BvS) der Siemens AG

1. Praktikums-Block		2. Praktikums-Block		3. Praktikums-Block
Vorbereitungslehrgang	**Praktikum** im Bereich Produktion, Absatz oder Organisation/ Datenverarbeitung	Vorbereitungslehrgang	**Praktikum** Wechsel im Rahmen der im ersten Block genannten Funktionen, zusätzlich Rechnungswesen	**Spezial-Praktikum** im Bereich des Studienschwerpunktes
1-2 Wochen	4 Wochen	1 Woche	6 Wochen	5 Wochen

Quelle: Personalführung, Heft 10, 1986

Derzeit können etwa 80 bis 100 Studenten jährlich in das BvS aufgenommen werden. Hauptsächlich werden die Studenten an den Standorten Erlangen-Nürnberg, München und Berlin rekrutiert. Insbesondere in Berlin - und dort speziell mit der Freien Universität - werden schon seit mehreren Jahren Kooperationsprojekte mit der Firma Siemens durchgeführt. Die BvS-Studenten haben darüber hinaus bevorzugt die Möglichkeit, in den Siemens-Studentenkreis für besonders qualifizierte Studenten aufgenommen zu werden. Die Mitglieder des Studentenkreies erhalten gezielte Unterstützung bei der Anfertigung von Diplomarbeiten und werden bevorzugt auf Praktikantenplätze vermittelt. Umgekehrt ist auch die Firma Siemens der Auffassung, daß für den Erfolg der Unternehmung eine qualifizierte Ausbildung an Universitäten eine wesentliche Voraussetzung ist. Sie plädiert dafür, daß die Zusammenarbeit zwischen Unternehmen und Hochschulen ausgebaut werden muß (vgl. SIEMENS [Hrsg.] 1987, S. 8). So stehen für regelmäßige Kontakte mit den Universitäten in der Bundesrepublik Deutschland Hochschulbetreuer zur Verfügung, die den einzelnen Universitäten zugeordnet sind. Ihnen zur Seite stehen Hochschulkommissionen. Die Aufgabe beider ist es, Praktika zu vermitteln, Fachseminare zu organisieren (auch für Professoren und Assistenten) sowie die Unterstützung mit Lehrmaterial aus dem Unternehmen.

Auf professoraler Ebene werden nach amerikanischem Muster für ein halbes Jahr Möglichkeiten der Mitarbeit in Form eines Praxissemesters geboten. Über Lehrbeauftragte wird darüber hinaus praktische Erfahrung in die Universitäten getragen. Umgekehrt bieten sich auch den Unternehmen vielfältige Möglichkeiten eines "aktiven Personalmarketings *an* den Hochschulen". Abbildung 3 zeigt einige Gestaltungsmöglichkeiten auf, die im übrigen auch umgekehrt in einem "Personalmarketing *für* Hochschulen" eingesetzt werden können.

Abb. 3: Gestaltung von Hochschulkontakten

Quelle: Personalführung, Heft 1, 1987

6. Fallbeispiel: Weiterbildung von Studierenden und Führungskräften bei der Siemens AG

Nach meinen Erfahrungen - besonders in den letzten 10 Jahren - erweist sich eine gemeinsame Weiterbildung von Führungskräften und Studierenden für beide Seiten als sehr sinnvoll. Die Studierenden werden in die Unternehmenspraxis eingeführt, und gleichzeitig wird ihnen die Berufswahl und der Start ins Wirtschaftsleben erleichtert. Das ist in der Bundesrepublik Deutschland besonders notwendig, da die praktische Ausbildung lange Zeit vernachlässigt wurde.

Bevor ich das Unternehmenskonzept der Führungskräfte-Weiterbildung bei Siemens im einzelnen erläutere, möchte ich zur Veranschaulichung einige praktische Beispiele bringen. So führen wir in Berlin Unternehmensplanspiele durch, in denen Führungs- und Personalfragen im Vordergrund stehen. Neben den Studierenden der Freien Universität arbeiten z.B. Führungskräfte der Firmen Siemens, Reemtsma und Krone dabei mit. In meist ganztägigen Veranstaltungen in Unternehmen (verbunden mit Besichtigungen) im Rahmen meiner Lehrveranstaltung "Industrielle Führungslehre" an den Universitäten in Hamburg und Berlin behandeln wir Probleme, die von den Studierenden oder vom Unternehmen oder anderen einbezogenen Institutionen, wie Gewerkschaften und Verbände, gewünscht werden. Einige Beispiele mögen dies anschaulich machen.

- "Kosten bei Personalreduzierung/Sozialplan" (Blohm & Voss AG)
- "Stufenselektion als Auswahlverfahren für Führungskräfte" (Körber AG)
- "Risiken und Chancen einer Business-Zentrenorganisation für das Gesamtoptimum eines Unternehmens mit Kuppelproduktion unter besonderer Berücksichtigung von Aspekten der Personalpolitik" (Deutsche Shell AG)
- "Wie werden die Hamburger Hochbahn und der Hamburger Verkehrsverbund von den Studenten gesehen?" (Hamburger Hochbahn AG)
- "Die Gewerkschaft, Nahrung, Genuß, Gaststätten aus der Sicht der Studierenden." - "Was sollte eine Dienstleistungsgewerkschaft aus der Sicht der Studenten tun?" (Gewerkschaft Handel, Banken und Versicherungen)
- "Die besondere Position der DAG in den Gewerkschaften und ihr gesellschaftspolitisches Programm"
- "Machtkonzentration von Banken und Versicherungen?" (verschiedene Banken und Versicherungen)

An diesen Veranstaltungen nehmen in den meisten Fällen auch jüngere Führungskräfte und Betriebsräte teil. An einer arbeitsrechtlichen Veranstaltungsreihe, die wir an der Freien Universität Berlin durchführten, nahmen als Referenten die Vorsitzenden der führenden Gewerkschaften und der Vorstände großer Unternehmen ebenso teil wie Wissenschaftler und Betriebsräte. Während mittlere Unternehmen oft von externen Führungskräfteweiterbildungsveranstaltungen Gebrauch machen, liegt bei großen Unternehmen der Schwerpunkt auf der internen Weiterbildung. Dabei wird auch versucht, das berufliche Engagement zu stärken und die Identifikation mit den Unternehmenszielen zu forcieren. Eine erfolgreiche Unternehmensführung bedingt eine systematische Führungskräfteführung. Sie muß kombiniert werden mit einer Entwicklungs- und Nachfolgeplanung.

Ähnlich wie in studentischen Seminaren wird hier in vielfältiger Form die Zusammenarbeit im Unternehmen behandelt. Der Einsatz von firmeneigenen Referenten wird gleichzeitig als Persönlichkeitsentwicklung angesehen. In einzelnen Fällen veranstalteten Firmen, wie z.B. Reemtsma, mit Hilfe ihrer Führungskräfte Abendseminare als Aufbauseminare für Klein- und Mittelbetriebe.

Das Weiterbildungskonzept von Siemens ist führungsorientiert, problemorientiert und funktionsorientiert ausgerichtet (s. Abbildung 4).

Abb. 4: Weiterbildung der Führungskräfte - Veranstalter (SIEMENS AG, September 1987)

	Veranstalter				
	Zentralstelle Führungskreis*	Zentralbereich Personal	Übrige Unternehmens-/Zentralbereiche	Betriebe	Außerbetrieblich
Führungsorientiert	●	●	●	○	○
Problemorientiert	●	○	○	●	●
Funktionsorientiert		○	●	○	

● = Schwerpunkte, ○ = Teilgebiete

* Die Personal- und Bildungsarbeit für die oberen Führungskräfte ist Aufgabe der Zentralstelle Führungskreis.

Im führungsorientierten Teil ergänzt die Weiterbildung die erworbenen Kenntnisse und Erfahrungen. Dabei werden Führungswissen und Führungsstrategien vermittelt. Gefördert werden auch unternehmerisches Denken und die Sensibilität für das wirtschafts- und gesellschaftspolitische Umfeld. Trainiert werden situationsgerechtes Führungsverhalten, Führungstechniken und das Zusammenwirken der verschiedenen Funktionen im Unternehmen.

Nach den Grundseminaren, in denen als Schwerpunkte Unternehmenspolitik und Personalführung behandelt werden, folgen Förderungsseminare, die die wirtschaftlichen Planungs- und Steuerungsprozesse genauso behandeln wie den Zusammenhang zwischen Mitarbeiterengagement und Unternehmenserfolg. In der letzten Stufe der Seminare werden auch die technischen und wirtschaftlichen aspekte des gesellschaftlichen Wandels behandelt.

In problemorientierten Seminaren werden Methoden zur Lösung unternehmerischer Aufgaben trainiert. Sie sollen helfen, daß Führungskräfte Probleme rechtzeitig erkennen und zu deren Lösung geeignete Führungsinstrumente und -methoden situationsgerecht einsetzen. Dabei muß erkannt werden wie sich das eigene Handeln auf die Umwelt auswirkt.

Gerade aus vielen aktuellen Beispielen wissen wir, daß technische Neuerungen nicht mehr als selbstverständlich akzeptiert werden. Führungskräfte können durch ihr Verhalten und ihre glaubwürdige Argumentation zur Meinungsbildung über den Sinn und Nutzen des technischen Fortschritts wesentlich beitragen. In der dritten Gruppe der funktionsorientierten Seminare werden spezifische Kenntnisse trainiert.

So führt der Vertriebsbereich Veranstaltungen durch, in denen Ergebnissicherung, Verkaufspsychologie und Risikomanagement behandelt werden. In den Seminaren des Personalbereichs wird besonders auf die zielgerechte Nutzung der personalpolitischen Instrumente und auf das Mitwirken im Kommunikations- und Entscheidungsprozeß Wert gelegt. Entsprechende Gesetze, Tarifverträge und Firmenregelungen sind dabei besonders wichtig.

Neben diesen firmeninternen Veranstaltungen (sie gibt es bei vielen großen Unternehmen) besuchen zahlreiche Führungskräfte auch externe Veranstaltungen internationaler Managementschulen genauso wie Erfahrungsaustauschgruppen, z.B. der Deutschen Gesellschaft für Personalführung (DGfP), Veranstaltungen des Universitätsseminars der Wirtschaft (USW), der Baden-Badener Unternehmergespräche oder der Arbeitgeberverbände, aber auch der Universitäten. Dabei können Führungskräfte als Teilnehmer solcher Veranstaltungen Kontakte knüpfen, Erfahrungen austauschen und die Konzepte anderer Teilnehmer kennenlernen. Dies dient dem Unternehmen, aber auch der persönlichen Förderung.

7. Anhang: Das Anforderungsprofil einer Führungskraft

Eine Ausarbeitung, die in Zusammenarbeit mit Führungskräften von Unilever im Rahmen meiner Tätigkeit im Institut für Internationale Betriebswirtschaftliche Forschung in Hamburg 1987 entstanden ist, kommt zu folgendem Ergebnis: Mittelpunkt des Ansatzes und damit Bezugsgröße für alle Verbesserungsvorschläge ist die "potentielle Führungskraft". Die potentielle Führungskraft hat ein Studium der Betriebswirtschaftslehre vor etwa drei Jahren abgeschlossen. Sie wird von dem derzeitigen Arbeitgeber aufgrund der bisher erbrachten Leistungen, Beurteilungen und insbesondere der ihr zugeschriebenen Potentiale als Führungskraft eingeschätzt, man traut ihr also zu, in absehbarer Zeit z.B. Abteilungsleiterpositionen zu übernehmen und eventuell später in die Geschäftsführungsebene aufzusteigen.

Danach müßten aus der Sicht der Studierenden im Rahmen des betriebswirtschaftlichen Studiums Fähigkeiten und Anlagen besonders gefördert werden, die von ihnen als potentielle Führungskräfte erwartet werden. Aus Unternehmenssicht sollte die Qualifikation der Nachwuchskräfte steigen und besonders der Aufwand für die Auswahl sinken. Nach dieser Ausarbeitung werden *Fähigkeiten* als fachlich-intellektuelle Potentiale, *Wissen* als fachlich-intellektueller Bestand und die *Leistungsbereitschaft* als charakterlich-emotionale Potentiale eingestuft.

Eine Verknüpfung und die notwendige Weiterentwicklung von Fähigkeiten, Wissen und Wollen müßten dann zu einer Persönlichkeit führen, die belastbar und selbstbewußt ist und dies in ihrem Auftreten durch Motivierung, Durchsetzungsvermögen, also kurz ausgedrückt in Führungskräfte, zeigt (Unilever-Ausarbeitung, S. 4ff.).

7.1. Fähigkeiten

Die entscheidenden Fähigkeiten sind

- schnelles Lernen
- analytisches Denken
  konzeptionelles Denken
  kreatives Denken
- effizientes Entscheidungsverhalten
- Integration
- geistige Flexibilität
- Ausdruck

Schnelles Lernen im Sinne einer schnellen, problemorientierten Aneignung von neuen Fakten und Konstellationen ist um so bedeutender, je komplexer und unsteter die unternehmensrelevante Umwelt ist. *Analytisches Denken* als Fähigkeit, komplexe Sachverhalte problemorientiert in ihre Einzelkomponenten aufspalten und entsprechend der Problemstellung einordnen und werten zu können. *Konzeptionelles Denken* als Gegenpol zum analytischen Denken ist die Fähigkeit, Daten, Zustände und Ziele in ihrem übergeordneten Gesamtzusammenhang zu erkennen und zu werten. *Kreatives Denken* ist die Fähigkeit, aufbauend auf realistischen Grundlagen neuartige Lösungen aufzuzeigen und starre Denkschablonen abzustreifen. Insgesamt ist die Kombination von analytischem, konzeptionellem und kreativem Denken Grundbedingung für das Erkennen und Entwickeln von Problemlösungen.

Effizientes Entscheidungsverhalten ist

a) ein rationales Verhalten bei der Entscheidungsvorbereitung bezüglich Qualität und Quantität der ermittelten und erwogenen Daten und Alternativen
b) ein der Situation angepaßtes Vorgehen bei der Herbeiführung einer Entscheidung und
c) eine entsprechende Durchsetzung der Entscheidung

Fähigkeit zur Integration, sich in bestehende formelle und informelle Strukturen einordnen zu können (ohne sich unterzuordnen), ist sehr wichtig, weil anderenfalls - besonders in großen Unternehmen - eine aktive, positive Einflußnahme auf das betriebliche Geschehen nicht möglich ist. Des weiteren soll hiermit auch die Fähigkeit, integrativ zu wirken erfaßt werden, z.B. als Teil eines Teams oder als Vorgesetzter.

Geistige Flexibilität nicht nur bezogen auf eine bestimmte Fragestellung, sondern als Fähigkeit, sich innerhalb kürzester Zeit auf die unterschiedlichen Anforderungen der verschiedensten Aufgaben, Funktionen und Strukturen, z.B. auch im Ausland, einstellen zu können, muß ebenfalls als essentielle Fähigkeiten von Führungskräften angesehen werden.

Ausdruck umfaßt, die Ergebnisse seiner Arbeit in klarer, dem jeweiligen Adressatenkreis angepaßter und überzeugender Weise darzustellen, denn ohne eine entsprechende Vermittlung kann man häufig bei aller Qualität der Problemlösungsvorschläge nicht bewirken.

7.2. Wissen

Wissen als fachlich-intellektueller Bestand sollte auf vier Ebenen vorhanden sein:

- Allgemeinwissen
- Betriebs-/Volkswirtschaftslehre Basiswissen
- Fachwissen je nach Einsatz
- Fremdsprachen

Allgemeinwissen bezüglich Wissenschaft, Kultur und Politik ist besonders deshalb wichtig, weil die betrieblichen Belange immer stärker durch gesellschaftliche Entwicklung - z.B. Umweltbewußtsein, betriebliche Mitbestimmung - tangiert werden und bei unternehmenspolitischen Entscheidungen berücksichtigt werden müssen.

Betriebswirtschaftliches und volkswirtschaftliches Basiswissen sollte soweit gehen, daß die potentielle Führungskraft sich schnell in alle Funktionsbereiche vom Einkauf über Produktion, Logistik, Rechnungswesen bis zu Marketing und Verkauf hineindenken und auch einarbeiten kann.

Das spezifisch erforderliche *Fachwissen* ist sehr stark abhängig von der jeweiligen Funktion. Aufgaben im Bereich Steuern oder Datenverarbeitung erfordern sicherlich mehr theoretisches Spezialwissen für einen erfolgreichen Einstieg als z.B. Aufgaben im Einkauf oder Controlling. Was *Fremdsprachen* angeht, so werden zumindest gute Kenntnisse in Englisch und Grundkenntnisse in einer zweiten Fremdsprache erwartet.

7.3. Bereitschaften

Bereitschaften sind in diesem Zusammenhang charakterlich-emotionale Potentiale des einzelnen, die unabhängig vom Wissen und den Fähigkeiten vorhanden sein müssen und sich wie folgt umschreiben lassen: Bereitschaft

- zur Leistung
- zur Loyalität und Identifikation
- zur Mobilität
- zum dauernden Lernen
- zur Initiative
- zum Risiko

Bereitschaft zur Leistung bedeutet neben einer grundsätzlich positiven Einstellung zur Leistungsgesellschaft auch die Bereitschaft, sich für eine Aufgabe zu engagieren und sich selbst zu motivieren. *Loyalität* zum Unternehmen und *Identifikation* mit den Unternehmenszielen muß von einer Führungskraft erwartet werden. *Mobilität* sowohl in räumlicher als auch in geistiger Hinsicht als Bereitschaft, dem Unternehmen an den verschiedensten Einsatzorten und in verschiedenen Funktionen zur Verfügung zu stehen, ist besonders für international engagierte Unternehmen von Bedeutung. *Bereitschaft zum dauernden Lernen* steht im Gegensatz zu Selbstgefälligkeit und Verharren in Routine. *Initiatives* und *risikobereites Handeln* heißt, unternehmerisch zu denken, das Geschäft aktiv zu steuern, einen "Riecher" für Marktchancen zu entwickeln und die Bereitschaft, vernünftige, identifizierbare und eingrenzbare Risiken bewußt als Grundtatbestand unternehmerischen Handelns zu akzeptieren.

7.4. Der Beitrag der Universität zur Förderung von Fähigkeiten, Wissen und Bereitschaften

Bei der Förderung obengenannter Fähigkeiten sind die universitären Beiträge selbstverständlich sehr stark vom Studienkonzept und vom jeweiligen Lehrkörper abhängig. Jedoch kann allgemein festgehalten werden:

a) Die Breite des Studiums und die Betonung abstrakter, allgemeingültiger Kenntnisse fördern die Fähigkeit zu analytischem, kreativem und mit Abstrichen auch konzeptionellem Denken. Auch die Förderung der geistigen Flexibilität zählt zu den Pluspunkten des Studiums.

b) Wenig gefördert wird das schnelle Lernen, weil das herkömmliche System der Einwegkommunikation und der Stichtagsprüfungen die Studenten kaum animiert, sich intensiv und aktiv mit dem aktuell Vermittelten auseinanderzusetzen und somit das schnelle, impulsive Verstehen eines komplexen Sachverhaltes zu trainieren.

c) Keine Förderung das BWL-Studium erfahren die Fähigkeiten für ein effizientes Entscheidungsverhalten, zu Integration und des Ausdrucks sind im wesentlichen auf die Beschränkungen der Massenuniversität und die damit verbundene Anonymisierung des Lehrbetriebs zurückzuführen. Die fehlende Förderung des Entscheidungsverhaltens liegt vor allem darin begründet, daß das Studium zu stark auf Wissensvermittlung basiert und betriebliche Entscheidungssituationen eher mathematisch-technisch betrachtet und soziologische Aspekte vernachlässigt werden.

Bezüglich der Wissensvermittlung gilt, daß wegen der im internationalen Vergleich sehr langen Schul- und Studienzeiten genügend Wissen vermittelt wird bzw. jeder Student Gelegenheit hat, sich dieses Wissen im Rahmen seiner Studienzeit zu erarbeiten.

Bei der Förderung der Bereitschaften, also der charakterlich-emotionalen Potentiale des einzelnen ist die herkömmliche Universität sicher überfordert. Individuelle Förderung und das aktive Vorleben von Führungskräften sind notwendig, um bestehende Potentiale in den Studenten auszubauen. Hier liegt auch der entscheidende Ansatzpunkt, an dem das BWL-Studium durch eine verstärkte Teilnahme von Unternehmensvertretern verbessert werden kann.

Die Instrumente zur Erreichung des Anforderungsprofils

Mit welchen Instrumenten, Mitteln, Möglichkeiten kann das oben skizzierte Anforderungsprofil nun besser erreicht werden? Im folgenden wird aufgezeigt, welche Instrumente eingesetzt werden könnten, um die Verbindung zwischen Theorie und Praxis zu intensivieren - denn der Bezug zur und das Lernen von der Praxis sind es, die bei der universitären Ausbildung fehlen, um das Anforderungsprofil optimal zu erfüllen. Dies ist und kann natürlich keine vollständige Aufzählung sein, wobei auch die Eignung dieses oder jenes Instrumentes immer eine Diskussion wert sein wird.

Die Instrumente müssen überwiegend von den Unternehmen in Zusammenarbeit mit der Universität, genauer gesagt mit den einzelnen Lehrstühlen, eingesetzt werden. Denn ein Markenartikelunternehmen spricht andere Studenten an als etwa eine Großbank oder eine Wirtschaftsprüfungsgesellschaft, und der Weg zu diesen Studenten führt dann am besten über den entsprechenden Lehrstuhl.

Literaturhinweise

ACKERMANN, K.-F. (1987): Führungslehre an Hochschulen und anderen Institutionen. In: Kieser, A., Reber, G., Wunderer, R. (Hrsg.): Handwörterbuch der Führung, Stuttgart: Poeschel, Sp. 601-613

ALBACH, H., FANDEL, G., SCHÜLER, W. (1978): Hochschulplanung. Baden-Baden: Nomos

ALBACH, H., GAUGLER, E., MERTENS, P. (1982): Betriebswirtschaftliche Hochschulausbildung. Neue Formen - Experimente - Praxisbezug. Wiesbaden: Gabler (ZfB - Ergänzungsheft 1)

ALEWELL, K. (1980): Beiträge der Universitäten zur Ausbildung von Führungskräften. In: Hahn, D. (Hrsg.): Führungsprobleme industrielle Unternehmungen. Berlin/New York: De Gruyter, S. 109-123

BRINKMANN, G., KNOTH, B., KRÄMER, W. (1982): Führungskräfte kleinerer Unternehmen - Arbeitsanforderungen und Ausbildungsbedarf. Berlin: Duncker und Humblot

BUNDESMINISTER FÜR BILDUNG UND WISSENSCHAFT (Hrsg.): Grund- und Strukturdaten 1978. München: Gersbach

BUNDESMINISTER FÜR BILDUNG UND WISSENSCHAFT (Hrsg.) (1984): Hochschule und Wirtschaft. Bad Honnef: Bock (Schriften zu Bildung und Wissenschaft, Band 7)

BUNDESMINISTER FÜR BILDUNG UND WISSENSCHAFT (Hrsg.) (1985): Thesen zur Weiterbildung. Koblenz: Druckhaus (Grundlagen und Perspektiven für Bildung und Wissenschaft, Band 8)

BUNDESMINISTER FÜR BILDUNG UND WISSENSCHAFT (Hrsg.) (1986): Wissens- und Technologietransfer aus deutschen und britischen Hochschulen. Bad Honnef: Bock (Studien zu Bildung und Wissenschaft, Band 30)

BUNDESMINISTER FÜR BILDUNG UND WISSENSCHAFT (Hrsg.) (1986a): Das soziale Bild der Studentenschaft in der Bundesrepublik Deutschland. 11. Sozialerhebung des Deutschen Studentenwerkes. Bad Honnef: Bock (Studien zur Bildung und Wissenschaft, Band 42)

BUNDESMINISTER FÜR BILDUNG UND WISSENSCHAFT (Hrsg.) (1987): Grund- und Strukturdaten 1987/88. Bad Honnef: Bock

BUNGE, G., KREKLAU, C., SCHLAFFKE, W. (Hrsg.) (1983): Wege zur Weiterbildung. Köln: Deutscher-Instituts-Verlag

BUSCH, D.W. (1981): Tätigkeitsfelder und Qualifikationen von Wirtschafts-, Sozial-Ingenieur und Naturwissenschaftlern. Frankfurt/M.: Campus (Campus Forschung, Band 199)

DIEPOLD, P. (1980): Die Studienanfänger der Wirtschaftswissenschaften. Göttingen: Schwartz (Göttinger Wirtschafts- und Sozialwissenschaftliche Studien, Band 20)

DEUTSCHE GESELLSCHAFT FÜR PERSONALFÜHRUNG (Hrsg.) (1972): Orientierungsprobleme von Hochschulabsolventen beim Eintritt in die betriebliche Praxis. Neuwied/Berlin: Luchterhand

GÖBEL, U. (1986): Arbeitskreis Schule/Wirtschaft. Von der Notwendigkeit einer engen Partnerschaft. In: Personalführung, Heft 10, S. 420-424

GÜNTHER, W., LASSMANN, G. (1979): Neue Formen der Kooperation zwischen Unternehmen und Hochschulen. In: Zeitschrift für betriebswirtschaftliche Forschung,S. 2-7

HABERFELNNER, R. (1981): Ist Führung lehr- und lernbar? Versuch einer Rollenverteilung zwischen Hochschule und Praxis. In: Management Zeitschrift i.o., Nr. 3, S. 143-146

HELDMANN, W. (1984): Studierfähigkeit. Mit Thesen des Hochschulverbands. Göttingen: Schwartz (Schriften des Hochschulverbandes, Heft 29)

HOFSTETTER, H., LÜNENDONK, T., STREICHER, H. (1985): Betriebliche Weiterbildung in Deutschland. Ergebnisse der Personal/SCS-Weiterbildungs-Enquête. In: Personal, Heft 1, S. 17-23

HÜCHTERMANN-HOPPE, M. (1987): Zusammenarbeit von Schule und Wirtschaft. In: Personalführung, Heft 8-9, S. 590-593

HÜCHTERMANN-HOPPE, M., SPIEGEL, R. (1987): Zur Situation an den Hochschulen. Umfrage des IW bei Hochschullehrern. In: Göbel, U., Schlaffke, W. (Hrsg.): Berichte zur Bildungspolitik 1987/88 des Instituts der deutschen Wirtschaft. Köln: Deutscher Instituts Verlag, S. 41-76

HÜFNER, K. ET AL. (1986): Hochkonjunktur und Flaute. Bildungspolitik in der Bundesrepublik Deutschland 1967-1980. Stuttgart: Klett-Cotta

HUMMEL, TH.R. (Hrsg.) (1984): Das Studium der Wirtschaftswissenschaften. Frankfurt/M.: Campus (Campus Studium, Band 559)

HUMMEL, TH.R. (1986): Studienorganisation und Studienverhalten. Eine Analyse der Studienbedingungen in den Wirtschaftswissenschaften. Frankfurt/M.: Campus (Campus Forschung, Band 487)

HUMMEL, TH.R., ZANDER, E. (1988): Aus- und Weiterbildung von Führungskräften in der Bundesrepublik Deutschland unter besonderer Berücksichtigung wirtschaftswissenschaftlicher Studiengänge. Berlin: Freie Universität Berlin. Zentralinstitut für sozialwissenschaftliche Forschung (Diskussionspapier 13/88)

KADEMZADEH, F., MINKS, K.-H., NIGMANN, R.R. (1987): "Studierfähigkeit" - Eine Untersuchung des Übergangs vom Gymnasium zur Universität. Hannover: Hochschul-Informationssystem GmbH (HIS-Kurzinformationen A4/87)

KREIKEBAUM, H. (1981): Zur Verknüpfung von emplirischer Forschung und Hochschulausbildung in der Betriebswirtschaftslehre. In: Witte, E. (Hrsg.): Der praktische Nutzen empirischer Forschung. Tübingen: Mohr, S. 41-58

LANDSBERG, G.V. (1983): Hochschulexpansion und Management. In: Personal, Heft 5, S. 172-175

SAUTER, E. (1976): Wirtschaft und Hochschule. Die Weiterbildung von Hochqualifizierten. Stuttgart: Enke (Sozialisation und Kommunikation, Band 7)

SIEMENS AG (Hrsg.) (1987): Investition in die Zukunft. Bildungsarbeit bei Siemens. München: Zentralbereich Personal, Hauptbereich Personal- und Bildungspolitik

SCHNITZER, K., HOLTKAMP, R. (1987): Studium in Berlin. Untersuchung zur Situation von Studierenden an Berliner Hochschulen. Hannover: Hochschul-Informations-System GmbH (Hochschulplanung, Band 64)

TEICHLER, U. (1981): Der Arbeitsmrakt für Hochschulabsolventen. Zum Wandel der Berufsperspektiven im Zuge der Hochschulexpansion. München: Saur

THEISEN, M.R. (1984): Wissenschaftliches Arbeiten - (K)ein Lehrstoff an den wirtschaftswissenschaftlichen Fakultäten: Wirtschaftswissenschaftliches Studium, S. 373-375

TIETZ, B. (1986): Erhält die Wirtschaft den studentischen Nachwuchs, den sie braucht? Zur Verbesserung der Beziehungen zwischen Studenten und Unternehmen. In: Personal, Heft 7, S. 276-279

TIETZ, B. (1986a): Zur Vorbereitung der Studenten auf die Wirtschaftspraxis. In: Personal, Heft 8, S. 322-326

TIETZ, B. (1986b): Die Integration der Jungakademiker. In: Personal, Heft 9, S. 368-372

TURNER, G. (1984): Massenuniversität und Ausbildungsnotstand. Wie die Krise überwunden werden kann. Frankfurt/M.: Fischer

TURNER, G. (1986): Universitäten in der Konkurrenz. Möglichkeiten und Grenzen von Wettbewerb im Hochschulbereich. Stuttgart: Bonn Aktuell

WEBER, W. (Hrsg.) (1983): Betriebliche Aus- und Weiterbildung. Ergebnisse der betriebswirtschaftlichen Bildungsforschung. Paderborn u.a.: Schöningh

WEBER, W. (1987): Fortbildung für Führungskräfte. In: Kieser, A., Reber, G., Wunderer, R. (Hrsg.): Handwörterbuch der Führung. Stuttgart: Poeschel, Sp. 315-326

ZANDER, E. (1986): Wertewandel der Arbeit - eine Herausforderung für Wirtschaft und Schule. In: Bundesarbeitsgemeinschaft Schule/ Wirtschaft (Hrsg.): Vorträge, Berichte, Texte. Köln, Heft 43, S. 19-37

ZENTRALINSTITUT FÜR SOZIALWISSENSCHAFTLICHE FORSCHUNG (Hrsg.) (1986): Bevölkerungsentwicklung, Studienverwalten und Hochschulpolitik. Berlin: Freie Universität Berlin (Ökonomische Theorie der Hochschule, Arbeitsheft 5)

Inhaltliche und Methodische Momente der Aus- und Weiterbildung von Managern und sozialistischen Leitern

- Versuch einer vergleichenden Betrachtung -

Wolfgang Michel

(Humboldt-Universität, Berlin, DDR)

1. Vorbemerkungen

Innerhalb des Prozesses der Auseinandersetzung der Menschen mit der natürlichen und gesellschaftlichen Umwelt erfolgt eine Formung der Menschen durch die Menschen selbst und durch sachliche Umweltbedingungen. Eine solche Veränderung ist eine Lebensbedingung der Gesellschaft, da der Mensch von Natur aus nicht dazu befähigt ist, sich selbständig in den Prozeß der gesellschaftlichen Tätigkeit einzufügen. "Ein Tier ist schon alles durch seinen Instinkt; eine fremde Vernunft hat bereits alles für dasselbe besorgt" (KANT 1922, 457).

Die Entwicklung neuer Industriezweige, die Anwendung neuer Technologien, die immer kürzer werdenden Zeiträume der Überleitung wissenschaftlicher Erkenntnisse in die Produktion, das

Entstehen neuer wissenschaftlicher Disziplinen u.a.m. fordert von allen Werktätigen die ständige Erweiterung ihres Wissens und Könnens. Veränderungen in den materiellen Grundlagen der Gesellschaft stehen aber nicht nur mit dem Bildungsstand in Beziehung, sondern erfordern ab einer bestimmten Entwicklungsstufe auch ein neues Niveau der Leitung. Dieses Niveau kann jedoch wiederum nur erreicht werden, wenn die personellen und sachlichen Momente des Leitungsprozesses, also die Leitungskräfte, die zu leitenden Individuen, die Leitungsmethoden und die Leitungsorganisation qualifiziert werden. Diese Feststellungen sind für das Management genauso gültig wie für die sozialistische Leitung.

Unter den Bedingungen des unteilbaren Volkseigentums an den Produktionsmitteln arbeiten in den sozialistischen Gesellschaftsordnungen alle Bürger unter Führung von kommunistischen Parteien. Diese Führungsrolle bedingt bevollmächtigte Vertreter in der Wirtschaft, die die Wirtschaftseinheiten im Rechtsverkehr vertreten und den Gesamtwillen durchsetzen. Unter den Bedingungen des staatsmonopolistischen Kapitalismus ist eine Vertretung ebenso erforderlich, wird aber durch Kapitalbesitzer (Unternehmer) und Manager/unselbständige Angestellte realisiert.

Das Untersuchungsfeld der Leitungswissenschaft und der Managementlehre ist damit quantitativ gleich, qualitativ jedoch aus verschiedenen Gründen nicht. Unbeschadet dieser Tatsache müssen beide Disziplinen die wissenschaftlichen Grundlagen für eine systematische Aus- und Weiterbildung von Leitern liefern, diese zum Teil selbst organisieren und durchführen. Als Voraussetzung für die Lösung dieser Aufgaben ist ständig eine Reihe von Fragen zu beantworten, von denen hier einige genannt werden sollen:

- Welcher Stand ist bisher in der Aus- und Weiterbildung der Leitungskader erreicht worden?
- Welche Zielstellung ist für die Weiterbildung aus den gesellschaftlichen Erfordernissen abzuleiten?
- Welches Bildungsgut muß in der Weiterbildung geboten werden?

- Welche Formen und Methoden der Wissensvermittlung, -aneignung und -festigung sind anzuwenden?
- An welchen Bildungseinrichtungen sollen die Weiterbildungsmaßnahmen durchgeführt werden?
- Wie muß die Leistungsbewertung und Attestation in der Weiterbildung gestaltet sein?
- Welche materielle Stimuli müssen in der Weiterbildung angewendet werden?
- Welche Formen der Weiterbildung sind hinsichtlich des Aufwand-Nutzen-Verhältnisses effektiv?
- Welche Abgrenzung muß zwischen der Aus- und Weiterbildung von Leitern und Spezialisten bestehen?

2. Einige Gedanken zur Intension und Extension der Begriffe Leitung - Management

Beide Begriffe leiten sich aus der gesellschaftlichen Arbeitsteilung ab und lassen sich als Institution und als Funktion charakterisieren. Sie beziehen sich letztlich auf die Koordinierung von Einzelaktivitäten verschiedener Individuen und bedingen den Vollzug solcher Teilfunktionen wie Planung, Organisation, Vermittlung, Erziehung und Kontrolle.

Im betriebswirtschaftlichen Sprachgebrauch der kapitalistischen Gesellschaftssysteme bezieht sich der Begriff des *Managements* vorwiegend auf die Leitung von Unternehmen und umfaßt als Institution alle diejenigen, die dort leitende Aufgaben erfüllen. In diesem Sinne vertritt das Management die Interessen der Unternehmen als Arbeitgeber gegenüber der Arbeitnehmerschaft, eine direkte Interessenvertretung der Gesellschaft ist nicht möglich und nicht erforderlich. Aus diesen Gründen bilden die Manager eigene Berufsorganisationen, die sich u.a. der beruflichen Förderung ihrer Mitglieder annehmen. Bis auf Ausnahmen sind Manager der höheren Strukturebene nicht Mitglied von Gewerkschaften. Von einer einheitlichen Berufsgruppe kann wegen der sehr differenzierten wirtschaftlichen und gesellschaftlichen Verhältnisse im Management auch nicht gesprochen werden. In der Leitungspraxis werden im allgemeinen nur die oberen Führungskräfte der Unternehmen als Manager bezeichnet, in letzter Zeit wird der Begriff aber auch von Unternehmern benutzt.

Das Wesen der staatlich-rechtlichen Leitung der Gesellschaft und speziell der Wirtschaft im Sozialismus ist nicht begreifbar, wenn man nicht berücksichtigt, daß der sozialistische Staat auch der Eigentümer der wichtigsten Produktionsmittel ist. Als Inhaber des Volkseigentums organisiert der sozialistische Staat nicht nur aufgrund seiner Machtbefugnisse in der Volkswirtschaft, sondern realisiert auch unmittelbar dabei seine Eigentümerbefugnisse durch die entsprechenden staatlichen Organisationsformen zur planmäßigen Leitung und Realisierung des Reproduktionsprozesses. Die rechtlich geregelten Leitungs- und Kooperationsbeziehungen sind sowohl Ausdruck der politischen Leitung als auch der gesamtgesellschaftlichen Aneignungsprozesse. Es ist dennoch notwendig, damit sie eigenverantwortlich Rechte und Pflichten übernehmen können. Bekanntlich können die Werktätigen objektiv nicht als Gruppe die Rechte aus der Verwaltung des Volkseigentums wahrnehmen. Es bedarf also Vertreter im Rechtsverkehr und in der Organisationsstruktur.

Wir unterscheiden zwei Gruppen von Vertretern; und zwar die gesetzlichen Vertreter und die durch Vollmacht bestellten Vertreter (rechtspolitische Vertretung).

> ***Gesetzlicher Vertreter*** ist eine Person, die kraft Rechtsnorm oder rechtsverbindlichen Status vertretungsberechtigt ist. Bei den Struktureinheiten der Wirtschaft sind das die Generaldirektoren, Direktoren und Fachdirektoren ihres jeweiligen Aufgabengebietes. Bei den zentralen Staatsorganen die Leiter, ihre Stellvertreter und vielfach auch die Hauptabteilungsleiter im Rahmen ihres jeweiligen Aufgabenbereichs.
>
> ***Bevollmächtigter Vertreter*** ist dagegen eine solche Person, die ihre Vertretungsbefugnisse nicht direkt aus einer Rechtsnorm (oder Statut) herleitet, sondern aus einer rechtsgeschäftlichen Handlung bzw. aus der Erteilung einer Vollmacht. Diese Vollmacht wird vom gesetzlichen Vertreter durch entsprechende Erklärung oder durch öffentliche Bekanntmachung erteilt.

Die Organisation des Leitungsprozesses erfordert neben den genannten Vertretern eine Vielzahl von Leitungskadern auf den einzelnen Ebenen der Leitungspyramide. Deshalb wäre es nicht zulässig, nur die Vertreter als Leiter zu bezeichnen. Leitung als Institution umfaßt im Sozialismus alle diejenigen Werktätigen, die die gesellschaftlichen Interessen in Leitungsobjekten wahrnehmen. Sie haben keine eigene Berufsorganisation und sind Mitglieder von Gewerkschaften. Nach dem Stab-Linien-System organisiert, lösen sie ihre Aufgaben im Rahmen des demokratischen Zentralismus und werden eingesetzt, was ihre Wählbarkeit nicht ausschließt. Durch die Anwendung der zentralen staatlichen Planung als Ausdruck der komplexen Mehrebenenplanung auf der Basis des unteilbaren Volkseigentums an den Produktionsmitteln ergeben sich inhaltliche Unterschiede je nach der Stellung des Leiters in der Leitungspyramide bei der Wahrnehmung der Teilfunktion. Worin besteht nun die Zielsetzung der Leitungstätigkeit im allgemeinen?

Arbeitsteilung und Kooperation sind objektive Bedingungen der menschlichen Gesellschaft. Marx hat die Merkmale der kapitalistischen Kooperation in ihrer Bedeutung für die politische Ökonomie dargestellt und erläutert. Er bezeichnet dabei als Kooperation die Form der Arbeit vieler einzelner Elemente, die in denselben Produktionsprozessen planmäßig neben- und miteinander arbeiten (Marx 1950, 340). Durch diese Kooperation wird eine neue Kraftpotenz geschaffen, die Marx als Produktivkraft bezeichnet:

> "Wie die Angriffskraft einer Kavallerieschwadron oder die Widerstandskraft eines Infanterieregiments wesentlich verschieden von der Summe der von jedem einzelnen Kavalleristen und Infanteristen vereinzelt entwickelten Angriffs- und Widerstandskräfte, so die mechanische Kraftsumme vereinzelter Arbeiter von der gesellschaftlichen Kraftpotenz, die sich entwickelt, wenn viele Hände gleichzeitig in derselben ungezielten Operation zusammenwirken [...]. Es handelt sich hier nicht nur um die Erhöhung der individuellen Produktivkraft durch die Kooperation, sondern um die Schöpfung einer Produktivkraft, die an und für sich Massenkraft sein muß" (ebd., 341).

Wenn Marx diese Ausführungen auch vorwiegend auf produktive Arbeiten bezieht, so erscheint eine Ausdehnung seiner Feststellungen auf jegliche gesellschaftliche Tätigkeiten durchaus gerechtfertigt. Mit der Arbeitsteilung und Kooperation wird auch eine Koordinierung, Überwachung und Vermittlung der einzelnen Elemente des gesellschaftlichen Gesamtkörpers notwendig. Marx bezeichnet diese Kommandoinstitutionen als "[...] Direktion, welche die Harmonie der individuellen Tätigkeit vermittelt und die allgemeinen Funktionen vollzieht, die aus der Bewegung des produktiven Gesamtkörpers im Unterschied von der Bewegung seiner selbständigen Organe entspringen" (ebd., 346). Damit wird gesagt, daß die gegenseitige Abhängigkeit der einzelnen Elemente des gesellschaftlichen Gesamtkörpers objektiv die Koordinierung, Steuerung und Kontrolle der arbeitsteilig entstandenen Teilprozesse auf verschiedenen Ebenen erfordert. Leitung ist jedoch nicht nur deshalb objektiv notwendig, weil die gegenseitige Abhängigkeit der einzelnen Elemente in der arbeitsteiligen Gesellschaft sie fordert, sondern weil durch sie der Effekt der Kooperation eigentlich erst erreicht wird. Wenn Marx also die Kooperation als Produktivkraft bezeichnet, so impliziert diese Feststellung auch die Leitung. Allerdings muß dabei beachtet werden, daß diese Produktivkraft "Leitung" sowohl durch immanente als auch durch äußere Faktoren gehemmt werden kann.

Leitungsprozesse gehen immer unter konkreten gesellschaftlichen Bedingungen vor sich, und gerade diese Bedingungen sind für viele Seiten des Leitungsprozesses bestimmend. So werden z.B. die Beziehungen der Volksmassen zur Leitung des Staates und der Wirtschaft vorrangig durch die bestehenden Eigentumsverhältnisse bestimmt.

Leitung als bewußte Tätigkeit und als Institution hat eine große Variationsbreite hinsichtlich ihres Einflusses auf die Gesellschaft und die materiellen Bedingungen der Gesellschaft. Sie beeinflußt nicht nur die Effektivität der kooperativen Arbeit, sondern auch die einzelnen Individuen. Bei der Analyse von Leitungsprozessen kommt es darauf an, daß die Faktoren gefunden werden, die die Koordination der Einzelkräfte zum Zwecke der Erzielung neuer größerer Kraftpotenzen von der subjektiven Seite entscheidend beeinflussen.

Welche allgemeinen Funktionen haben Leiter nun unabhängig vom konkreten Leitungsprozeß[1] zu vollziehen? Nach Marx wird die Harmonie der individuellen Tätigkeiten durch die Funktion der Leitung, Überwachung und Vermittlung vollzogen (ebd., 346). Diese Teilfunktionen stellen sich der Form nach als Planungs-, Organisations-, Koordinierungs- und Kontrollarbeiten dar (vgl. FROHN 1966, 21ff.; FRIEDRICH et al. 1983, 99ff.) und werden in der Literatur häufig auch mit den Begriffen Zielsetzung, Anleitung, Durchführung und Kontrolle bezeichnet (z.B. AUTORENKOLLEKTIV 1981, 20ff.).

Offensichtlich lassen sich alle diese Arbeitskomplexe in die von Marx formulierten Teilfunktionen einordnen. Da jedoch der Begriff Leitung (als Teilfunktion) nicht mit Leitung zu erklären ist, bedurfte es eines obergeordneten Begriffs für die drei Teilfunktionen, und so ist anzunehmen, daß in diesem Zusammenhang historisch gesehen der Begriff *Führung* stark an Bedeutung gewonnen hat.

Diese vereinfachte Darstellung der Teilfunktionen innerhalb von Leitungsprozessen soll genügen, um den Ausgangspunkt für die Betrachtung des spezifischen Leitungsprozesses in der Wirtschaft, bei dem es wie in jedem Leitungsprozeß um die Verwirklichung der genannten allgemeinen Aufgabenkomplexe geht, zu schaffen.

Planungs-, Organisations- und Koordinierungsaufgaben

Die Planungs-, Organisations- und Koordinierungsaufgaben werden von den Leitern dadurch gelöst, daß sie zunächst im Rahmen bestehender Leitungsstrukturen den arbeitsorganisatorischen Ablauf in den Zentralen und deren nachgeordneten Betrieben sichern. Zu dieser arbeitsorganisatorischen Aufgabenstellung gehört sowohl die Schaffung räumlicher als auch personeller Voraussetzungen. In ihrer unmittelbaren Arbeit vollziehen die Leiter eine Vermittlung zwischen den Einzelkräften und den Tätigkeits-

---

1 Konkret hinsichtlich des Zieles der Gruppenaktion der zu leitenden gesellschaftlichen Einheit.

objekten, sie koordinieren also mit den Worten von Marx ausgedrückt unterschiedliche Arbeitsverrichtungen in Zeit und Raum (vgl. Marx 1951, 340ff.). Einige Besonderheiten gegenüber Leitungsprozessen im Bereich der materiellen Produktion ergeben sich in den wirtschaftsleitenden Organen.

Die konkrete Tätigkeit erstreckt sich neben der Schaffung arbeitsorganisatorischer Voraussetzungen auf die Fixierung und Formulierung von Arbeitsaufgaben, die aus den gesellschaftlichen Erfordernissen und unter Berücksichtigung gesellschaftlicher Bedingungen abzuleiten sind. In der Wirtschaftspraxis der sozialistischen Länder werden diese Aufgaben unmittelbar aus den Partei- und Regierungsbeschlüssen abgeleitet und finden ihren sichtbaren Ausdruck in den Plandokumenten.

Weitere Aufgabenkomplexe der Leitungskader bei der Verwirklichung dieser Teilfunktionen des Leitungsprozesses sind folgende:

a) Die aus den Partei und Regierungsbeschlüssen abzuleitenden Aufgaben müssen allen Einzelkräften erläutert werden. Dies geschieht über gezielte und ungezielte Informationen in den verschiedensten schriftlichen Kommunikationsmitteln und in mündlichen Unterweisungen.
b) Zeiträume und Zeitpunkte für die zu lösenden Einzelaufgaben sind zu ermitteln und festzulegen.
c) Die Einzelkräfte müssen in ein geschlossenes Informationssystem eingefügt werden und zur ständigen Aufnahme und Weitergabe der Informationen angehalten werden.

Die *Kontrolltätigkeiten* der Leiter erstrecken sich zunächst darauf festzustellen, ob die arbeitsteilig und kooperativ arbeitenden Einzelkräfte zweckentsprechend, d.h. im Sinne der fixierten Zielvorstellungen wirksam werden. Nach Erfahrungswerten machen solche Tätigkeiten ca. 25 % des Zeitbudgets der Leiter aus.

Für die leitenden Kader bedeutet das, daß alles zu kontrollieren und zu überwachen ist, was mit der planmäßigen Organisation und Ausnutzung staatlich gestalteter Rahmenbedingungen zusammenhängt. Gegenstand oder Objekt der Kontrolle sind aber nicht nur die Arbeitsvorgänge in Struktureinheiten, sondern darüber hinaus auch das Wirken der Menschen in der Gesellschaft überhaupt. Daran ändert auch die Tatsache nichts, daß sich im Verlaufe der Entwicklung eine arbeitsteilige Abgrenzung dahingehend ergeben hat, daß es besondere Struktureinheiten für solche Überwachungs- bzw. Kontrollaufgaben gibt, wie z.B. die Arbeiter- und Bauerninspektion und die Bauaufsicht.

Ein Leitungsvollzug ohne Kontrolle der Aktionen der koordinierten Einzelkräfte ist unmöglich; diese Teilfunktionen kann jedoch über unterschiedlichen Formen vorgenommen werden.

Alle genannten Aufgabenkomplexe hängen eigentlich so eng zusammen, und ihre Grenzen sind so fließend, daß eine Trennung lediglich aus Systematisierungsaspekten heraus zulässig ist. Schon diese kurzen Ausführungen über den Hauptinhalt der Aufgaben lassen zudem erkennen, daß diese Prozesse nicht hintereinander ablaufen können, sondern daß nur ihr paralleler Ablauf und ihre gegenseitige Verstrickung den Leitungsprozeß darstellen.

Lassen sich nun aus der Unterscheidung zwischen Leitungsspitzen und übrigen Leitungsebenen Besonderheiten der Führung und der Leitung ableiten? Diese Frage muß aus verschiedenen Gründen verneint werden. Die wichtigsten Gründe sind:

- Bei einer Einteilung der vermittelnden, anleitenden und kontrollierenden Tätigkeit in Führungs- und Leitungstätigkeit kann nicht von den leitungsorganisatorischen oder juristischen Faktoren ausgegangen werden;
- auch die Tätigkeit in den einzelnen relevanten Leitungsspitzen ist sehr heterogen, d.h. sie unterscheidet sich je nach Größe und Stellung der zu leitenden Struktureinheiten (Kleinbetrieb, Großbetrieb, wirtschaftsleitendes Organ, Ministerium);
- die Komplexität des Leitungsprozesses erfordert das aufeinander abgestimmte Zusammenwirken von staatlichen Leitungen, Parteileitungen und Leitungen gesellschaftlicher Organisationen in den Struktureinheiten. Dabei läßt sich nicht definitiv unterscheiden, was Führung und was Leitung ist.

3. Ausbildung, Weiterbildung und berufsbegleitende Weiterbildung von Leitern - Inhalt und Methoden

3.1. Leitung und Erziehung

Erziehungsprozesse laufen dann ab, "wenn Menschen bewußt und zielgerichtet tätig sind, um bei anderen Menschen oder bei sich selbst dem gesellschaftlichen Bildungs- und Erziehungsziel entsprechendes Wissen und Können zu entwickeln und Charaktereigenschaften zu prägen" (AUTORENKOLLEKTIV 1968, 33). Erziehungsprozesse in Prozesse der Ausbildung und Prozesse der Weiterbildung zu untergliedern, ist bei Anerkennung dieser These eigentlich nicht möglich und hat auch kaum inhaltliche Bedeutung. Wenn in Theorie und Praxis trotzdem eine Unterscheidung vorgenommen wird, so ist das mit auf folgende Gründe zurückzuführen:

- Die historische Entwicklung des Bildungswesens brachte eine Trennung von Ausbildungs- und Fortbildungseinrichtungen mit sich. Während die Ausbildungseinrichtungen (allgemeinbildende Schulen, Berufsschulen, Hochschulen und Fachschulen) die Ausbildung bis zu den entsprechenden Bildungsstufen vornehmen und über den erreichten Ausbildungsstand Attestationen ausgeben, befaßten sich die Fortbildungseinrichtungen (Volkshochschulen, Verwaltungsakademien usw.) vorwiegend mit der Weiterbildung und Spezialisierung auf den erreichten Bildungsstufen, meist ohne staatlich anerkannte Befähigungsnachweise aufzugeben.
- Die natürlichen und gesellschaftlich bedingten Unterschiede zwischen Kindern und Jugendlichen auf der einen Seite und Erwachsenen auf der anderen Seite zwingen zu einer unterschiedlichen Ausgestaltung des Bildungsprozesses. Um diesen Unterschied begrifflich deutlich werden zu lassen, wird der Bildungsprozeß der Kinder und Jugendlichen häufig als Ausbildung und der Bildungsprozeß der Erwachsenen als Weiterbildung bezeichnet. Daß auch eine solche begriffliche Trennung dem Wesen der Bildungsprozesse nicht entspricht, zeigt schon die Tatsache, daß das gesellschaftliche Leben eine stän-

dige Auseinandersetzung des Menschen mit seiner Umwelt und damit auch ein ständiger Bildungsprozeß ist.

- Ausbildung erfolgt immer für bestimmte mehr oder weniger konkret fixierte Ziele, z.B. für die Befähigung zur Ausübung bestimmter Berufe oder zur Erlangung von Berichtigungszeugnissen, wie Fahrerlaubnis, Flugschein usw. Die Erneuerung, Festigung und auch Erweiterung (d.h. Weiterbildung) der in solchen Ausbildungsphasen erlangten Kenntnisse, Fähigkeiten und Fertigkeiten ist meist hinsichtlich der Zielstellung weniger konkret konzipiert und macht deshalb eine Unterscheidung erforderlich.

Alle genannten Gründe - und das sind sicher nur einige - können die Notwendigkeit der Unterscheidung zwischen Aus- und Weiterbildung oder gar den Wesensunterschied zwischen beiden nicht beweisen und lassen auch keine theoretische Abgrenzung zu.

In der Literatur und Praxis der DDR wird aber gleichwohl eine Unterscheidung zwischen Aus- und Weiterbildung vorgenommen. Im Bildungsgesetz heißt es z.B.: "Die berufliche Weiterbildung der Werktätigen hat das Wissen und Können *bereits ausgebildeter Arbeitskräfte der verschiedenen Qualifikationsgrade* ständig in Übereinstimmung mit der wissenschaftlich-technischen Entwicklung zu erweitern und zu vertiefen" (Hervorh. d. Verf.). Der Begriff Weiterbildung wird in den meisten Fällen mit einer größeren Extension verwendet und auch auf die Übergänge von einem niedrigeren zu einem höheren Qualifizierungsgrad bezogen oder im Sinne einer Übergangsfortbildung von einem Beruf zu einem anderen Beruf gebraucht. Während es für die Ausbildung in den einzelnen staatlich festgelegten Bildungsstufen klare Verantwortungsabgrenzungen gibt und bewährte Einrichtungen vorhanden sind, wie z.B. das Ministerium für Volksbildung und das Ministerium für das Hoch- und Fachschulwesen, sind die Festlegungen und Einrichtungen im Bereich der Weiterbildung noch ziemlich unterentwickelt und teilweise widersprüchlich.

Der Begriff *berufsbegleitende Weiterbildung* schließlich sollte nur dann angewandt werden, wenn es sich um folgende Prozesse handelt: Das Wissen bzw. Können bereits ausgebildeter Arbeitskräfte wird durch institutionelle und individuelle Maßnahmen bereichert, ohne daß der Abschluß einer höheren Ausbildungsstufe erreicht wird. Dabei kann es sich um die Erneuerung oder Vertiefung bereits vermittelten Wissens oder Könnens handeln, es kann aber auch eine Spezialisierung auf der erreichten Bildungsstufe erfolgen (z.B. durch das Zusatzstudium für Wirtschaftsprüfer oder die Facharzt-Spezialisierung). Alle anderen Prozesse, in denen Bildungsgüter oder Charaktereigenschaften vermittelt werden, sollten als *Ausbildungsprozesse* bezeichnet werden. Eine solche Abgrenzung ist natürlich aus den obengenannten Gründen ebenfalls nicht vollständig.

Das Adjektiv *"berufsbegleitend"* soll im Zusammenhang mit Weiterbildung lediglich darauf hinweisen, daß im wesentlichen nur Ziele und Stoffgebiete behandelt werden, die mit der hauptamtlichen Tätigkeit der staatlichen Leiter im Zusammenhang stehen. Andere in der Literatur häufig erscheinende Begriffe wie Weiterbildung neben der Arbeitstätigkeit, oder die Bezeichnung *"arbeitsbezogene Weiterqualifizierung"* decken sich inhaltlich mit dem Begriff der berufsbegleitenden Weiterbildung.

3.2. Die Strukturelemente der Aus- und Weiterbildung von Leitern und ihre soziologische Charakteristik

Die Frage nach dem Wesen und dem soziologischen Bezug der Berufe ist schon von vielen Philosophen, Ökonomen und Soziologen behandelt worden. Dabei wurde von der Tatsache ausgegangen, daß die Arbeit als Mittel der Bedürfnisbefriedigung je nach dem Stand der Entwicklung der Produktionsweise unterschiedliche Formen der Arbeitsteilung zwingend fordert und einzelne Berufe hervorbringt. Wann jedoch die spezifische Form der Wechselwirkung zwischen Mensch und Natur, die Arbeit, zum Beruf wird, ist niemals eindeutig bestimmt worden und kann sicher auch nicht allgemeingültig fixiert werden.

Marx geht bei der Untersuchung der Teilung der Arbeit innerhalb der Gesellschaft von folgenden Prozessen aus:

- Teilung der Arbeit im allgemeinen (darunter ist die Herausbildung der Wirtschaftsbereiche Industrie, Landwirtschaft, Handel usw. zu verstehen);
- Teilung der Arbeit im besonderen (darunter wird die Herausbildung besonderer Zweige verstanden);
- Teilung der Arbeit im einzelnen (darunter fällt die Herausbildung einzelner Handwerke und Berufe).

In der bürgerlichen Literatur, die sich mit derartigen Fragen beschäftigt, wird der Beruf als Funktion der Gemeinschaft bezeichnet, wobei als Gemeinschaft Kreise unterschiedlicher Bedeutung und Größenordnung (Familie, Gemeinde, Staat) angesehen werden.[2] Derartige Versuche können allerdings zu keinen brauchbaren Ergebnissen führen, da es keine *Grundtätigkeiten* in der menschlichen Arbeit gibt.

In der bürgerlichen Soziologie wurden zur Charakterisierung der beruflichen Tätigkeit der Menschen u.a. eine Systematisierung der Berufe nach Berufsständen, Berufstypen und Berufsklassen vorgenommen (z.B. DUNKMANN 1922, 210ff.). Bei den Berufsständen wurden dabei wirtschaftliche Berufe, Beamtenberufe und Kulturberufe unterschieden, also bestimmte Bereiche des gesellschaftlichen Lebens der Einteilung zugrunde gelegt. Ohne Zweifel müssen Berufe bzw. berufliche Tätigkeiten auch unter sozialistischen Bedingungen als Funktion der Gemeinschaft angesehen werden, denn sie sind durch die gesellschaftliche Arbeitsteilung bedingt, und das schließt Gemeinschaft ein. Die Klassenschranken bei der Berufswahl und der Berufsausübung sind jedoch aufgehoben. Einen Teil der Einteilungsaspekte der bürgerlichen Berufstheorie findet man im übrigen auch unter sozialistischen Verhältnissen in der Berufssystematik, der Lohnarbeit und im Aufbau ganzer gesellschaftlicher Bereiche wieder.

Abgesehen vom wesentlich anderen Inhalt der gesellschaftlichen Arbeit im Sozialismus gibt es auch hier bestimmte Berufe im Bereich der Wirtschaft, der Verwaltung und der Kultur, deren aus-

2 Als typisches, im wesentlichen noch gültiges Beispiel kann gelten: DUNKMANN 1922.

übende Individuen sich nach Graden in Leiter und geleitete Mitarbeiter einteilen lassen.

Es bleibt die Frage zu beantworten, ob diese letztgenannte Einteilung mit dem *speziellen Beruf des Leiters* verbunden sein muß. Diese Frage gewinnt insofern an Bedeutung, weil in letzter Zeit in Praxis und Literatur häufig vom Beruf des Leiters und von einem entsprechenden Berufsbild gesprochen wird (z.B. LADENSACK 1981). Bereits in den 60er Jahren schrieben Lissizyn und Popow in diesem Zusammenhang: "Unter den heutigen Bedingungen ist die Funktion des Leiters schon nicht mehr ein Posten, der von einem Ökonomen oder einem Ingenieur bekleidet wird, sondern ein besonderer Beruf" (LISSIZYN/POPOW 1968, 1048). Abgesehen davon, daß sie nicht näher erläutern, was sie unter dem Begriff Beruf verstehen, läßt sich ihre These zunächst kaum anzweifeln.

Betrachtet man den Beruf des Leiters jedoch unter dem Aspekt des Leitungsprozesses etwas eingehender, so ist eine solche Behauptung nicht unproblematisch: Es gibt in der gesellschaftlichen Praxis keine Leiter schlechthin, sondern nur Leiter einer bestimmten Phase des Reproduktionsprozesses (vgl. ASSMANN/MICHAELIS 1968). Eine Ausnahme bilden hier die Meister. Ihre Ausbildung erfolgt eindeutig unter dem Aspekt, sie als Leiter von Kollektiven anzusehen (vgl. AUTORENKOLLEKTIV 1986).

Diese Tatsache zwingt zu einer beruflichen Ausbildung nach Bereichen, die sich horizontal aus der gesellschaftlichen Arbeitsteilung ergeben (Berufsstände und -typen in der bürgerlichen Soziologie). Die horizontale Gliederung wird zwar schon durch vertikale Gliederungselemente (Lehr-, Fach- und Hochschulabschluß) ergänzt; die höheren Ausbildungsstufen sind jedoch nicht nur der Ausbildung von Leitern vorbehalten, sondern bringen eine große Anzahl von Spezialisten ohne Leitungsfunktionen hervor. Es kann in diesem Zusammenhang behauptet werden, daß die Hochschulen keine fertigen Leiter ausbilden können und daß die Ausbildung zum Leiter und die entsprechende Qualifizierung nach dem Hochschulstudium erfolgen muß. Ich bin der Meinung, daß Berufe Ausbildungsresultate darstellen, die noch keine umfassende Leitungsbefähigung einschließen. Diese Befähigung kann nur durch systematische Weiterbildung und durch Leitungspraxis erzielt werden. Von Beruf kann ein Mensch Elektroniker, Ökonom oder Ingenieur, also Spezialist sein; ob er Leiter wird, entscheidet sich noch nicht in der Ausbildungsphase, obwohl dort bereits wichtige Grundlagen für seine Auswahl geschaffen werden.

3.3. Die personellen Momente des Leitungsprozesses

In der Geschichte der Leitungswissenschaft spielte die Frage nach den Faktoren, die einen Menschen zum Leiter werden lassen bzw. ihn für Leitungsfunktionen geeignet machen, von jeher eine große Rolle. Besonders in der Militärpsychologie und in der Pädagogik findet sich eine Vielzahl von Versuchen, die Leitereigenschaften zu ermitteln und zu klassifizieren. Bird und Stogdill z.B. stellten in Zusammenfassungen entsprechender Untersuchungsergebnisse Eigenschaftslisten auf, die eine große Anzahl verschiedener Führungseigenschaften enthalten (STOGDILL 1948; 1974). Mögen die Vorbehalte, die von Sozialpsychologen gegen solche Eigenschaftslisten vorgebracht werden, in einem bestimmten Maße auch gerechtfertigt sein, so ist jedoch eine völlige Ablehnung solcher Eigenschaftshypothesen unberechtigt. Unter sozialistischen Bedingungen hat eine Zusammenstellung von Leitereigenschaften großen Einfluß u.a. auf die Aus- und Weiterbildung der sozialistischen Intelligenz, deren Angehörige im breiten Rahmen Leitungsfunktionen wahrnehmen. Diese Grundeigenschaften sind gesellschaftlichen Erwartungen, also Verhaltenserwartungen, die dem einzelnen mit einer gewissen Verbindlichkeit begegnen und unter pädagogischem Aspekt Erziehungsziele darstellen.

Solche "Rollenerwartungen" spiegeln sich z.B. in den Kriterien für die Beurteilung von Kadern wider, wie sie in der Praxis seit einigen Jahren angewandt werden (vgl. z.B. LADENSACK 1981; AUTORENKOLLEKTIV 1981, 121ff.). Dabei sind Einzelkriterien zu Komplexen zusammengefaßt und betreffen die fachliche Qualifikation, das soziale Verhalten, das Leistungsverhalten und die charakterlichen Eigenschaften. In Wertungsskalen werden die einzelnen Kriterien ausgedrückt und kennzeichnen damit den Stand der Entwicklung der entsprechenden Kader. Als besondere Eigenschaften werden in diesen Systematiken u.a. die kontinuierliche Arbeit mit den Beschlüssen der Partei und Regierung, Menschenkenntnis, Vorbildwirkung, Autorität, Durchsetzungsvermögen, operative Beweglichkeit, Förderung des geistigen und kulturellen Lebens, Befähigung zu konzentrierten Diskussionen, sprachliche Gewandtheit und Auslandserfahrung angesehen.

Ein erheblicher Teil solcher Anforderungen aber eben nur ein Teil, wird auch in den mannigfaltigen Berufsbildern ausgedrückt (z.Zt. ca. 300 Grundberufe). Ein anderer Teil drückt sich in zweig- oder betriebsinternen Dokumenten über die Auswahl und den Einsatz von leitenden Kadern aus oder wird in Funktionsplänen dargestellt. Einheitliche Richtlinien über die Auswahl und den Einsatz leitender Kader in den Organen des Staates, wie sie in der Praxis des Managements üblich sind, gibt es in der DDR nicht, auch werden Testverfahren zur Feststellung von Leitereigenschaften in unserer Republik kaum angewandt.

Wonach richtet sich der Einsatz von Leitern? Welches Phänomen bewirkt, daß ein Mitarbeiter zum Leiter wird; wann wird er Leiter? Diese und andere Fragen, die im Zusammenhang mit der sozialen Rolle stehen, erfordern zu ihrer Beantwortung tiefgründige soziologische und sozialpsychologische Untersuchungen, deren Ergebnis wiederum die Grundlage für die Konzipierung von Aus- und Weiterbildungsmaßnahmen für Nachwuchskader und Funktionsträger sind.

In welchem Maße das Problem der Leitereigenschaften auch von den Massenkommunikationsmitteln unserer Republik behandelt wird, zeigen die vielfältigen Veröffentlichungen in Literatur und Presse. Stellvertretend für alle soll hier eine Urania-Konferenz über Probleme des Sozialismus und der Persönlichkeit erwähnt werden, bei der folgende Züge der Persönlichkeit des Leiters genannt wurden (vgl. WOLLE 1968):

- Eigenschaft zum Erkennen des Wesentlichen
- Fähigkeit zur Konzentration auf das Wesentliche
- Entschlußfreude
- Selbstvertrauen
- Bereitschaft zum Risiko
- Willenskraft

- Ausgeglichenheit
- Fähigkeit, ständig Neues zu lernen[3]

Betrachtet man all diese Eigenschaftsmerkmale und Wesenszüge etwas näher, so erkennt man, daß es sich eigentlich um solche handelt, die nicht nur sozialistischen Leitern, sondern allen Mitgliedern der sozialistischen Gesellschaft eigen sein müßten, wenn hohe gesellschaftliche Ziele der sozialistischen und kommunistischen Gesellschaftsordnung erreicht werden sollen. In welchem Maße dabei die Leiter solche Merkmale und Eigenschaften mehr aufweisen müssen als Geleitete, läßt sich wahrscheinlich nicht allgemein quantifizieren und kann nur in veränderlichen Qualifikationsanforderungen (Anforderungsbilder) ausgedrückt werden.

Setzt man Bildung gleich Resultat - und sie ist ohne Zweifel ein Resultat -, so drückt der Begriff Bildung den geformten Menschen aus, wie er nach einer bestimmten Phase des Erziehungsprozesses vorhanden ist und in die nächste Phase übergeht.

Der Bildungsstand ist also immer eine Funktion der Erziehung, die durch den Inhalt, die Methoden und die Organisation des Erziehungsprozesses selbst sowie durch naturbedingte Gesetzmäßigkeiten hervorgerufen und verändert wird. Die Veränderungen, die ich im Erziehungsprozeß bei einzelnen Menschen oder Menschengruppen vollzogen haben, werden bekanntlich nicht direkt sichtbar (wie z.B. die Veränderungen der Arbeitsgegenstände im technologischen Prozeß) und drücken sich häufig auch zu späteren Zeitpunkten (also nach den jeweiligen Stufen des bewirkenden Erziehungsprozesses) im Handeln oder auch nur in Ansichten der Erzogenen aus.

Damit wird selbstverständlich die Resultatsmessung und Bewertung sehr erschwert und in manchen Fällen sogar unmöglich gemacht, da sich die Resultatsermittlung im Erziehungsprozeß niemals auf das gesamte Resultat (den geformten Menschen in seiner Komplexität) erstreckt, sondern nur einen bestimmten Bereich umfaßt, z.B. Kenntnisse in einem bestimmten Fach, kann

3 Ähnlich AUTORENKOLLEKTIV 1981, 14ff.; LADENSACK 1981, 430ff.; WEIDAUER/WETZEL 1981, 280ff.

die Aussage die mit der Bewertung erreicht wird, nur begrenzt sein.

In keiner erziehungstheoretischen Konzeption ist bisher ein methodischen Instrumentarium für eine umfassende Resultatsermittlung gegeben worden und wird auch nicht gegeben werden können. Aber auch die begrenzte Aussage über das Resultat ist nicht voll zuverlässig, da die verwendeten Meßgrößen das in Wirklichkeit vorhandene Resultat nicht immer exakt widerspiegeln (Zensuren, Beurteilungen). Wenn der Erziehungsprozeß als stetiger Prozeß aufgefaßt wird, als Prozeß also, der ununterbrochen stattfindet, dessen Ergebnisse aber nur zu bestimmten Zeiten gemessen werden, so erübrigt sich eigentlich die Beweisführung über die Notwendigkeit der systematischen Weiterbildung.

4. Stoff, Zeit und Motivation

Leiter oder Manager können weder allein an schulischen Einrichtungen ausgebildet werden, noch können sie allein im Arbeitsprozeß geformt werden, auch wenn es solche Versuche gibt. In ihrer Entwicklung gehören beide Wege als eine Einheit. Allerdings setzt jede Leitungstätigkeit bestimmte allgemeine leitungstheoretische Grundkenntnisse voraus, die zunächst nicht unmittelbar aus der speziellen Leitungsfunktion abzuleiten sind.

Auf welche inhaltlichen Momente bezieht sich die Leitungswissenschaft als Fachdisziplin? Den gesamten gesellschaftlichen Leitungsprozeß, insbesondere aber die sozialistische Wirtschaftsführung allseitig zu durchdringen und immer besser auf die Erfordernisse der ökonomischen Gesetze des Sozialismus zu orientieren, ist die Aufgabe der Leitungswissenschaft. Die Wissenschaft von der Leitung ist eine Synthese aller Leitungsaspekte der gesellschaftswissenschaftlichen Einzeldisziplinen und damit eine Zusammenfassung wissenschaftlicher Grundlagen des Leitungsprozesses. Die Anzahl der Einzelwissenschaften, die über ihren Leitungsaspekt in der Leitungswissenschaft integriert sind, ist dabei nicht unveränderlich, sondern vom Stand der Erkenntnis abhängig. Auch im Verallgemeinerungsgrad der Erkenntnisse unterscheiden sich die einzelnen Disziplinen sehr stark. Von den leitungstheoretischen Aspekten der politischen Ökonomie, der Philosophie, der Kybernetik mit hohem Grad der Verallgemeinerung bis hin zu den Leitungsaspekten der Psychologie, der Pädagogik und der Rechtswissenschaft mit niedrigem Verallgemeinerungsgrad ist eine breite Skala von Wissenschaftsdisziplinen vertreten.

Um einen Vergleich mit dem westlichen Management zu ermöglichen, wird im folgenden nur auf die Leitung der Volkswirtschaft, also auf den Bereich der gesellschaftlichen Leitung, der in der einschlägigen Literatur als sozialistische Wirtschaftsführung bezeichnet wird, eingegangen.

Bei der Beantwortung der Frage, ob es bei der Leitung der gesellschaftlichen Produktion allgemeine leitungswissenschaftliche Probleme gibt, die in ihrer Erforschbarkeit und Aussage über den Rahmen der konkreten Wissenschaftsdisziplinen (Zweigökonomik, Finanzökonomik, Volkswirtschaftsplanung, Rechtswissenschaft, Pädagogik usw.) hinausgehen bzw. unter der Verallgemeinerungsgrenze der methodologischen Wissenschaften (Bestandteile des Marxismus-Leninismus) liegen, muß man von den allgemeinen Gesetzmäßigkeiten der Steuerung im Regelkreis der Volkswirtschaft ausgehen und dabei die Besonderheiten der einzelnen Leitungsgebiete bzw. volkswirtschaftlichen Teilsysteme berücksichtigen. Diese Besonderheiten ergeben sich bei Einheitlichkeit der wesentlichen Merkmale und Grundsätze der Steuerung vorwiegend aus der unterschiedlichen Ebenen (Gesamtproduktion - Wirtschaftszweig - Betrieb).

Ausgehend von diesen Ebenen hat sich in der Lehre von der sozialistischen Wirtschaftsführung auch eine Unterscheidung von volkswirtschaftlichen und betriebswirtschaftlichen Leitungsproblemen (sozialistische Betriebswirtschaftslehre) herausgebildet. Nach Friedrich und Koziolek (FRIEDRICH/KOZIOLEK 1968, 28ff.) beinhaltet die Lehre von der sozialistischen Wirtschaftsführung vor allem:

- das System der Leitung der Volkswirtschaft und seine Entwicklung
- die Prognostik und Planung als Führungsaufgabe,

- die planmäßige Ausnutzung des Systems ökonomischer Hebel, insbesondere die Finanzierung der Wirtschaftstätigkeit als Führungsaufgabe,
- die Organisation der Reproduktions- und Leitungsprozesse,
- das sozialistische Wirtschaftsrecht im Führungsprozeß,
- die Kontrolle der sozialistischen Wirtschaftstätigkeit als Führungsaufgabe,
- die aktive Funktion der sozialistischen Leiterpersönlichkeit, aller Werktätigen und sozialistischen Arbeitskollektive bei der Planung und Leitung der Wirtschaft.

Diese Lehre, so betonen Friedrich und Koziolek, ist keine isolierte Wissenschaft. Sie fußt auf Erkenntnissen einer Vielzahl anderer Wissensgebiete, um für ihre Probleme und Lösungen einen "prinzipiellen Ausgangspunkt und die allseitig notwendigen Beziehungen zu finden." (ebd., 31)

Im einzelnen werden von den genannten und anderen Wissenschaftlern folgende mit der Lehre von der sozialistischen Wirtschaftsführung verbundene bzw. korrespondierende Disziplinen genannt:

- Marxistisch-leninistische Philosophie
- Politische Ökonomie des Sozialismus
- Volkswirtschaftsplanung einschließlich
- Prognostik
- Kybernetik
- Mathematik in der Ökonomie
- Datenverarbeitung
- Informatik
- Rechtswissenschaft (insbesondere Wirtschaftsrecht)
- Psychologie (insbesondere die pädagogische Psychologie, die Arbeitspsychologie und die Sozialpsychologie)
- Marxistische Soziologie
- Pädagogik

Man kann sich ohne Zweifel der Ansicht anschließen, daß die Gesamtheit der Leitungsaspekte vieler Einzelwissenschaften die wissenschaftliche Grundlage der Leitung ausmacht, und man muß sich angesichts der breiten Skala der Einzelwissenschaften mit Leitungsaspekten die Frage stellen, womit sich die Leitungswissenschaft neben den genannten Disziplinen beschäftigen soll. Ohne an dieser Stelle auf die verschiedensten Ansichten über Notwendigkeit und die Aufgaben einer selbständigen Leitungswissenschaft einzugehen, bin ich der Ansicht, daß unter den gegenwärtigen Bedingungen die Erhöhung des wissenschaftlichen Niveaus der Leitung nur über eine selbständige Wissenschaftsdisziplin gewährleistet werden kann, die auch als selbständiger Lehrgegenstand zu betrachten ist (vgl. MARKOW 1978, 28ff.; AUTORENKOLLEKTIV 1983, 50ff.). Diese Forderung läßt sich nur dann erheben, wenn es Gesetzmäßigkeiten der Leitung gibt, die nicht zum Forschungsgegenstand anderer Wissenschaften gehören.

Welches sind nun aber die spezifischen Gesetzmäßigkeiten des Ganzen, im konkreten Falle der sozialistischen Wirtschaft? Es sind die Beziehungen zwischen Elementen der Wirtschaft in ihrer ganzen Vielfalt, so z.B. durch Kopplung, Transformation, Steuerung oder Regelung ausgelösten Einflüsse und Wechselwirkungen auf den Menschen, auf die Technik, auf die Technologie usw.

Die Anerkennung der These von der Notwendigkeit einer selbständigen Leitungswissenschaft und von der Zweckmäßigkeit einer entsprechenden selbständigen Lehre ruft aber zugleich die Frage nach der Abgrenzung zu solchen Einzelwissenschaften, wie Zweigökonomiken, Finanzökonomik, Arbeits- und Forschungsökonomik hervor. Unter Beachtung dieser Prämissen sind folgende Stoffgebiete zu behandeln:

1. Aus der Lehre über die *Volkswirtschaftsplanung* und aus der *Prognostik* sind die Probleme zu behandeln, die die materielle Seite der Prognose und Planung betreffen. Diese Stoffgebiete sind für die leitenden Kader der Wirtschaft aus zwei Gründen von entscheidender Bedeutung: Erstens ist die materielle Prognose und Planung die Basis für die wert- und damit geldmäßige Prognose und Planung, und zweitens soll über die Finanzen aktiv auf die materielle Prognose und Planung, d.h. auf richtige materielle Proportionen eingewirkt werden.
   In der Weiterbildung muß anhand der staatlichen Strukturkonzeptionen insbesondere auf Fragen der Bilanzierung wichtiger volkswirtschaftlicher Eckziffern eingegangen werden,

und es müssen wachstumstheoretische Probleme behandelt werden. Die Anwendung moderner Methoden der Führungstechnik zur "[...] planerischer Bewältigung der Hauptkettenglieder des Reproduktionsprozesses, wie Forschung und Entwicklung, Produktion und Absatz sowie die Kooperation" (FRIEDRICH/KOZIOLEK 1968, 42) kann im Stoffgebiet Volkswirtschaftsplanung nur im Zusammenhang mit der Bedeutung, den Voraussetzungen und dem Effekt behandelt werden, da die Anwendung solcher Methoden, wie Programmierung, ein bestimmtes Faktenwissen voraussetzt, welches durch diese Wissensgebiete selbst und durch andere Einzelwissenschaften, wie Mathematik und Logik erst geschaffen bzw. vertieft werden muß (vgl. ILCHMANN/SANDMANN/THOMASCH 1980).
Auf die Darlegung der Bedeutung der allgemeinen Aufgaben und des Inhalts der Volkswirtschaftsplanung kann in der Weiterbildung aus verschiedenen Gründen verzichtet werden. Einmal hat der größte Teil der entsprechenden Kader einen wirtschaftswissenschaftlichen Hoch- bzw. Fachschulabschluß, und zum anderen hat die ständige Konfrontation mit diesen Problemen, die sich auf den Leitungsebenen häufig als Hauptmerkmal der beruflichen Tätigkeit zeigen, genügend Wissen darüber bei den Leitern hervorgebracht.

2. Die Kybernetik muß in der Weiterbildung in zweierlei Hinsicht berücksichtigt werden: Erstens geht es um die Schaffung eines einheitlichen Ausgangspunktes für die Anwendung kybernetischer Erkenntnisse auf die Leitung der Volkswirtschaft bei allen in die Weiterbildung einzubeziehenden Leitern. Zweitens geht es um die Spezifizierung kybernetischer Gesetze und Regeln auf die Ökonomie, insbesondere auf die Gestaltung des Leitungsmechanismus zwischen den Systemen der Volkswirtschaft unter dem Aspekt der steuerbaren und nichtsteuerbaren Prozesse in der Gesellschaft. Es ergibt sich für die berufsbegleitende Weiterbildung die Notwendigkeit zur Vermittlung von Grundkenntnissen in folgenden Teilgebieten der Kybernetik:

   - Systemtheorie (Abgrenzung und Zusammenhang zwischen den einzelnen Systemarten, d.h. einfachen, komplizierten, stabilen, ultrastabilen, multistabilen und selbstorganisierten Systeme)

- Theorie der Regelung und Steuerung (Möglichkeiten des Ausgleiches von Störungen innerhalb des Systems durch Regelung oder Steuerung).
- Informationstheorie (Kapazität von Informationsempfängern im Zusammenhang mit dem selektiven Informationsaspekt und in Verbindung mit psychologischen Erkenntnissen über menschliche Aufnahme und Speicherungsvermögen; pragmatischer Informationsaspekt im Zusammenhang mit den Funktionen der Sprache
- Spieltheorie (optimale Verhaltensweisen von Systemen in Konfliktsituationen durch mathematische Analyse der möglichen Verhaltensweisen)
- Algorithmentheorie (Algorithmen der Informationsverarbeitung als System von regeln zur Lösung von Planungs- und Leitungsaufgaben)
- Methoden der Kybernetik (Überblick über die von Kybernetik angewandten Methoden wie Black-box-Methode, Blockschaltmethode, Modellmethode, Analogiemethode usw.)
- Darstellung des Zusammenhangs und der gegenseitigen Bedingtheit der Einzelmethoden.

Das Bildungsziel bei der Darlegung dieser allgemeinen Grundlagen der Kybernetik ist die Schaffung eines einheitlichen Ausgangspunktes für die weitere kybernetische Denk- und Betrachtungsweisen.

3. Die Weiterbildung in *Mathematik* ist ähnlich wie bei der Kybernetik zunächst von der Schaffung eines einheitlichen Ausgangspunktes abhängig. Da die mathematische Ausbildung in qualitativer Hinsicht u.a. bedingt durch die weit zurückliegende Hoch- und Fachschulausbildung und durch die unzulängliche allgemeine Vorbildung, bei den potentiellen Teilnehmern sehr unterschiedlich war, ist ein systematisches Heranführen an den gegenwärtigen bzw. zukünftigen mathematischen Wissensstand von Absolventen wirtschaftswissenschaftlicher Hochschuleinrichtung unbedingt erforderlich. Ein Zurückbleiben der Leiter auf diesem Gebiet würde unzweifel-

haft zu Lasten des effektiven Leitungsvollzuges gehen. Diese Aufgabe ist jedoch mit einigen Schwierigkeiten verbunden, die sich hauptsächlich aus dem überaus großen Zeitvolumen ergeben, das für eine systematische Behandlung mathematischer Regeln und Lösungsvarianten notwendig ist (ständige Reproduktion durch Übungen) und das bisher auf den untersuchten Leitungsebenen nicht vorhanden ist. Dazu kommt noch erschwerend die Tatsache, daß die Leitungskader der höheren Ebenen zwar über Dinge entscheiden müssen, die mit Hilfe der Matrizenrechnung oder der linearen Optimierung untersucht wurden, aber selbst nicht aktiv mit dieser Methode arbeiten. Das Ziel der mathematischen Weiterbildung darf auch bei Anerkennung der Forderung nach der Schaffung eines einheitlichen Ausgangspunktes nicht darin bestehen, nur fertige mathematische Formeln und Regeln zu vermitteln, sondern muß vorwiegend unter dem pragmatischen Aspekt der mathematischen Formulierung finanzökonomischer Beziehungen und Strukturen gesehen werden.
Die Seite der Mathematik, die in Leitungsprozessen zur optimalen Gestaltung des Leitungsvollzugs notwendig ist, findet sich vielfach schon in anderen synthetischen Wissenschaften mit typischen Leitungsaspekten.

4. Probleme der modernen *Datenverarbeitung* werden in den kommenden Jahren immer mehr in den Vordergrund rücken und müssen in der Weiterbildung so ihren Niederschlag finden, daß jeder Leiter in der Lage ist, seinen Leitungsvollzug auf der Basis maschinell verarbeiteter und gespeicherter Daten bzw. unter Berücksichtigung der Anforderungen, die sich aus der Anwendung der Datenverarbeitung ergeben, zu gestalten. Dazu ist die Aneignung von Grundwissen über technische Gesichtspunkte entsprechender Anlagen nicht zu umgehen, darf jedoch nicht der Hauptinhalt der Weiterbildung auf dem Gebiet der Datenverarbeitung sein. Um technische Probleme zu lösen, werden Experten ausgebildet und eingesetzt. Leiter auf anderen Fachgebieten können solche Probleme nicht lösen, müssen sich jedoch in ihrer Arbeit auf die moderne Datenverarbeitung mit allen Konsequenzen einstellen.

Auf eine nähere Darstellung der Einzelgebiete der Datenverarbeitung, die in der Weiterbildung behandelt werden müßte, wird verzichtet, da schon umfangreiche Lehrkonzeptionen für dieses Gebiet ausgearbeitet wurden und im Beschluß der Ministerrates zur einheitlichen Leitung der Datenverarbeitung die Richtung der Weiterbildung für leitende Kader angegeben wurde.

5. Aus dem Gebiet des *Rechts* und der *Rechtswissenschaft* müssen in die Weiterbildung schon deshalb Lehrstoffe übernommen werden, weil ein großer Teil der Arbeitszeit eines Leiters für die Ermittlung bzw. Auslegung rechtlicher Bestimmungen aufgewendet wird und werden muß. Durch die weitere Vertiefung und Vervollkommnung der Vertragsbeziehungen in der Wirtschaft unserer Republik und der Außenwirtschaft ergibt sich auch für die Leiter immer mehr die Notwendigkeit rechtlicher Grund- und Spezialkenntnisse. Während Spezialkenntnisse bei der Funktionsausübung zwangsläufig angeeignet werden (Gesetze, Verordnungen und andere Rechtsnormen für spezielle Planungs-, Verwaltungs- und Kontrollaufgaben), bedarf es im Hinblick auf Grundkenntnisse einer systematischen Erarbeitung neben der Funktionsausübung. Dabei sollten selbstverständlich andere Rechtsnormen für spezielle Planungs-, Verwaltungs- und Kontrollaufgaben), bedarf es im Hinblick auf Grundkenntnisse einer systematischen Erarbeitung neben der Funktionsausübung. Dabei sollten selbstverständlich aus den einzelnen Rechtszweigen nur solche Teile ausgewählt werden, die mit der Tätigkeit der Leiter in unmittelbarer Beziehung stehen.

6. Ein Leitungsprozeß vollzieht sich immer zwischen unterstellten und übergeordneten Beteiligten. Es ist deshalb eine verständliche Forderung der Leitungswissenschaft, die Leitungskader nicht nur in Grundlagen der *Psychologie* auszubilden, sondern auch ständig weiterzubilden (vgl. AUTORENKOLLEKTIV 1986). So, wie jeder Lehrer seine Kenntnisse über die Psyche der Schüler ständig vervollkommnen muß, muß sich der Leiter ständig bemühen, die psychologischen Auswirkungen seines Leitungsvollzuges zu analysieren. Dafür bedarf es einiger

Grundkenntnisse über die Psychologie des Menschen (vgl. AUTORENKOLLEKTIV 1981, 42).

Diese Stoffgebiete müssen zwar in den nächsten Jahren bei den gegenwärtigen Leitern erst dargelegt werden, sind aber in den Ausbildungskonzeptionen der Fach- und Hochschulen jetzt enthalten und schaffen so für die Nachwuchskader einheitliche Voraussetzungen.

Hauptgesichtspunkt bei der Weiterbildung der gegenwärtigen Leiter muß im Gegensatz zur Ausbildung von Managern die Entwicklung zu sozialistischen Persönlichkeiten sein (vgl. ebd., 22ff.). Um die psychologischen Grundlagen intensiv zu behandeln, bedarf es eines zu aufwendigen Studiums, es muß deshalb eine konsequente Einschränkung der Stoffgebiete vorgenommen werden. Folgende Stoffgebiete werden unter dem genannten Aspekt behandelt werden müssen:

Biologische Grundlagen	• Aufbau und Funktion des Nervensystems • Reize, Reflexe • Zusammenhänge von Persönlichkeit und Leistung
Die Entwicklung der Persönlichkeit durch Arbeit	• objektive und subjektive Bedingungen der menschlichen Arbeitsleistung im Betrieb • psychologische Gesetzmäßigkeiten der Anleitung und Kontrolle sowie der Verallgemeinerung und Erfahrungen • Gesetzmäßigkeiten der Bildung, Entwicklung und Leitung von Arbeitskollektiven, Atmosphäre in den Kollektiven • psychologische Gesichtspunkte bei der Beurteilung von Werktätigen, Grundsätze zur Beobachtung und Beurteilung der Persönlichkeit

7. In enger Verbindung mit der Leitungswissenschaft steht auch die *marxistische Soziologie* (vgl. ebd., 42); der relativ große Anteil von Leitungsaspekten in ihrem Untersuchungsgegenstand läßt sie für alle Leitungskader unentbehrlich werden. Aus der Vielzahl ihrer Teilgebiete müssen für die Weiterbildung von Leitern vor allen Dingen solche Probleme ausgewählt werden, die im Zusammenhang mit der Wirtschaftssoziologie stehen. Folgende Komplexe bieten sich hier an:
   - Die sozialistischen Probleme und Dienststellen als komplexe Teilsysteme sozialer Verhältnisse
   - die soziale Struktur in den Verwaltungseinheiten
   - soziologische Aspekte der Kommunikation
   - Leitung als soziales Verhältnis
   - Methoden der soziologischen Forschung

   Die einzelnen Themen aus der marxistischen Soziologie sollen den Leitern vor allen Dingen eine soziologische Denkweise anerziehen und ihnen einen Einblick in die Methoden und Techniken der soziologischen Forschung gewähren.

8. Bei der *Pädagogik* ist ein enger Zusammenhang zur Psychologie erkennbar. Hier sind insbesondere diejenigen Stoffgebiete auszuwählen, die für die Erwachsenenbildung anwendbar sind, wozu insbesondere folgende Komplexe gehören (vgl. AUTORENKOLLEKTIV 1986, 17ff.):
   - Der pädagogische Prozeß und seine Stellung im Arbeitsprozeß,
   - die Wirkungsbereiche der Erziehungsarbeit im Betrieb,
   - Anforderungen an die sozialistische Leiterpersönlichkeit unter pädagogischen Aspekten,
   - Probleme der Autorität des Leiters,
   - Bedeutung von Tradition, Stil und Ton in Kollektiven,
   - pädagogische Probleme der Informationsübertragung und -speicherung (Gedächtnisleistung usw.),
   - Überblick über moderne Lehr- und Lernformen.

Welche Unterschiede sind in der Motivation zur Aus- und Weiterbildung von Leitern und Managern zu erkennen?

Will man erkennen, warum einzelne Individuen oder Gruppen nach bestimmten Zielen streben, muß man aber zunächst die Frage nach den Motiven beantworten. Die gesellschaftlichen Interessen auf dem Gebiet der systematischen Aus- und Weiterbildung von Leitungskadern, bestehen in der umfassenden Menschformung mit einer hohen Effektivität. Die Menschformung ist sowohl auf die Beherrschung von Kenntnissen und Fertigkeiten als auch auf die Entwicklung bestimmter menschlicher Eigenschaften gerichtet. Diese gesellschaftlichen Interessen werden insbesondere durch bewußtes Lernen erfüllt und die Effektivität dieses Lernens wird nicht unwesentlich durch die Motive oder Einstellungen der Lernenden beeinflußt.

Die Skala solcher Lernmotive ist sehr breit und das Überwiegen der einen oder anderen Motivgruppe im großen Maße abhängig von der Entwicklungsstufe der Lernenden. Während das Interesse am Wissen als eines der Hauptmotive auf allen Entwicklungsstufen (Kindheit, Jugendalter, Berufstätigkeit) wirkt, zeigen sich andere Motive vorwiegend auf einzelnen Stufen. So finden wir solche Motive, wie die angestrebte Beteiligung an den persönlichen Vorteilen eines höheren Bildungsgrades (größere Machtbefugnis, mehr Lohn usw.) oder Motive aus der Erkenntnis der gesellschaftlichen Notwendigkeit des Lernens vorwiegend in der Erwachsenenbildung.

Beziehungen bestehen jedoch nicht nur zwischen den Lernmotiven und den Entwicklungsstufen, sondern auch zwischen den Lernmotiven und den Gesellschaftsordnungen. Während in der kapitalistischen Gesellschaftsordnung gerade ein solches materielles Motiv, wie größerer Reichtum, zu höheren Lernleistungen anregt, geben in der sozialistischen Gesellschaftsordnung immer mehr Motive der kameradschaftlichen Zusammenarbeit und gegenseitigen Hilfe den Ausschlag für höhere Lernleistungen.

Bei der Analyse von Faktoren, die auf die Arbeitszufriedenheit von Produktionsarbeitern in der DDR wirken, stellte Stollberg u.a. mehrere Arbeitsmotive vor, die alle auf der Erkenntnis des Wesens der Arbeit durch den einzelnen beruhen. Er sieht folgende Erkenntnisse als Motive bzw. Motivgruppen an (STOLLBERG 1968, 67; vgl. ders. 1978; HACKER 1980):

a) Arbeit macht das gesellschaftliche Wesen des Menschen aus und sichert die Existenz und Fortentwicklung der Gesellschaft;
b) Arbeit gibt die Möglichkeit der Entfaltung der geistigen und körperlichen Kräfte;
c) Arbeit ist die hauptsächliche Form menschlichen Zusammenlebens;
d) Arbeit dient der Sicherung der materiellen Existenz des einzelnen.

Selbstverständlich stellt diese Gruppierung, wie Stollberg selbst bemerkt (STOLLBERG 1968, 71), keine repräsentative Motivstruktur der Werktätigen dar, sie faßt jedoch die eigentlichen Ursachen für das bewußte Handeln der Menschen im gesellschaftlichen Arbeitsprozeß anschaulich zusammen und liefert Anhaltspunkte für die Analyse von Motiven für spezielle Tätigkeiten oder Verhaltensweisen.

Es kann allerdings nicht die Aufgabe der Leitungswissenschaft sein, für alle gesellschaftlichen Bereiche Motivstrukturen für spezielle Einzelwissenschaften getan werden. So erstreckt sich z.B. die soziologische Forschung in diesem Zusammenhang auf die Erfassung und Analyse der personen- und gruppenbezogenen Motive, um zu generalisierenden Schlußfolgerungen über die Triebkräfte des schöpferischen Handelns zu gelangen.

Die Motive für das Lernen unterscheiden sich zwar im bestimmten Maße von anderen Handlungsmotiven, da der Lernprozeß Besonderheiten aufweist, sie lassen sich aber auf objektive soziale Beziehungen und subjektive Faktoren zurückführen, die für alle Motive zutreffen. Für das schöpferische Handeln der Werktätigen im Sozialismus werden von Taubert und Weidig folgende soziale Beziehungen als wesentliche *materielle Triebkräfte* genannt (WEIDIG 1969):

- Die technisch-technologischen Bedingungen und deren Entwicklungsperspektive im Produktionsprozeß,
- die aus den sozialistischen Eigentumsverhältnissen entspringende sozialistische Kooperation,

- die Übereinstimmung zwischen den gesellschaftlichen Erfordernissen und den wesentlichen Interessen der Individuen, Gruppen und Kollektive,
- die materielle Interessiertheit der Werktätigen, der Gruppen und Kollektive an den Ergebnissen der individuellen und kollektiven Arbeit,
- das sozialistische System der Leitung und Planung.

Weiterhin werden folgende subjektive Faktoren aufgeführt:
- Die Erkenntnis der wachsenden Anforderungen der modernen Wissenschaft, Technik und Technologie an das geistig-schöpferische Vermögen der Individuen und Arbeitskollektive,
- das Verantwortungsbewußtsein der Individuen und Kollektive für die Verwirklichung der Aufgaben des Betriebsplanes, besonders für die komplexe sozialistische Rationalisierung in ihren Arbeitsbereichen,
- das konkrete Wissen über die für den Arbeitsbereich zutreffenden ökonomischen und wissenschaftlich-technischen Aufgaben des Jahres- und Perspektivplans,
- das hohe Niveau und die wachsende Einheit von fachlich-technischer, politischer und kulturell-geistiger Qualifikation der Werktätigen,
- die unmittelbare materielle Interessiertheit der einzelnen Werktätigen und Kollektive an der Verwirklichung des ökonomischen und technischen Fortschritte in ihrem Arbeitsbereich und Betrieb,
- das Kooperations- und Kontaktbedürfnis der Werktätigen und die aus der praktischen Arbeit gewonnene Erfahrung der Individuen, daß sie im Kollektiv die komplexen Aufgaben der technischen Umwälzung besser lösen und ihre Persönlichkeit vielseitig ausbilden können,
- das Bestreben der einzelnen Werktätigen, ihr Leistungsvermögen und ihre Persönlichkeit im Arbeitsprozeß zu bestätigen und gesellschaftliche Anerkennung zu erlangen,
- das fachlich-technische Interesse der Werktätigen, Neues zu schaffen und schöpferisch-geistige Arbeit zu leisten.

Diese genannten Faktoren bestimmen ohne Zweifel auch den Grad des Aus- und Weiterbildungsstrebens bei den Leitungskadern.

5. Organisation, Methodik und Leistungsbewertung

5.1. Im Managementsystem

Das Fachgebiet der *Management-Andragogik* bezeichnet die spezielle Disziplin der Erwachsenenbildung, die sich mit der Schulung von Führungskräften in bestimmten Organisationsformen beschäftigt. Neben den Hochschulen und Instituten, die dafür besondere Kurse abhalten, und den Unternehmen selbst umfaßt er die Berufsverbände, die durch Zeitschriften, Seminare und Vortragsveranstaltungen ihre Mitglieder fördern. Mit den gestiegenen Anforderungen an die Unternehmensleitung steigt der Bedarf an Führungskräften in den meisten Unternehmen überproportional und zwingt zu neuen Organisationsformen, die sich in Managementtechniken niederschlagen (vgl. GVISIANI 1974). Solche Techniken sind meistens von Zielvorgaben für alle Stellen in den Unternehmen gekennzeichnet. Alle Konzeptionen umfassen den Komplex Unternehmensführung, Führungsstil und Delegation von Verantwortung. Hier sei an die *Management by-Konzeption* oder das Harzburger Modell erinnert. In Erweiterung der wissenschaftlichen Betriebsführung von Taylor wurden die Ausbildungsinhalte auf alle Bereiche der Unternehmen - wie Personalwesen, Beschaffung, Absatz, Verwaltung und Finanzierung ausgedehnt. Alle Gebiete der technischen Betriebswissenschaft und der ökonomischen Betriebswirtschaftslehre werden heute der Lehre vom Management dienstbar gemacht (vgl. auch MILNER/TSCHISHOW 1980).

Zunehmende Bedeutung hat auch die Planung und Planungsrechnung gewonnen. Diese Verfahren der Unternehmensführung werden immer mehr durch die Entwicklung mathematischer Optimierungsmethoden (Operations Research) ergänzt und verfeinert. Ziele für die obere Managementebene sind dabei Entlastung vom täglichen Betriebs- und Geschäftsablauf. Einen breiten Raum nehmen auch Inhalte ein, die sich mit den menschlichen Beziehungen im Betrieb (Human Relations) und den Beziehungen der Unternehmen zu seiner Umwelt (Public Relations) befassen.

5.2. In der sozialistischen Leitungspraxis

Nach den zuvor genannten Prämissen - z.B. Leiter ist kein Beruf, Leiter vertreten gesamtgesellschaftliche Interessen, Leiter haben keine eigene Berufsorganisation usw. - hat sich unter sozialistischen Bedingungen ein System der Aus- und Weiterbildung herauskristallisiert, welches grob wie folgt umrissen werden kann (vgl. zum folgenden AUTORENKOLLEKTIV 1981):

5.2.1. Ausbildung von Leitern

Es erfolgt keine gezielte Ausbildung von Leitern, mit Ausnahme der Meisterausbildung zu sogenannten Industriemeistern. Universitäten, Hoch- und Fachschulen bilden Experten nach der Nomenklatur der Hochschulberufe und Fachschulberufe aus. In die Ausbildungspläne wurden leitungsrelevante Stoffinhalte aufgenommen, die neben der eigentlichen Leitungswissenschaft gelehrt werden. Solche Stoffinhalte sind Arbeitswissenschaft, Betriebswirtschaft, Psychologie (Ingenieurpsychologie), Wirtschaftsrecht und Informatik.

Die Parteihochschule und die Bezirksschule der SED bilden zwar Führungskräfte der Partei direkt aus, sie sind jedoch nicht von vornherein für Leitungsfunktionen in der Wirtschaft vorgesehen.

5.2.2. Weiterbildung von Leitern

Größeres Gewicht kommt der Weiterbildung von Leitern zu. Dabei sollen die Hochschulen in verstärktem Maße geeignete Formen der Weiterbildung entwickeln. Insbesondere sollen das Intensivlehrgänge, Teil- und Zusatzstudium, Gasthörerschaft, Teil- und Fernaspirantur sowie Studienaufenthalte im Ausland sein.

Die Sektionen der Hochschulen haben die Aufgabe, den Vertragspartnern (d.h. den Betrieben und Kombinaten) geeignete Weiterbildungsprogramme vorzuschlagen. Ohne Zweifel handelt es sich dabei um eine der wichtigsten Formen der berufsbegleitenden Weiterentwicklung mit langfristigem Charakter. Aber gerade dieser langfristige Charakter macht es notwendig, in das Weiterbildungssystem auch andere Formen zu integrieren, die die ständige Weiterbildung sichern.

In der nächsten Zeit geht es darum, insbesondere die Verantwortung der Ministerien, Kombinate und Großbetriebe für die *ständige* Weiterbildung der Hoch- und Fachschulkader in Zusammenarbeit mit den Universitäten und Hochschulen zu stärken. Die genannten juristischen Personen haben allgemeine Aufgaben in der Weiterbildung ihrer Beschäftigten, die sich wie folgt charakterisieren lassen:

1. Fixierung der Zielstellung für die Aus- und Weiterbildung aller Beschäftigtengruppen vom Standpunkt des eigenen Bereiches und unter Berücksichtigung der gesellschaftlichen Erziehungsziele.
2. Ausarbeitung von Weiterbildungsplänen für die verschiedenen Kategorien der Beschäftigten (Produktionsarbeiter, wissenschaftlich-technische Intelligenz, Leistungs- und Verwaltungspersonal) und für die verschiedenen Zeiträume. Diese Pläne müssen mit den Weiterbildungsprogrammen abgestimmt sein, die von den Hochschulen angeboten werden.
3. Auswahl des Teilnehmerkreises für die verschiedenen Weiterbildungsformen und Sicherung des ununterbrochenen Arbeitsablaufs beim zeitweiligen Ausscheiden von Mitarbeitern im Zusammenhang mit Weiterbildungsmaßnahmen.
4. Organisation und Durchführung kürzerer Weiterbildungsmaßnahmen (Vorträge, Kolloquien, Wochenendschulungen, Exkursionen usw.) zwischen den Maßnahmen der langfristigen Weiterbildung.
5. Unterstützung der Hochschulen bei der Rationalisierung des Lehr- und Lernprozesses in der Weiterbildung durch Bereitstellung von Mitteln für Anschauungsmaterial (Filme, Geräte usw.).

6. Materielle Anerkennung der Leistungen von Teilnehmern an der Weiterbildung beim Erreichen bestimmter Weiterbildungsetappen (von zentraler staatlicher Seite muß dabei grundsätzlich geregelt werden, wie die Ergebnisse der Weiterbildung im Tarifsystem berücksichtigt werden sollen - höhere Dotierung oder Prämiierung -).
7. Delegierung geeigneter Kader als Lehrkräfte an die entsprechenden Weiterbildungseinrichtungen; dabei muß gesichert werden, daß diese Kader während ihrer fachlichen Tätigkeit in den Dienststellen Zeit für die Vorbereitung ihrer Lehrveranstaltungen erhalten.

Während die Hochschulen bei der Organisation der von ihnen durchzuführenden Weiterbildungsveranstaltungen auf Erfahrungen zurückgreifen können, die insbesondere im postgradualen Studium gewonnen wurden, ist bei der Vorbereitung und Durchführung von Weiterbildungsveranstaltungen in der Regie der Betriebe und Dienststellen ein solcher Erfahrungsschatz nicht oder nur in geringem Maße vorhanden.

Die Möglichkeit eines Studiums im Ausland wurde schon bisher, jedoch nur im bescheidenen Umfang genutzt. Es wäre zu überlegen, ob diese Möglichkeit, die mehrere Vorteile bietet, nicht im stärkeren Maße für die Weiterbildung erschlossen werden kann. Dabei sollte nicht nur das langfristige Zusatzstudium in Betracht gezogen werden, sondern auch mehrmonatige Praktika von Leitern an wissenschaftlichen Einrichtungen.

Eine dominierende Rolle im System der Weiterbildung von Leitern nimmt das Zentralinstitut für sozialistische Wirtschaftsführung beim ZK der SED ein. Hier werden Leiter und Nachwuchskader der Nomenklatur I berufsbegleitend weitergebildet. Institute für sozialistische Wirtschaftsführung wurden für andere Nomenklaturkader auch an Universitäten und Hochschulen gebildet z.B. Hochschule für Ökonomie, Universität Rostock, TU Dresden, TU Ilmenau.

Betriebsschulen von Großbetrieben schließlich haben im System der Weiterbildung die Aufgabe, durch zyklische Lehrgänge Kader

der unteren Nomenklaturposition zu betreuen. Ergänzend sind in dieses System auch die Kammern der Technik, die Urania und der Kulturbund eingebunden.

Literaturhinweise

ASSMANN, G. und **H. MICHAELIS** (1968): Theoretische und methodische Voraussetzungen zur soziologischen Analyse sozialistischer Leiter industrieller Prozesse. Unveröffentlichtes Material der Abteilung Industriesoziologie der Wirtschaftswissensecahftlichen Fakultät der Humboldt-Universität Berlin

AUTORENKOLLEKTIV (1968): Leitungstätigkeit und Pädagogik, Berlin (DDR)

AUTORENKOLLEKTIV (1981): Aus- und Weiterbildung sozialistischer Leiter, Berlin (DDR)

AUTORENKOLLEKTIV (1986): Pädagogisch-psychologische Grundlagen der sozialistischen Leitungstätigkeit. Lehrbuch für die Grundlagenbildung der Meister, Berlin (DDR) (9. Aufl.)

DUNKMANN, K. (1922): Die Lehre vom Beruf, Berlin

FRIEDRICH, G. und **H. KOZIOLEK** (1968): Einführung in die Lehre von der sozialistischen Wirtschaftsführung, Berlin (DDR)

FRIEDRICH, G. und **H. RICHTER, H. STEIN, G. WITTICH** (1983): Leitung der sozialistischen Wirtschaft, Berlin (DDR) (3. Aufl.)

FROHN, G. (1966): Rationell leiten, Berlin (DDR) (10. Aufl. 1981)

GVISIANI, D.M. (1974): Management, Berlin (DDR)

HACKER, W. (1980): Allgemeine Arbeits- und Ingenieurpsychologie, Berlin (DDR) (3. Aufl.)

KANT, I. (1922): Anthropologie, Gesammelte Werke, Band VIII, Berlin

LADENSACK, K. (1981): Arbeits- und Lebensweise der Leiter, Berlin (DDR)

LISSIZYN, W. und **G. POPOW** (1968): Über die Ausbildung von Wirtschaftsleitern, in: *Sowjetwissenschaft* 1969, Heft 10

MARX, K. (1951): Das Kapital, Band 1, Berlin (DDR)

MILNER, B.S. und **J.A. TSCHISHOW** (1980): Amerikanische bürgerliche Theorien der Leitung, Berlin (DDR)

STOGDILL, R.M. (1948): Personal factors associated with leadership: A survey of the literature, in: *Journal of Psychology* 1948, 25

— (1974): Handbook of leadership: A survey of theory and research, New York/London

STOLLBERG, R. (1968): Arbeitszufriedenheit - theoretische und praktische Probleme, Berlin (DDR)

— (1978): Arbeitssoziologie, Berlin (DDR)

WEIDIG, R. (1969): Sozialistische Gemeinschaftsarbeit, Berlin (DDR)

WOLLE, H. (1968): Der Mensch in komplexer Sicht, *Neues Deutschland* 23. Jahrgang, Nr. 18/1968

Leitungswissenschaft und Managementlehre Ansätze eines Vergleichs aus Sicht der Managementlehre

Rüdiger Pieper

(Freie Universität)

1. Einleitung

Vergleichsstudien über Management in unterschiedlichen Ländern und Kulturkreisen haben spätestens seit der Etablierung des *Comparative Managements* als eigenständigem Forschungsgebiet keine Seltenheit mehr. Dies gilt - wenn auch quantitativ eingeschränkt - gleichermaßen für Vergleiche zwischen westlichem Management und der Wirtschaftsleitung in sozialistischen Ländern. Bemerkenswerterweise wird dabei aber die DDR weitgehend ausgeklammert. Selbst in der Bundesrepublik mit ihrer umfangreichen deutschlandpolitischen Forschung befassen sich derzeit zumindest die Betriebswirte noch eher mit Leitungstheorie und -praxis beispielsweise in Polen und Ungarn als mit den Gegebenheiten in der DDR.[1]

Sowohl soziologische wie betriebswirtschaftliche Publikationen über Leitungsfragen in der DDR sind hierzulande jedenfalls rar[2], was angesichts des sonst großen Interesses an mit der DDR zusammenhängenden wirtschaftspolitischen Fragen wie auch im Hinblick auf die Bedeutung der DDR als Handelspartner der Bundesrepublik eher überraschend ist, z.T. aber auch daher rühren mag, daß die Leitungswissenschaft vergleichsweise jung ist, nämlich erst Anfang der 70er Jahre als eigenständige wirtschaftswissenschaftliche Disziplin etabliert wurde. Die DDR hat also erst relativ spät angefangen, Leitungsfragen im Rahmen einer eigenständigen Disziplin systematisch zu erforschen und zu bearbeiten. Nicht zuletzt deshalb ist die entsprechende DDR-Literatur im Vergleich zur westlichen Fülle an Publikationen, die sich mit Fragen des Managements befassen, relativ dünn. Dies gilt sowohl im Hinblick auf Literatur, die Managern bzw. Leitern praktische Hilfestellung geben will, als auch für empirische Arbeiten, die in der DDR kaum veröffentlicht werden.[3] Empirische Studien von westlichen Forschern schließlich sind weitgehend undurchführbar, zumindest für bundesdeutsche Forscher, die im Hinblick auf Wissenschaftskooperation mit der DDR (jedenfalls im Bereich der Sozialwissenschaften) wegen des besonderen deutsch-deutschen Verhältnisses z.T. erheblich stärkeren Restriktionen unterliegen als andere westliche Wissenschaftler. Vergleichsstudien reduzie-

1 Das *Handwörterbuch der Führung* (KIESER/REBER/WUNDERER 1987) bietet mit seinem Stichwort "Leitung in sozialistischen Ländern" ein sehr anschauliches Beispiel hierfür. In älteren Auflagen der verschiedenen betriebswirtschaftlichen Handwörterbücher finden sich jedoch spezielle Stichworte zur DDR (z.B. Handwörterbuch der Betriebswirtschaft, 3. Aufl. 1956; Handwörterbuch des Rechnungswesens 1970; Handwörterbuch des Personalwesens 1975).

2 Ausnahmen sind u.a.: AKADEMIE FÜR POLITISCHE BILDUNG (Hg.) 1970; ANDERSCH-NIESTEDT/LILGE 1981; EBERT 1976; GLAEßNER 1977; KNEBEL 1976; KRAKAT 1980; LAUTERBACH 1973; PIORKOWSKY 1980; WILLKE 1980; ELLE/THOM 1986; PIEPER 1988, 1989 sowie zahlreiche Arbeiten von FÖRSTER (vgl. als Übersicht hierzu THALHEIM 1977, 194ff.).

3 Lediglich LADENSACK (1981) stellt verschiedene empirische Untersuchungen vor, neuerdings auch FRIEDRICH/VOSS (1988) und STOLLBERG (1988).

ren sich damit zwangsläufig auf Vergleiche der vorhandenen und zugänglichen Literatur.

Auch der vorliegende Vergleich zwischen Leitungswissenschaft und Managementlehre stellt somit einen Vergleich der entsprechenden Literatur bzw. Theorie in beiden deutschen Staaten dar, läßt sich also methodisch dem Ansatz der *Vergleichenden Betriebswirtschaftslehre* (PERRIDON 1967, 1975) zuordnen, ohne allerdings den Anspruch zu erheben, vollständig zu sein, d.h. jeden Untersuchungs- und Diskussionsgegenstand der Leitungswissenschaft mit entsprechenden Elementen der Managementlehre konfrontieren zu wollen bzw. umgekehrt. Vielmehr sollen hier, da der Vergleich ja aus der Sicht der Managementlehre erfolgt, Einzelaspekte herausgegriffen werden, die in der Managementlehre als relevant angesehen werden, nämlich insbesondere Fragen der Strukturierung von Organisationen (Kap. 4) und der Verhaltenssteuerung in Organisationen (Kap. 5). Darüber hinaus und zuerst will ich aber das grundsätzliche Selbstverständnis (Kap. 2) und den Untersuchungsgegenstand beider Disziplinen (Kap. 3) explizieren.

2. Zum Selbstverständnis von Managementlehre und Leitungswissenschaft

2.1. Selbstverständnis der Managementlehre

Die Managementlehre entstand aus der im Vergleich zur Betriebswirtschaftslehre der 50er und 60er Jahre eher praxisbezogenen *Business Administration* der USA. Anders als die Betriebswirtschaftslehre versteht sie sich als ein multi-disziplinärer Ansatz, der auf verschiedenen Wirtschaftsrichtungen basiert und deren Erkenntnisse im Hinblick auf betriebliche Anwendungsmöglichkeiten kombiniert. STAEHLE (1988, 4) betont, daß hierbei nicht von einer eigenständigen Disziplin gesprochen werden könne; er schlägt vielmehr vor, von *Managementwissen* zu reden. Auch ULRICH (1988, 176) bezeichnet die Managementlehre als multidisziplinäres bzw. adisziplinäres Wissensgebiet, das eine "pragmatische, anwendungs- und berufsorientierte Ausrichtung" habe, zugleich aber "ein unübersichtliches Konglomerat von unverbundenen Teilen" darstelle. KOONTZ (1961, 1980) konstatiert sogar aufgrund der verschiedenartigen Theorieansätze, Disziplinbezüge und Denkrichtungen einen *Management Theory Jungle*.

Allerdings gibt es verschiedene Versuche, Ordnung in diesen Dschungel zu bringen (z.B. von KOONTZ selbst 1961 und 1980). So differenziert STAEHLE (1987, 82ff.) zwischen formalwissenschaftlichen und verhaltenswissenschaftlichen Ansätzen. BLEICHER (1988, 117ff.) analysiert für den deutschsprachigen, von der Betriebswirtschaftslehre geprägten Raum ein Dreiecksverhältnis von:

- ökonomischen
- entscheidungs- und verhaltenswissenschaftlichen (Führungslehre im engeren Sinne) und
- system-orientierten Ansätzen,

wobei er als Verfechter des systemorientierten Ansatzes in der Betriebswirtschaftslehre nur letzteres als Managementlehre auffaßt, die er dann im Anschluß an ULRICH (1983, 133ff.) als "das Gestalten, Lenken und Entwickeln eines ganzen, komplexen sozialen Systems" definiert. Damit faßt er die Managementlehre weiter als UNTERNEHMENSFÜHRUNG, da ihre Objekte eben nicht nur Unternehmen sind, sondern insgesamt *zweckorientierte soziale Systeme*.

Allerdings steht BLEICHERs systemtheoretisches Verständnis der Managementlehre in der Gefahr, diese mit dem Objektbereich, nämlich zweckorientierten sozialen Systemen, gleichzusetzen. Andere Autoren setzen denn auch andere Schwerpunkte, insbesondere auf verhaltenswissenschaftliche Aspekte (z.B. STAEHLE 1987) und fokussieren damit m.E. deutlicher die Bereitstellung von Wissen für praktisches Handeln. Denn die Managementlehre ist kein primär theoretischer Ansatz, greift aber gleichwohl auf theoretische Erkenntnisse verschiedener Disziplinen zurück und versucht, diese praktisch (i.d.R. zugleich sozialtechnologisch) umzusetzen. Insofern also und als sie dabei die Perspektive der Manager einnimmt, kann sie auch als betriebswirtschaftliche *Füh-*

rungslehre definiert werden (vgl. KIRSCH 1984, 1988; WUNDERER 1988).

Abb. 1: Anwendungsbereiche bzw. Ebenen der Managementlehre

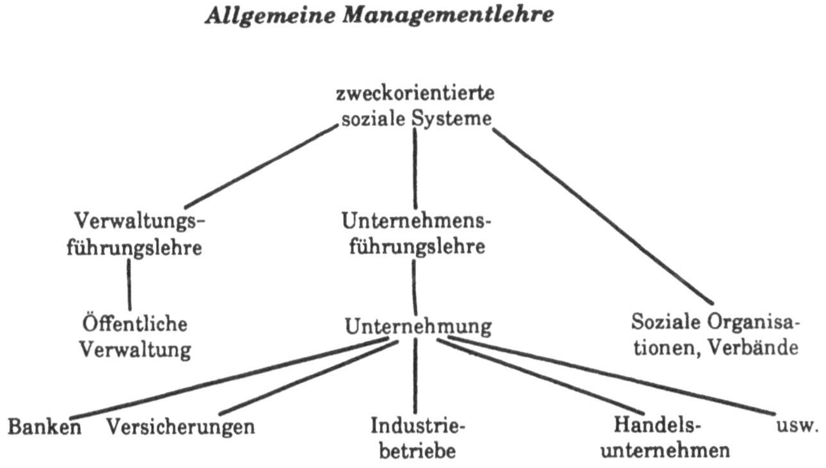

Quelle: nach ULRICH 1988, 183

2.2. Selbstverständnis der Leitungswissenschaft

Im Gegensatz zum offensichtlichen und offen diskutierten Theorien-Dschungel der Managementlehre sind zwar auch für die Leitungswissenschaft unterschiedliche Denkschulen ansatzweise erkennbar, und zwar insofern als wir aufgrund entsprechender Äußerung in der leitungswissenschaftlichen Literatur zwar wissen, daß es unterschiedliche Ansätze gibt (z.B. MARKOW 1978, 19; zur Leitungswissenschaft in der Sowjetunion vgl. VIDMER 1981), aber dennoch lediglich vermuten können, welches diese sind. M.E. existieren zumindest drei verschiedene Schulen, nämlich

- eine *systemtheoretische*,
- eine eher *verhaltenswissenschaftliche* und
- eine primär *politisch-normative* Schule.

Als Regelfall kann m.E. die Kombination dieser drei Richtungen angesehen, wobei allerdings verhaltenswissenschaftliche Elemente stark unterrepräsentiert sind. So ist MARKOWs verhaltenswissenschaftlich klingender Titel "Theorie der sozialen Leitung" (1978) de facto primär systemtheoretisch, das aktuelle Lehrbuch der DDR-Leitungswissenschaft (FRIEDRICH ET AL. 1987) ein bißchen system- und ein bißchen verhaltensorientiert, in Teilbereichen auch klassisch betriebswirtschaftlich und vor allem politisch-normativ. Leitungswissenschaftliche Lehrbücher für die Meisterausbildung hingegen sind primär verhaltenswissenschaftlich ausgerichtet, was bereits im Titel ("Pädagogisch-psychologische Grundlagen der sozialistischen Leitungstätigkeit", AUTORENKOLLEKTIV 1986) zum Ausdruck kommt. Jedenfalls durchzieht ein systemtheoretisches Vokabular die entsprechende Literatur ("technisch-technologisches System", GVISIANI 1974; in leitungswissenschaftlichen Hochschullehrbüchern der DDR explizit: "Leitungssystem" und "Der Systemcharakter sozialistischer Wirtschaftsleitung", FRIEDRICH ET AL. 1987, 51).

Die Leitungswissenschaft versteht sich - ähnlich dem Selbstverständnis der *allgemeinen* Managementlehre bei ULRICH - nicht nur bezogen auf Unternehmen bzw. Betriebe, sondern generell auf Leitungsfragen, d.h. auch auf die Leitung *staatlicher* Organisationen. Sie bezieht anders als die auf Einzelwirtschaften beschränkte Managementlehre explizit die gesamtwirtschaftliche Ebene mit ein (z.B. ebd., 58ff.):

> "Die Leitung erstreckt sich auf die gesamte Volkswirtschaft. Leitung bedeutet [...] folglich nicht mehr allein die Leitung eines Betriebes oder Zweiges, sondern Organisation der koordinierten Arbeit der Betriebe und Zweige im Rahmen des gesamten Landes und in Übereinstimmung mit den Aufgaben, die sich aus der Perspektivplanung und der laufenden Planung ergeben [...]." (GVISIANI 1974, 89)

Damit sprengt die Leitungswissenschaft die Sphäre des rein Ökonomischen; sie *muß* folglich zugleich eine politische Disziplin ein:

> "Die Leitung der sozialistischen Wirtschaft ist wesentliches Element der politischen Organisation der sozialistischen Gesellschaft, die durch das engste Zusammenwirken staatlicher und gesellschaftlicher Organisationen unter Führung der Partei der Arbeiterklasse charakterisiert wird" (AUTORENKOLLEKTIV 1985, 102).

FRIEDRICH ET AL. (1987, 14ff.) erwähnen denn auch, daß sich die Aufgaben der Leitung (und damit das Erkenntnisobjekt der Leitungswissenschaft) aus den Zielen der Wirtschaftspolitik ergeben. Sie begründen den politischen Charakter der Leitung mit drei Umständen:

1. "Die Leitung der sozialistischen Wirtschaft ist zu einem bedeutenden Teil identisch mit der wirtschaftsorganisatorischen Funktion des Staates. Sie ist ihrem Wesen nach staatliche Leitung" (ebd., 12)
2. "Die Leitung der sozialistischen Wirtschaft ist notwendigerweise, ausgehend vom gesellschaftlichen Eigentum an den Produktionsmitteln, orientiert am gesellschaftlichen Gesamtinteresse. ökonomische Entscheidungen sind stets zugleich politische, das heißt die Gesamtinteressen der sozialistischen Gesellschaft tangierende Entscheidungen" (ebd., 12).[4]
3. "Die Leitung der sozialistischen Wirtschaft ist auf das praktische ökonomische Handeln der Menschen gerichtet und schließt folglich die politisch-ideologische Arbeit, die Überzeugung und Erziehung von Menschen über das, was gesellschaftlich erforderlich, möglich und notwendig ist, in sich ein." (ebd., 13) Daraus resultiert u.a. die in der Managementlehre (so) nicht existierende Erziehungsfunktion von Leitern.[5]

Dieser politische Charakter der Leitungswissenschaft zeigt sich in Lehrbüchern u.a. daran,

---

4 Im westlichen Wirtschaftssystem hingegen wird das gesellschaftliche Gesamtinteresse (der Theorie zufolge) über den Marktmechanismnus realisiert, z.T. auch durch Selbstbeschränkung der Unternehmen (z.B. Davoser Manifest; Überlegungen der Wirtschaftsethik) und staatliche Rahmengesetzgebung.

5 Allerdings kann das Konzept der *Unternehmenskultur* als Versuch gewertet werden, diese Erziehungsfunktion in die Managementpraxis zu integrieren, indem nämlich die Gestaltung der Unternehmenskultur, d.h. die Schaffung von Werten und Normen, als neue Managementfunktion definiert wird (vgl. PIEPER 1988a, 328ff.).

- daß der Darstellung des volkswirtschaftlichen Leitungssystems und wirtschaftspolitischer Ziele breiter Raum gewidmet wird, nämlich etwa ein Drittel des gesamten Inhalts;
- die Leitungswissenschaft als eine explizit normative Wissenschaft aufgefaßt wird, d.h. als *praktisch-normativ*, wie dies Heinen für die Betriebswirtschaftslehre fordert (z.B. HEINEN 1969), praktisch insofern, als sie der Leietungspraxis wissenschaftlich fundierte Handlungsempfehlungen geben will, was z.T. in handbuchartigen Werken ausartet, bei denen die wissenschaftlichen Erkenntnisgrundlage der Empfehlung nicht mehr erwähnt werden (z.B. AUTORENKOLLEKTIV 1986, z.B. auch FRIED-RICH ET AL. 1987), *normativ* insofern, als sie immer vom Sozialismus ausgeht und als Ziel dessen Vervollkommnung angibt;
- auch die theoretischen Grundlagen der Leitungswissenschaft politische sind, nämlich verschiedene Arbeiten Lenins, der sozialistischen Prinzipien der Organisation und Leitung formulierte.

Die Notwendigkeit von Leitung begründen die Leitungswissenschaftler mit Überlegungen von Marx zur Arbeitsteilung:

> "Alle unmittelbar gesellschaftliche oder gemeinschaftliche Arbeit auf größerem Maßstab bedarf mehr oder minder einer Direktion, welche die Harmonie der individuellen Tätigkeiten vermittelt und die allgemeinen Funktionen vollzieht, die aus der Bewegung des produktiven Gesamtkörpers im Unterschied von der Bewegung seiner selbständigen Organe entspringen [...]. Ein [...] Violinspieler dirigiert sich selbst, ein Orchester bedarf des Musikdirektors" (MARX 1975, 344).

Leitung ist somit ganz "allgemein darauf gerichtet, das gemeinschaftliche Handeln von Menschen zu sichern. Sie ist notwendige Bedingung und Funktion gesellschaftlicher Arbeitsprozesse. Ihre Entwicklung als spezifische Tätigkeit ergibt sich aus der Arbeitsteilung [...]" (FRIEDRICH ET AL. 1987, 22). Konkrete Ziele der Leitungswissenschaft sind die:

- rationelle Gestaltung des Prozesses der Lösung von Leitungsaufgaben,
- Ausarbeitung einer *Technologie der Leitung*,

- Explizierung von Rolle und Funktion des Subjekts der Leitung.

Aus Sicht der Leitungswissenschaft besteht eine "objektive Notwendigkeit, die Wissenschaftlichkeit in der Leitung sozialer Prozesse zu erhöhen" (MARKOW 1978, 19). Das "Grundanliegen der Leitung - das Handeln der Menschen so zu organisieren und die subjektiven Kräfte so zur Entfaltung zu bringen, daß sie den Erfordernissen der ökonomischen Gesetze unter den jeweiligen historischen Gegebenheiten entsprechen -, [sei] prinzipiell nur auf der Grundlage wissenschaftlicher Leitung zu verwirklichen" (FRIEDRICH ET AL. 1987, 46). Leitung, die Marx zufolge im Zuge der Arbeitsteilung selbst zu einer Art Produktivkraft geworden ist (MARX 1951), steht vor der aktuellen Aufgabe, "alle Vorzüge und Triebkräfte des Sozialismus zu nutzen und überall die Bedingungen für ein rasches, planmäßiges Wachstum der Produktivkräfte auf einem hohen Niveau zu schaffen" (STOPH 1986, 15). Eben dies sei nur auf wissenschaftlicher Basis unter bewußter Ausnutzung objektiver Gesetze, insbesondere Nutzung und Durchsetzung ökonomischer Gesetze, möglich (vgl. FRIEDRICH ET AL. 1987, 46ff.). Hierzu benötige "die Leitung in bezug auf ihre eigene Tätigkeit sowie der von ihr genutzten Methoden, Instrumente und technischen Grundlagen selbst in immer stärkerem Maße wissenschaftliche Erkenntnisse. Die Leitung wird zu einem wichtigen Anwendungsgebiet der Wissenschaft" (ebd., 46).

"Wissenschaftliche Leitung" (ebd.) könne somit nur durch die Heranziehung und Anwendung von Erkenntnissen unterschiedlicher Wissenschaftsdisziplinen erreicht werden:

> "Zu den wissenschaftlichen Grundlagen sozialistischer Wirtschaftsleitung gehören alle wirtschaftswissenschaftlichen Disziplinen sowohl diejenigen, das das Wesen der ökonomischen Gesetze in bestimmten Teilbereichen oder Ebenen der Volkswirtschaft untersuchen, wie zum Beispiel die Volkswirtschaftsplanung oder die sozialistische Betriebswirtschaftslehre, wie auch diejenigen, die sich der Untersuchung bestimmter Teilfunktionen und Methoden (zum Beispiel Rechnungsführung und Statistik) zuwenden. Eine wichtige Stellung im System der wissenschaftlichen Grundlagen kommt der sozialistischen Rechtswissenschaft, insbesondere mit dem Wirtschafts- und Arbeitsrecht zu. Auch die Disziplinen (Soziologie, Psychologie, Pädagogik) die die Prozesse der Bildung und

> Leitung sozialistischer Persönlichkeiten und Kollektive sowie die Beziehungen innerhalb der Kollektive untersuchen, liefern wichtige Grundlagen für die wissenschaftliche Leitung. Eine weitere Gruppe von Disziplinen sind für die instrumentelle und technische Leitung von Bedeutung. Alle diese Disziplinen leisten Beiträge zur Entwicklung des Systems der Leitung, Planung und ökonomischen Stimulierung und behandeln Leitungsaspekte, jedoch kann sich keine von ihnen mit der Leitung der sozialistischen Wirtschaft als relativ selbständige und komplexe Erscheinung sozialökonomischen Lebens befassen, ohne dabei hiren bisherigen Untersuchungsgegenstand wesentlich zu ändern" (ebd., 1987, 49f.).

Die Leitungswissenschaft versteht sich also wie die Managementlehre als interdisziplinär, jedoch nicht als bloßes Konglomerat anwendungsbezogenen Wissens, sondern explizit als eigenständige Wirtschaftsdisziplin.

Abb. 2: Erkenntnisquellen der Leitungswissenschaft

3. Objektbereich von Management und Leitungswissenschaft

In der Managementlehre wird bei der Definition des Objektbereichs in der Regel zwischen dem Management als Institution und als Funktion unterschieden (z.B. STAEHLE 1987, 40ff.). Eine solche Zweiteilung existiert zwar in der Leitungswissenschaft nicht - dort wird vielmehr zwischen Leitungssubjekten, nämlich den Leitern bzw. Leitungsorganen, und Leitungsobjekten differenziert (vgl. FRIEDRICH ET AL. 1987, 52ff.); dennoch will ich sie hier zum Zwecke eines besseren und systematischen Vergleichs als Ausgangsbasis benutzen. Darüber hinaus sind die *sozialistischen Leitungsprinzipien* zu erwähnen, die einen weiteren Aspekt des Objektbereichs der Leitungswissenschaft darstellen, für den es allerdings keine direkte Entsprechung in der Managementlehre gibt.[6]

3.1. Management und Leitung als Institution

Unter Leitung als Institution fallen in der Leitungswissenschaft die Leitungssubjekte. Dies sind "die staatlichen und nichtstaatlichen Organe und Organisationen mit den in ihnen wirkenden Werktätigen, die mit der planmäßigen Leitung des gesellschaftlichen Reproduktionsprozesses und seiner Glieder beauftragt bzw. an ihr beteiligt sind" (FRIEDRICH ET AL. 1987, 52). Bei diesen Leitungsorganen kann unterschieden werden zwischen solchen Organen, die Leitungsfunktionen im Hinblick auf die gesamte Volkswirtschaft wahrnehmen, und soclhen, die mit der Leitung einzelwirtschaftlicher Objekte beauftragt sind. Zusammengenommen bilden sie das *Leitungssystem* (vgl. ebd., 51). Die oberste Ebene dieses Leitungssystems ist der Staat, die unterste der Meister (vgl. AUTORENKOLLEKTIV 1986).

Diese Definitionen weichen nicht wesentlich vom westlichen Verständnis von *Management als Institution* ab, das Manager als Entscheider über die Allokation von Ressourcen auffaßt (z.B. TOSI/CAROLL 1976) bzw. Management als Leitung von Aktivitäten anderer im Hinblick auf ein bestimmtes Ziel (z.B. HAYNES ET AL. 1975). Im deutschsprachigen Raum wird z.T. Management mit dem dispositiven Faktor Gutenbergs (GUTENBERG 1962) weitgehend gleichgesetzt, d.h. als Gruppe von Personen aufgefaßt, welche die Befugnis hat, anderen Personen Weisungen zu erteilen

6 Führungsprinzipien stellen z.B. kein Äquivalent dar, da sie lediglich Richtlinien für Führungsverhalten umfassen, während sich Leitungsprinzipien (wie zu zeigen sein wirdx) auch auf die Organisation des Leitungssystems auf volkswirtschaftlicher wie betrieblicher Ebene, d.h. auch auf Strukturen, beziehen.

(vgl. STAEHLE 1987, 53). Jedenfalls stehen in der Managementlehre auch beim institutionellen Aspekt des Managements eher die Personen im Vordergrund, was insbesondere dann deutlich wird, wenn Management als Institution mit den leitenden Angestellten gleichgesetzt wird (vgl. ebd., 54), wohingegen in der Leitungswissenschaft eher entpersonifizierte Organe dominieren.

Im Hinblick auf die in diesen Organen agierenden Personen differenziert die Leitungswissenschaft zwischen hauptamtlich und ehrenamtlich Tätigen. Für die ehrenamtlich tätigen Werktätigen stelle die Mitarbiet in Leitungsorganen eine "Wahrnehmung von Bürgerrechten" dar. "Für eine andere Gruppe von Werktätigen ist die Tätigkeit in Leitungsorganen unmittelbare Berufstätigkeit. Es handelt sich hier vor allem um die Beschäftigten in den verschiedenen Organen des Staatsapparates, in den wirtschaftsleitenden Organen sowie in den Leitungsorganen der Betriebe, Kombinate und Produktionsgenossenschaften" (FRIEDRICH ET AL. 1987, 52). Während die erste Personengruppe zumindest partiell mit den bundesdeutschen Betriebsräten gleichgesetzt werden kann, entspricht die letzte Gruppe den westlichen Vorstellungen von Managern, allerdings ergänzt um die Verwaltungsspitzen des Staates. Auch hier zeigt sich wiederum deutlich die Einbeziehung der gesamtwirtschaftlichen Ebene durch die Leitungswissenschaft.

3.2. Management und Leitung als Funktion

Unter Management bzw. als Leitung als Funktion werden die verschiedenen Tätigkeiten subsumiert, die Manager bzw. Leiter erfüllen. Während in der Managementlehre hierbei von *Managementfunktionen* gesprochen wird, benutzt die Leitungswissenschaft den analogen Begriff *Leitungsfunktionen*:

> "Die Leitungsfunktionen charakterisieren [...] den Hauptinhalt der Leitungstätigkeit zur Herstellung des notwendigen und zielgerichteten Zusammenhanges kooperativer Arbeitsprozesse. Die Realisierung der allgemeinen Leitungsfunktionen ist an typische und stabile Leitungshandlungen gebunden [...]" (ebd., 23)

Differenziert werden könne zwischen folgenden allgemeinen Funktionen (vgl. ebd., 22f.)[7]:

- Bestimmung der Ziele
- Planung
- Entscheidung
- Organisation
- Kontrolle

Diese Aufteilung, die auf der Marxschen Unterscheidung zwischen drei Leitungsfunktionen, nämlich Direktion, Vermittlung und Überwachung aufbaut, entspricht weitgehend vergleichbaren Differenzierungsversuchen innerhalb der Managementlehre. Dort wird im Anschluß an FAYOL (1916) unterschieden zwischen (vgl. STAEHLE 1987, 40ff.):

- Vorschau und Planung
- Organisation
- Leitung
- Koordination
- Kontrolle

Aus beiden Perspektiven heraus werden diese Funktionen als Resultat der gesellschaftlichen Arbeitsteilung (vgl. ebd., 2ff.) bzw. dem gesellschaftlichen Wesen der Arbeit (vgl. AUTORENKOLLEKTIV 1985, 114f.) angesehen: "Die Leitung hat die allgemeinen Funktionen gegenüber dem Reproduktionsprozeß wahrzunehmen, um den reibungslosen Vollzug ökonomischer Prozesse zu gewährleisten" (FRIEDRICH ET AL. 1987, 23). Zugleich wird sowohl in der Managementlehre wie der Leitungswissenschaft betont, daß die einzelnen Funktionen zwar einen Ansatzpunkt für eine Arbeitsteilung innerhalb der Leitung darstelle (ebd., 23), daß sie praktisch aber nur als Einheit wirksam sein könnten: "Diese allgemeinen Funktionen wirken nur in ihrer Einheit, gegenseitigen Durchdringung und Verbindung, was die Vermittlung dieser Funktionen zu einem Ganzen in der Leitung und durch die Leitung erfordert" (ebd., 23).

Parallelen zwischen Managementlehre und Leitungswissenschaft zeigen sich auch bei der Betrachtung von Management bzw. Lei-

[7] Verschiedene Autoren erwähnen allerdings, daß diese Aufteilung umstritten ist (so **AUTORENKOLLEKTIV** 1981, 22; **FRIEDRICH ET AL.** 1987, 22).

tung als Prozeß, Kategorisierungsversuchen wie dem von TERRY (1977), bei dem zwischen den Phasen:

- Planung
- Organisation
- Durchführung
- Kontrolle

differenziert wird, steht auf seiten der Leitungswissenschaft die Betrachtung des Leitungsprozesses mit seinen Elementen

- Erkennen von Widersprüchen
- Formulierung der Lösungswege
- Annahme eines Lösungsweges
- Organisation von Mitteln und Aktivitäten
- Kontrolle

gegenüber (vgl. LADENSACK/WEIDEMEIER 1977; AUTORENKOLLEKTIV 1981, 21), wobei in beiden Fällen primär der Entscheidungsprozeß im Vordergrund steht (vgl. FRIEDRICH ET AL. 1987, 107ff.). In der Leitungswissenschaft wird teilweise noch zwischen Leitungsprozeß und Leitungsoperation differenziert, wobei als Leitungsprozeß "die Gesamtheit der durch die Leiter und Mitarbeiter der Leitungsorgane im Interesse des planmäßigen Verlaufs des Reproduktionsprozesses zu verrichtenden Arbeiten in ihrer inhaltlichen und zeitlichen Determiniertheit" verstanden wird (ebd., 107), und als Leitungsoperation "eine bestimmte Folge von Leitungstätigkeiten, die zur Lösung einer bestimmten Leitungsaufgabe erforderlich sind" (ebd., 111). FRIEDRICH ET AL. (1987, 112) zählen folgende typische Etappen einer Leitungsoperation auf:

Abb. 3: Etappen und Ergebnisse einer Leitungsoperation

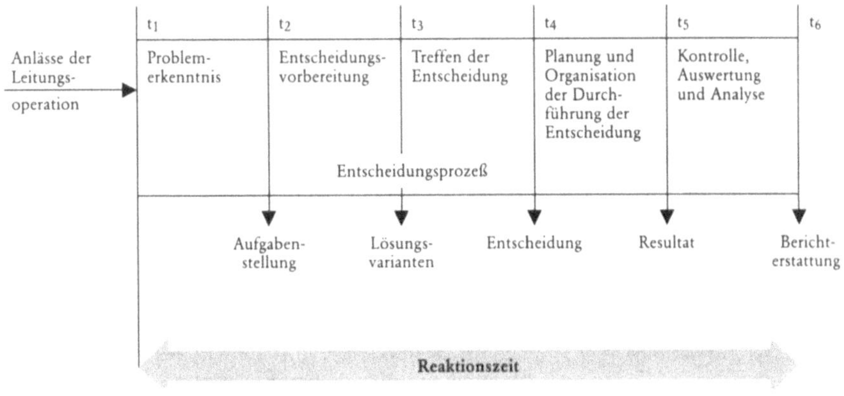

Quelle: FRIEDRICH ET AL. 1987, 111.

Im Hinblick auf Versuche, die Leitungsfunktionen zu konkretisieren, weist Markow darauf hin, daß zwischen *Leitung* und *Führung* ein Unterschied bestehe: Leitung sei nämlich mechanisierbar und automatisierbar (wenn auch nicht völlig), Führung hingegen sei ein subjektiver, schöpferischer Prozeß (MARKOW 1978, 38). In DDR-Lehrbüchern allerdings finden sich solche Differenzierungsversuche nicht, was möglicherweise auf sprachliche Probleme zurückzuführen ist. So weist Heinze in seinem Vorwort zu Markows Buch darauf hin, daß das russische bzw. bulgarische *uprawlenije* nicht mit Leitung gleichzusetzen sei, sondern eine (kybernetische) Steuerung bzw. Regelung meine (HEINZE in MARKOW 1978, 18). In der DDR - so meine Interpretation - ist Führung allerdings integraler Bestandteil des Leitungsbegriffs.
Die Leitungswissenschaft differenziert neben diesen *allgemeinen Leitungsfunktionen* zwischen zwei Seiten der Leitung, d.h. zwischen zwei Funktionsgruppen, nämlich (AUTORENKOLLEKTIV 1981, 18; FRIEDRICH ET AL., 25):

- organisatorisch-technische
- sozialökonomische

Funktionen.[8] Verbunden mit dieser Zweiteilung sind zwei unterschiedliche Tätigkeitsbilder von Leitern, nämlich

- dem Leiter als Organisator
- dem Leiter als Erzieher.

Im Mittelpunkt der Organisationsfunktion steht "die organisatorische Bewältigung eines bestimmten materiellen Prozesses in der gesellschaftlichen Produktion im weitesten Sinne" (AUTORENKOLLEKTIV 1981, 20).

> "Das Hauptelement der erzieherischen Tätigkeit des Leiters sind die politisch-ideologische Erziehung sowie der moralische, der weltanschauliche und der ästhetische Einfluß. Die ideologische optimiert in höchstem Grade die leitende Tätigkeit in dem Sinne, daß sie dazu beiträgt, im Bewußtsein der Mitarbeiter die marxistisch-leninistische Weltanschauung zu verankern, und sie schafft Bedingungen für die Übereinstimmung der Meinungen, Einschätzungen und des Verhaltens mit den Forderungen der objektiven Entwicklungsgesetze der sozialistischen Gesellschaft" (ebd., 23f.).

Bemerkenswerterweise spielt diese Erziehungsfunktion im leitungswissenschaftlichen Hochschullehrbuch der DDR (FRIEDRICH ET AL. 1987) nur eine untergeordnete Rolle. Im Lehrbuch für Meister hingegen[9] wird explizit differenziert zwischen dem Meister als "unmittelbarer Organisator der Produktion sowie Leiter und Erzieher eines Arbeitskollektivs" (AUTORENKOLLEKTIV 1986, 14), wobei die entsprechenden Hilfestellungen für die Organisationsfunktion im wesentlichen aus der *sozialistischen Betriebswirtschaftslehre* und der *Arbeitswissenschaft* abgeleitet werden, diejenigen für die Erziehungsfunktion als "Pädagogisch-psychologische

8 Diese Zweiteilung basiert u.a. auf einer doppelten Betrachtungsweise von Organisationen als technisch-technologischem System und als System der sozialen Organisation (GVISIANI 1974, 26f.). Die Betriebswirtschaftslehre kennt eine ähnliche Differenzierung, etwa diejenige Mellerowicz', der zwischen dem Betrieb als Organ der Gesamtwirtschaft (technologischer Aspekt) und als sozialer Organisation differenzierte (MELLEROWICZ 1952).

9 Meister ist die einzige Berufsgruppe, die gezielt für ihre Leitungstätigkeit ausgebildet wird, wohingegen das wirtschaftswissenschaftliche Studium zwar Kenntnisse der Leitungswissenschaft vermitteln soll, jedoch keine direkte Ausbildung darstellt, da es in diesem Stadium aber noch unklar ist, wann und ob der betreffende Student Leitungsfunktionen übernehmen wird.

Grundlagen der sozialistischen Leitungstätigkeit" (AUTORENKOLLEKTIV 1986) tituliert werden.

Zwar scheinen sich auf den ersten Blick die *Managementfunktionen* primär auf die Organisationsfunktion zu beschränken, was durch die verschiedenen, ausschließlich in diese Richtung gehenden Definitionen von Management (vgl., STAEHLE 1987, 40ff.) unterstrichen wird. Dennoch gibt es auch in der Managementlehre - insbesondere im Zusammenhang mit der Diskussion um den *Organisationskultur*-Ansatz Stimmen, die für eine Einbeziehung der Erziehungsfunktion plädieren. Besonders deutlich wird dies bei BENNIS/NANUS (1985), die zwischen der Funktion des *Managers* und derjenige des *Führers* differenzieren, wobei idealtypischerweise beide Funktionen von einer Person wahrgenommen werden sollten. Während sich die Managerfunktion auf die Organisation des reibungslosen Ablaufs der Zielerreichung beziehe, komme dem Führer u.a. die Aufgabe zu, Visionen zu vermitteln und Sinn zu stiften. BENNIS/NANUS sprechen dabei explizit von "sozialer Architektur" (ebd., 113ff.). Im Gegensatz zur Leitungswissenschaft, deren Erziehungsziel eindeutig politisch-ideologisch ist, d.h. einen eigenständigen bzw. politischen Stellenwert hat, ist in der Managementlehre dort, wo die Erziehungsfunktion explizit oder auch nur implizit auftaucht, diese jeweils instrumentell, d.h. Mittel zu einer effektiveren *ökonomischen* Zielerreichung.

3.3. Leitungsprinzipien

Eng sowohl mit den allgemeinen Leitungsfunktionen wie den beiden Dimensionen der Leitung hängen die Leitungsprinzipien zusammen, für die es in der Managementlehre allerdings keine Entsprechung gibt. Dortige Diskussionen um Führungsstile, -philosophien und -prinzipien sind nämlich jeweils einzelwirtschaftlich bezogen, währenddessen die sozialistischen Leitungsprinzipien generelle Richtlinien für die Organisation des (auch gesamtgesellschaftlichen) Leitungssystems wie des Leitungsverhaltens der einzelnen Organe und Leiter darstellen: "Sozialistische Leitungsprinzipien sind Handlungsgrundsätze für die Leitungstätigkeit und die Gestaltung von Leitungssystemen. Sie reflektieren gesetzmäßige Grundlagen und Zusammenhänge sozialistischer Leitung, ohne jedoch selbst Gesetzescharakter zu haben" (FRIEDRICH ET AL. 1987, 39).

Die Leitungsprinzipien basieren im wesentlichen auf Arbeiten von LENIN: "Entstehung und Entwicklung der sozialistischen Wirtschaftsleitung sind untrennbar mit der praktischen und theoretischen Tätigkeit Lenins verbunden" (ebd., 30). Daher will ich im folgenden kurz auf die entsprechenden Überlegungen Lenins in der Zeit unmittelbar nach der Oktoberrevolution, also während der Umgestaltung des russischen Wirtschaftssystems, eingehen (vgl. zum folgenden u.a. AUTORENKOLLEKTIV 1970; GVISIANI 1974; FROHN 1984, 14ff.).

Im Mittelpunkt der Überlegungen Lenins stand der Versuch, der Leitungstätigkeit eine wissenschaftliche Grundlage zu geben. Da aber für ein sozialistisches Wirtschaftssystem keinerlei praktische Erfahrungen vorlagen, insofern also experimentiert werden mußte, forderte er dazu auf, zumindest im Hinblick auf die konkrete Leitungstätigkeit in den Betrieben, beim Kapitalismus zu lernen, und dabei insbesondere deutsche und amerikanische Erfahrungen und Literatur zu nutzen. "Man muß alles sammeln, was nur irgendwie von Wert ist, besonders was die Normalisierung der Büroarbeit betrifft" (LENIN 1962, 566). Gvisiani spricht in diesem Zusammenhang explizit vom Aufruf Lenins, "beim Kapitalismus Leitungswissenschaft zu lernen" (GVISIANI 1974, 116) und führt als entsprechende Begründung an,

> "daß die materiell-technische Basis der sozialistischen Gesellschaft ebenso wie die der kapitalistischen Produktionsweise die gesellschaftliche Großproduktion ist. Und da der Kapitalismus über die größeren historischen Erfahrungen bei der Organisation der Industrieproduktion verfügt, muß man die von ihm entwickelte Leitungstechnik beherrschen lernen" (ebd., 116).

Eine wesentliche Rolle bei der Auswertung ausländischer Literatur spielte das in den 20er Jahren eingerichtete *Zentralinstitut für Arbeit*, das u.a. Taylor und Fayol rezipierte. Die Bedeutung, die der Entwicklung einer sozialistischen Leitungswissenschaft beigemessen wurde, zeigt sich auch daran, daß sich etwa 20 Zeitschriften mit Leitungsfragen befaßten.[10] Lenin selbst studierte ausführlich die Arbeiten Taylors; er maß ihnen - trotz heftiger Kritik an der konkreten Umsetzung des *Scientific Management* - erhebliche Bedeutung bei:

> "Das Taylorsystem bereitet - ohne Wissen und gegen den Willen seiner Erfinder - die Zeit vor, wo das Proletariat die ganze gesellschaftliche Produktion in seine Hand nehmen und eigene Arbeiterkommissionen einsetzen wird, um die gesamte gesellschaftliche Arbeit richtig zu verteilen und zu regeln. Die Großproduktion, die Maschinen, die Eisenbahnen, das Telefon - all das gibt Tausende von Möglichkeiten, um die Arbeitszeit der organisierten Arbeiter auf den vierten Teil herabzusetzen und ihnen dabei einen viermal so großen Wohlstand als heute zu gewährleisten" (LENIN 1961a, 147).

Entsprechend forderte er von den sowjetischen Leitern, die Überlegung Taylors kritisch zu studieren und - soweit möglich - in den Betrieben praktisch anzuwenden.

Daneben beschäftigte sich Lenin ausführlich mit dem Stellenwert von Demokratie in der Leitung der Betriebe. Er betonte, daß Demokratie bei der Leitung des Sozialismus eine lebenswichtige Notwendigkeit ist, und zwar auch unter instrumentellen Aspekten, denn Demokratie sei effektiver als jede andere Form der Leitung:

> "Darüber hinaus besitzen wir ein Wundermittel, um unseren Staatsapparat sofort, mit einem Schlage zu verzehnfachen, ein Mittel, über das kein einziger kapitalistischer Staat jemals verfügt hat oder je verfügen kann. Dieses Wundermittel ist die Heranziehung der Werktätigen [...] zur täglichen Arbeit an der Verwaltung des Staates" und der Wirtschaft (ders. 1961b, 95).

Allerdings müsse in der Produktion Demokratie unbedingt mit straffer Disziplin und persönlicher Verantwortlichkeit, d.h. mit der Vereinigung der Führungsbefugnisse in einer Person auf der jeweiligen Ebene verbunden werden. Lenin bezeichnet dies als

10 Alle diese Aktivitäten wurden in den 30er Jahren eingestellt; Ansätze einer Re-Etablierung der Leitungswissenschaft zeigen sich dann erst wieder Mitte der 50er Jahre, d.h. nach dem Tod Stalins. Zum eigentlichen Durchbruch, d.h. zur Etablierung der Leitungswissenschaft als wirtschaftswissenschaftlicher Disziplin kommt es in der Sowjetunion erst gegen Ende der 60er Jahre, in den anderen sozialistischen Staaten Anfang der 70er Jahre.

"Einheit des Willens" (ders. 1960, 259). Lenin expliziert seine Vorstellung von der Einheit des Willens wie folgt: Es seien

> "zwei Kategorien demokratischer Funktionen streng auseinanderzuhalten: einerseits die Diskussion, das Abhalten von Versammlungen, andererseits die Einführung der strengsten Verantwortung für die Exekutivfunktionen und eine unbedingt aktive, disziplinierte, freiwillige Durchführung der Vorschriften und Anordnungen, die notwendig sind, damit der Wirtschaftsmechanismus wirklich so arbeitet wie eine Uhr" (ebd., 201).

Ob diese Trennung von kollektiver Beratung und individueller Entscheidung bzw. Verantwortung überhaupt mit demokratischen Vorstellungen vereinbar sei, ist z.B. in der DDR Ende der 50er Jahre kontrovers diskutiert worden (BEHRENS 1957; BENARY 1957), nach dem Ende des Neuen Ökonomischen Systems jedoch kein Gegenstand offener Diskussionen mehr. Vielmehr werden in der leitungswissenschaftlichen Literatur der DDR diejenigen Leitungswissenschaftler kritisiert, die entsprechende Zweifel anmelden. Heinze etwa rückte die Einschätzung Markows, daß Zentralismus und Demokratie "entgegengesetzte Seiten des Leitungsprozesses" seien (MARKOW 1978, 326), sogar in die Nähe revisionistischer Auffassungen (in ebd., 13ff.). Das Leninsche Prinzip der Einheit des Willens sei vielmehr wesentlicher Bestandteil der sozialistischen Leitungsprinzipien; es firmiert dort unter dem Begriff *demokratischer Zentralismus*.

Als weitere - gleichfalls auf den Arbeiten Lenins aufbauende[11] - Leitungsprinzipien werden in der leitungswissenschaftlichen Literatur der DDR aufgezählt:

- *Einheit von Politik und Ökonomie*, wobei von einem Primat der Politik ausgegangen wird (vgl. FRIEDRICH ET AL. 1987, 40ff.);
- *Prinzip der Einzelleitung* "bei persönlicher Verantwortung und kollektiver Beratung" (ebd., 43). Dieses Prinzip gilt als allgemeine Bedingung der modernen Großproduktion. Zugleich wird betont, daß "die Entscheidungsvorbereitung als kollektiver Prozeß zu organisieren" sei, der gleichzeitig die "Voraussetzung für die Identifikation des Kollektivs mit der getroffenen Entscheidung" darstelle (ebd., 44).

[11] Zum Teil wird auch der Begriff *Leninsche Leitungsprinzipien* verwendet.

- das *Zweig-Territorial-Prinzip*, das sich auf den Aufbau des volkswirtschaftlichen Leitungssystems einerseits nach Produktionszweigen, andererseits nach Territorien und den Wechselbeziehungen zwischen beiden bezieht (vgl. ebd., 44ff.).

KOZIOLEK und KUNZ (1973, 28ff.) zufolge stellen diese Prinzipien die Grundprinzipien der Leitung dar.[12] Daneben gebe es noch weitere allgemeine Leitungsprinzipien. Als solche werden in der leitungswissenschaftlichen bzw. betriebswirtschaftlichen Literatur noch genannt:

- Organisiertheit, Rationalität, Effektivität (AUTORENKOLLEKTIV 1973/1980)
- Prinzip der Wirtschaftlichkeit, Übereinstimmung der Interessen des einzelnen und des Kollektivs mit den Interessen der Gesellschaft, Planmäßigkeit bzw. Planung, Sicherung der führenden Rolle der Arbeiterklasse, politische Führung durch die kommunistische Partei (BELYCH 1969).
- Optimale Gestaltung der Leitung, materielle und moralische Stimulierung der Arbeit, richtige Auswahl und rationeller Einsatz der Kader (KOSLOW/KUSNEZOW 1971).

Sowohl die Grundprinzipien wie die allgemeinen Leitungsprinzipien gelten als "Handlungsgrundsätze für die Leitungstätigkeit und die Gestaltung von Leitungssystemen. Sie reflektieren gesetzmäßige Grundlagen und Zusammenhänge sozialistischer Leitung, ohne jedoch selbst Gesetzescharakter zu haben" (FRIEDRICH ET AL. 1987, 39).

4. Leitungs- und Organisationsstrukturen

Während organisationstheoretische Aspekte im Rahmen der Managementlehre sich immer auf die einzelwirtschaftliche Ebene beziehen, d.h. die Untersuchung von Organisationsstrukturen jeweils die interne Strukturierung einer Organisation (Unternehmen, Betrieb) umfaßt, betreffen Strukturierungsaspekte im Rah-

12 KOZIOLEK/KUNZ führen allerdings nicht das Zweig-Territorial-Prinzip an; dafür beziehen sie das Prinzip der Verbindung von materieller und ideeller Stimulierung ein.

men der Leitungswissenschaft immer auch das gesamtwirtschaftliche bzw. gesamtgesellschaftliche Leitungssystem. Die Managementfunktion *Organisation* gilt also nur im Hinblick auf ein einzelwirtschaftliches Objekt, die Leitungsfunktion *Organisation* darüber hinaus für den gesamten Staat. Dementsprechend umfassen die leitungswissenschaftlichen Lehrbücher jeweils ein Kapital für "Die Organisation der gesellschaftlichen Produktion und die Struktur des volkswirtschaftlichen Leitungssystems" (z.B. FRIEDRICH ET AL. 1987, 58ff.) sowie für "Die Organisation von Leitungssystemen" (ebd., 203ff.). Letzteres umfaßt weitgehend den Erkenntnisbereich westlich orientierter anwendungsbezogener Organisationstheorie.

Die Organisation des volkswirtschaftlichen Leitungssystems will ich im folgenden ausklammern; sie wird ausführlich im Rahmen systemvergleichender Untersuchungen der Volkswirtschaftslehre diskutiert, wobei die Unterschiede zu einem "marktwirtschaftlichen Leitungssystem" offensichtlich sind.[13]

Der zweite Aspekt hingegen weist zahlreiche Ähnlichkeiten zur Organisationstheorie auf. Sowohl die Leitungswissenschaft wie die Managementlehre gehen davon aus, daß Strukturierung (d.h. Organisation als Funktion) eine grundlegende leitungsorganisatorische Aufgabe sei (FRIEDRICH ET AL. 1987, 204). Beide differenzieren dabei zwischen einer Aufbau- und Ablauforganisation (seit KOSIOL 1962) bzw. Aufbau- und Prozeßorganisation (FRIEDRICH ET AL. 1987, 207). Beide sind im Hinblick auf Strukturierungsmaßnahmen weitgehend von einem *situativen Denken* geprägt und gehen davon aus, daß es *die ideale* Organisationsstruktur *nicht* gibt (z.B. AUTORENKOLLEKTIV 1977; MARKOW 1978, 44f.; LAWRENCE/ LORSCH 1967; STAEHLE 1987, 82ff.). Folgerichtig versuchen auch beide, Kontextfaktoren aufzulisten und deren Einfluß auf Organisationsstrukturen zu analysieren (vgl. AUTORENKOLLEKTIV 1977, 229ff.). Während dabei in der Managementlehre - grob - zwischen Umwelt, Aufgabe und Technologie differenziert wird (z.B. STAEHLE 1987, 474ff.), gliedert die Leitungswissenschaft, die "Re-

13 Auf die zentrale Bedeutung der Kombinate im Leitungssystem der DDR geht H. Marr in seinem Beitrag ein.

produktionsbedingungen, die die Leitungsorganisation beeinflussen" (FRIEDRICH ET AL. 1987, 205) ein in:

- wirtschaftsorganisatorische
- technisch-technologische und
- personelle

Reproduktionsbedingungen auf.

Neben der Notwendigkeit, die jeweiligen Reproduktionsbedingungen zu analysieren und zu beachten, seien bei konkreten Strukturierungsmaßnahmen ferner noch einige aus dem Prinzip des demokratischen Zentralismus abgeleiteten Prinzipien "der qualitativen Gliederung" zu beachten (ebd., 211), nämlich:

- das *Linie-Stab-Prinzip*, das praktisch deckungsgleich mit dem Stab-Linien-System der Organisationslehre ist, im Rahmen der Leitungswissenschaft jedoch nicht nur ein Strukturierungsmodell unter anderen ist, sondern als das grundlegende Modell gilt.
- "das Sachkundeprinzip, nach dem die Zuordnung von Aufgaben, Rechten und Pflichten zu Leitungsebenen und -stufen sowie Leitungsorganen erfolgt,
- das Prinzip der Übereinstimmung von Aufgaben, Rechten und Pflichten,
- das Prinzip des ausgewogenen Verhältnisses von Zentralisierung und Dezentralisierung der Leitungsaufgaben" (ebd., 211).

Die im Rahmen der Leitungswissenschaft vorgestellten Strukturmodelle bauen denn auch alle auf dem Linie-Stab-Prinzip auf, d.h. sie sind alle hierarchisch gegliedert (vgl. Abb. 4 sowie ebd., 211ff.). Mögliche Alternativen wie Team-Organisation, Selbstabstimmung oder Matrix-Organisation werden nicht einmal diskutiert.

Abb. 4: Strukturbeeinflussende Reproduktionsbedingungen

	Reproduktionsbedingungen	Merkmale der Reproduktionsbedingungen
Wirtschafts-organisatorische Reproduktions-bedingungen	Betriebsgröße	Zahl der Beschäftigten, Produktionsumfang, Größe der Produktionsfonds
	Erzeugnischarakter	Konstruktive und technische Kompliziertheit, Dimensionen usw. der Erzeugnisse
	Grundgliederung der Produktion	Vorwiegend vertikale oder vorwiegend horizontale Grundgliederung
	Sortiment	Zahl der jährlich für den Absatz hergestellten Erzeugnisse mit unterschiedlichem Gebrauchswert
	Territoriale Verteilung	Aussagen zur territorialen Verteilung der Arbeitskräfte oder der Grundfonds
	Kooperationsbeziehungen	Umfang der versorgungs- und absatzseitigen Kooperations-beziehungen in der Wirtschaftseinheit und nach außen
Technisch-technologische Reproduktions-bedingungen	Charakter der Hauptprozesse (Produktionsprozesse)	Stoffgewinnende, -umwandelnde, -verformende Prozesse, organische oder heterogene Gliederung der Prozesse, kontinuierliche oder diskontinuierliche Prozesse
	Fertigungsart	Einzel-, Serien- oder Massenfertigung (unter Berücksichtigung des Erzeugnischarakters)
	Fertigungsprinzip	Verfahrens- oder erzeugnisspezialisierte Fertigung
	Mechanisierungsgrad der Arbeit in der Produktion	Anteil der Produktionsarbeiter, die an Maschinen arbeiten, an den Produktionsarbeiten insgesamt
	Automatisierungsgrad der Arbeit in der Produktion	Anteil der Produktionsarbeiter, die an Automaten arbeiten, an den Produktionsarbeitern insgesamt
	Technisches Niveau der Informationsverarbeitung	Umfang und Art der eingesetzten Mechanisierungs- und Automatisierungsmittel
Personelle Reproduktions-bedingungen	Qualifikationsniveau	Grad der Qualifizierung der im Kombinat Beschäftigten
	Sozialeinrichtungen	Zahl der Beschäftigten in oder Umfang der Grundfonds für Sozialeinrichtungen
	Demographische Struktur	Zahl der Beschäftigten in Altersgruppen, in Geschlechtern usw.
	Sozial-psychologische Beziehungsstruktur	Beziehungen der Beschäftigten untereinander

Quelle: FRIEDRICH ET AL. 1987, 205

Eine weitere im Rahmen der Leitungswissenschaft formulierte Grundeinschätzung ist die, daß große Einheiten leistungsfähiger seien als kleine (ebd., 68ff.). Diese Einschätzung, die u.a. mit technologischen Notwendigkeiten begründet wird, steht jedoch nicht nur in Gegensatz zu den vorhandenen technischen Möglichkeiten, die keineswegs mehr notwendigerweise auf eine Zentralisierung hinauslaufen (vgl. z.B. SPUR 1982), sowie westlichen Einschätzungen, die kleinere Organisationseinheiten für zumindest innovativer halten, sondern zumindest teilweise auch zur Wirtschaftspraxis der DDR selbst, da inzwischen kleine private Unternehmen mit dem Argument gefördert werden, daß sie - jedenfalls im Dienstleistungssektor - besser in der Lage seien, Konsumentenwünsche zu befriedigen.

Leitungswissenschaftliche Überlegungen zur Prozeßorganisation schließlich sind weitgehend mit den entsprechenden westlichen Überlegungen vergleichbar. Dies gilt z.T. für das verwendete Instrumentarium (vgl. hierzu AUTORENKOLLEKTIV 1979; AUTORENKOLLEKTIV 1981a; FRIEDRICH ET AL. 1987, 207ff.), wobei Konzepte der Organisationsentwicklung nicht diskutiert werden (es sei denn unter ideologischen Gesichtspunkten, etwa MILNER/TSCHISHOW 1980, 189ff.).

Abb. 5: Beispiel für Organisationsstrukturen in DDR-Betrieben VEB IFA Kombinat Nutzkraftwagen

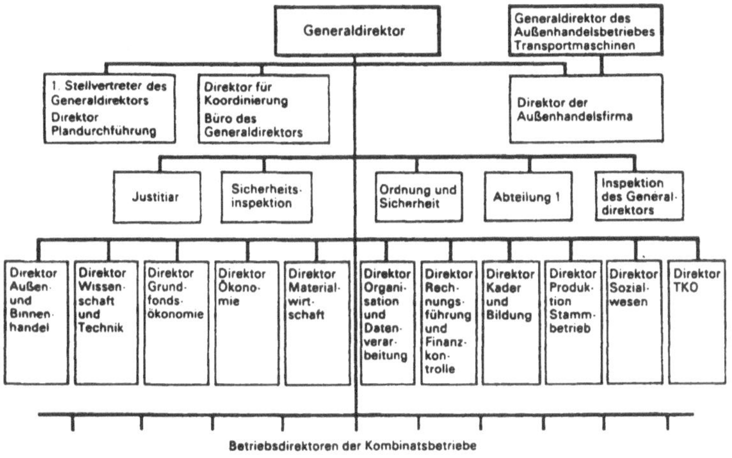

Quelle: GERISCH ET AL. 1985, 211

5. Verhaltenssteuerung in Organisationen

Einen zentralen Stellenwert innerhalb des Managementwissens bzw. der Managementlehre nehmen Überlegungen zur Verhaltenssteuerung in Organisationen ein. Verhaltenssteuerung dient primär der Ausrichtung der Aktivitäten der Organisationsmitglieder auf die Realisierung der Ziele der jeweiligen Organisation.[14] Instrumente dabei sind sowohl strukturelle Regelungen (vgl. SCOTT 1986, 95ff.) wie personale Verhaltensbeeinflussung, d.h. Führung. Letzteres, d.h. die personenbezogene Komponente des Managements, ist zumindest aus verhaltenswissenschaftlicher Sicht als *zentrale* Managementfunktion einzustufen (vgl. STAEHLE 1987, 534). Auf sie will ich mich im folgenden beschränken, da auf das wesentliche Mittel struktureller Verhaltenssteuerung, nämlich die Organisationsstrukturen, bereits zuvor eingegangen wurde.

In der leitungswissenschaftlichen Literatur wird die Verhaltenssteuerung in Organisationen auch als *sozialer Inhalt* der Leitung bezeichnet (z.B. FRIEDRICH ET AL. 1987, 148ff.); sie umfaßt wie die Leitungswissenschaft insgesamt zugleich ein politisches Moment:

> "Sozialistische Leitung ist stets auf die Entwicklung der Produktivkraft des Menschen, die Entfaltung seiner Schöpferkraft und die Ausprägung seiner sozialen Beziehungen im Reproduktionsprozeß gerichtet. Sie organisiert das gemeinschaftliche Handeln der Menschen und orientiert sie auf die zu erreichenden Ziele [...]. Leiten heißt, die Bereitschaft der Menschen für höhere Leistungen stets neu zu wecken und ihre politische Bewußtheit auf der Grundlage der prinzipiellen Übereinstimmung von gesellschaftlichen, kollektiven und persönlichen Interessen im Sozialismus auszuprägen" (ebd., 149).

Notwendig hierfür sei ein breites verhaltenswissenschaftliches Wissen: "Die Qualifizierung der Leitungstätigkeit erfordert, daß jeder Leiter sich umfassend mit den wissenschaftlichen Grundlagen der Entwicklung sozialistischer Persönlichkeiten und der Schaffung leistungsstarker sozialistischer Arbeitskollektive ver-

---

14 De facto kann sie natürlich gleichermaßen zur Machterhaltung und/oder der Realisierung persönlicher Ziele der Steuernden dienen, d.h. mikropolitisches Instrument sein (vgl. **ORTMANN** 1988).

traut macht [...]" (AUTORENKOLLEKTIV 1985, 125). Dennoch schenkt die leitungswissenschaftliche Literatur (wie bereits erwähnt und im folgenden noch detaillierter aufzuzeigen sein wird) solchen verhaltenswissenschaftlichen Fragen eine eher marginale Aufmerksamkeit; theoretische Grundlagen von Handlungsempfehlungen werden in der Regel gar nicht erwähnt und finden sich nur in der sozialpsychologischen Fachliteratur (z.B. HIEBISCH/VORWERG 1976; HACKER 1980; 1986; FRIEDRICH/VOSS 1988; STOLLBERG 1988).

Folgende Einzelaspekte der Verhaltensteuerung werden im folgenden aufgrund ihrer Relevanz für Management bzw. Leitung detaillierter behandelt:

- die *Menschenbilder*, die eine zentrale Hintergrundannahme für Methoden der Verhaltensbeeinflussung bilden,
- Annahme über die *Motivation*, auf denen Konzepte der Motivationsaktivierung bzw. Stimulierung aufbauen, und
- *Führung* bzw. *Führungskonzepte* im engeren Sinne.

5.1. Zugrundeliegende Menschenbilder

In der Managementlehre bilden Menschenbilder immer wieder den Gegenstand von Auseinandersetzungen, nicht zuletzt deshalb, weil sich aus der Diskussion um Menschenbilder unterschiedliche Konzepte zur Verhaltenssteuerung und Organisationen ableiten lassen (vgl. SCHEIN 1970; ROSENSTIEL/MOLT/RÜTTINGER 1986; STAEHLE 1987, 210ff.). Menschenbilder sind dabei die Summe von theoretischen Annahmen über Bedürfnisse, Motive, Eigenschaften, Einstellungen und Erwartungen von Menschen (vgl. STAEHLE 1980). Zumindest in der amerikanischen Diskussion sind *dualistische* Konzepte ein weit verbreitetes Mittel zur Kategorisierung der in der Management- und organisationspsychologischen Literatur vorfindbaren Menschenbilder. Eine Variante dabei ist die Differenzierung zwischen optimistischen und pessimistischen Bildern (z.B. KNOWLES/SAXBERG 1967); prominenter jedoch ist McGregors Unterscheidung zwischen den Theorien X und Y (McGREGOR 1960), bei dem der arbeitsscheue, primär materiell motivierbare und nur durch Kontrolle, Strafandrohungen und

Führung steuerbare Theorie-X-Menschentyp dem Theorie-Y-Menschen gegenübergestellt wird, der Arbeit als Quelle von Zufriedenheit auffaßt und bei dem das Streben nach Selbstverwirklichung stärkster Motivationsfaktor ist, so daß Fremdkontrolle weitgehend durch Eigeninitiative und Selbstkontrolle substituierbar ist. Allerdings gibt es auch Versuche einer differenzierten Aufgliederung. SCHEIN (1970) etwa geht analog zur historischen Entwicklung der Organisations- bzw. Managementlehre von vier Grundmodellen aus, nämlich dem

- *rational-economic man* (Taylorismus, Theorie X)
- *social man* (Human-Relations-Bewegung)
- *self-actualizing man* (Theorie Y)
- *complex man* (Human Resources-Modell, situativer Ansatz)

wobei er im *complex man*, der wandlungs- und lernfähig ist, die realistischste Beschreibung sieht. Die zentrale Implikation dabei ist, daß es die *beste* Organisation und Methode der Verhaltenssteuerung nicht gibt; der Manager wird vielmehr zum Diagnostiker der Situation; er muß sein Verhalten situationsadäquat gestalten.

Menschenbilder haben in der Managementlehre nicht nur die Funktion, Grundannahmen und empirische Ergebnisse im Hinblick auf menschliches Verhalten zu komprimieren, sondern sind oft zugleich *normativ*, sofern sie als unabhängige Variable behandelt und als Vehikel benutzt werden, die Werte des Wissenschaftlers in die Theorie bzw. des Managers in die Praxis einzubringen. Sie erlangen so, wie STAEHLE (1987, 211) betont, "den Status von metatheoretischen Wertsystemen mit der Funktion von Basiswerturteilen".

Eben dies trifft auch auf die Leitungswissenschaft zu. Dort bildet das aus dem Marxismus-Leninismus abgeleitete Bild der allseits entwickelten sozialistischen Persönlichkeit die - im Unterschied zur Managementlehre nicht kontrovers diskutierte - normative Basis. Statt vom Menschenbild wird von der *Persönlichkeit* gesprochen: "Der Persönlichkeitsbegriff bezieht sich in erster Linie auf den bewußt handelnden, die Umwelt und sich selbst verändernden Menschen, auf Ziel, Inhalt, Verlauf und Motivation seiner psychisch regulierten realen Tätigkeit" (AUTORENKOLLEKTIV

1986, 25). Dabei wird der Mensch anders als in der vom Individualismus dominierten Managementlehre primär als kollektives Wesen aufgefaßt: "Die Persönlichkeit ist immer als Mitglied der Gesellschaft aufzufassen. Im Sozialismus ist sie Teil des Kollektivs, wobei jede Persönlichkeit mehreren und verschiedenen Kollektiven angehören kann" (ebd., 27). Dementsprechend wird in der leitungswissenschaftlichen Literatur immer von der "Leitung sozialistischer Kollektive" statt allgemein von Leitung bzw. Führung gesprochen (z.B. FRIEDRICH ET AL. 1987, 153ff.). Dabei wird mit MARX (1973, 6) argumentiert, daß das Wesen des Menschen in seiner gesellschaftlichen Natur bestehe: "Zur Entstehung, Herausbildung und Entwicklung der Persönlichkeit und ihres Bewußtseins führt der reale, vom Menschen gestaltete Lebensprozeß, vor allem der Arbeitsprozeß" (AUTORENKOLLEKTIV 1986, 27). Der Mensch definiere sich weitgehend in und durch seine Arbeit (vgl. STOLLBERG 1988). STOLLBERG (1988, 11) erwähnt denn auch, daß Arbeit "die lebensbestimmende Äußerungsform seines Daseins" ist. Und: "Erst durch die Arbeit [...] hebt sich der Mensch aus dem Tierreich heraus und wird zum Menschen im eigentlichen Sinne".

In der leitungswissenschaftlichen Literatur finden sich allerdings (ganz im Gegensatz zur sonstigen DDR-Literatur) nur kurze Bemerkungen zu dem ihr zugrundeliegenden Menschenbild, der sozialistischen Persönlichkeit. FRIEDRICH ET AL. (1987, 156f.) definieren diese wie folgt:

> "Eine sozialistische Persönlichkeit ist vor allem gekennzeichnet durch:
>
> - fundiertes politisches Wissen und eine gefestigte marxistisch-leninistische Weltanschauung, die sich hohe gesellschaftliche Ziele zur Stärkung des Sozialismus setzt und politische Aktivitäten entfaltet,
> - ausgeprägte fachliche Fähigkeiten und Fertigkeiten,
> - geistig-kulturelle Interessen und Bedürfnisse,
> - Charaktereigenschaften, die sich insbesondere durch Ehrlichkeit, kameradschaftliches Verhalten, Einsatzbereitschaft und gesundes Selbstbewußtsein auszeichnen".

Dadurch, daß diese Vorstellung einer sozialistischen Persönlichkeit eher einen normativen denn empirischen Charakter hat, läßt sich auch die politische Erziehung als zentrale Leitungsfunktion ableiten; Leitung wird zu einem zentralen Mittel, dieses Bild einer sozialistischen Persönlichkeit zu realisieren:

> "Aufgabe des sozialistischen Leiters ist es, auf der Grundlage der gesellschaftlichen Zielstellungen für die Arbeitskollektive die Bedingungen ihrer Entwicklung zu schaffen und die Identifizierung mit den gesellschaftlichen Interessen zu sichern. Hierzu leistet er unter Führung der Partei in Zusammenarbeit mit den anderen gesellschaftlichen Organisationen politisch-ideologische Erziehungsarbeit [...]" (FRIEDRICH ET AL. 1987, 157).

5.2. Stimulierung und Motivation

Motivationstheorien dienen in der Managementlehre als Grundlage zur Entwicklung von Motivierungsstrategien, insbesondere zur Beeinflussung von Leistungsverhalten. In der leitungswissenschaftlichen Literatur wird in der Regel analog der Begriff der *Stimulierung* verwendet (z.B. FINGER/GERTICH 1982; AUTORENKOLLEKTIV 1986; FRIEDRICH ET AL. 1987). Teilweise wird allerdings auch explizit zwischen Stimulierung und Motivierung differenziert, wobei unter Stimuli die äußeren Handlungsanreize bzw. unter Stimulierung die materielle Seite der Verhaltenssteuerung und unter Motiven innere Handlungsantriebe verstanden werden. Jedoch wird selbst bei denjenigen Autoren, die eine solche Unterscheidung vornehmen (z.B. STOLLBERG 1988) von den *"ideellen Stimuli"* gesprochen, mit denen Motive beeinflußt werden könnten (ebd., 177). Insofern sind die Begriffsabgrenzungen unscharf; in der leitungswissenschaftlichen Literatur werden sie denn in der Regel auch gar nicht erst vorgenommen. Insgesamt findet sich weder in der leitungswissenschaftlichen noch der sozialwissenschaftlichen Literatur die Fülle unterschiedlicher motivationstheoretischer Ansätze wie in westlichen Publikationen.[15]

Bis in die 60er Jahre hinein blieben motivationstheoretische Fragen sogar weitgehend unbeachtet. Der Mensch in seiner Ausprä-

---

15 Auf eine detaillierte Darstellung der in der Managementliteratur diskutierten Motivationstheorien soll hier verzichtet werden; Übersichten finden sich z.B. bei **HECKHAUSEN** 1980, **STAEHLE** 1987, **WEINERT** 1987.

gung als sozialistische Persönlichkeit galt als *homo politicus*, bei dem das sozialistische Bewußtsein als Motivationsfaktor ausreiche. Diese Vorstellung erwies sich jedoch als unzutreffend, wie GVISIANI (1974, 114) feststellt: Die Frage, "ob es überhaupt eines speziellen Arbeitsanreizes für die Arbeiter bedürfe und ob nicht im Sozialismus das Bewußtsein der Werktätigen alleine alle Probleme löse, wurde[n] durch das Leben selbst, durch die Praxis der Arbeitsorganisation in der Produktion entschieden".

Inzwischen werden Aspekte der geistigen wie der politisch-ideellen Motivierung gleichermaßen und gleichberechtigt behandelt; die materielle Stimulierung gilt sogar als eine der drei Hauptmethoden sozialistischer Leitung.[16] Die Einheit von materieller und ideeller Stimulierung bildet zusammen mit der Anerkennung bzw. Kritik von Leistungen die Grundlage zur Verwirklichung des *sozialistischen Leitungsprinzips*. Einheit ist dabei als Gleichwertigkeit aufzufassen:

> "Eine Unterschätzung der ideellen Anerkennung bedeutet Verzicht auf die Erziehung sozialistischer Persönlichkeit und Kollektive. Umgekehrt führt die Unterschätzung der materiellen Anerkennung guter Leistungen zu Gleichmacherei und wirkt sich negativ auf die Erziehung sozialistischer Persönlichkeiten und hohe Leistungsbereitschaft aus" (FRIEDRICH ET AL. 1987, 158).

Bemerkenswert ist, daß in der leitungswissenschaftlichen Literatur an keiner Stelle auf motivationstheoretische Grundlagen eingegangen wird; entsprechende Abhandlungen finden sich lediglich in sozialpsychologischen und soziologischen Publikationen.[17] Forschungsarbeiten hierzu gibt es erst seit den 60er Jahren (vgl. STOLLBERG 1988, 85); erste empirische Studien wurden sogar erst in den 80er Jahren veröffentlicht (insbesondere und als Übersicht STOLLBERG 1988).

---

16 Die drei wesentlichen Methoden sozialistischer Leitung sind (**FRIEDRICH ET AL.** 1987, 79ff.):
- die politisch-erzieherische Einflußnahme
- materielle Stimulierung
- administrativ-organisatorisches Einwirken.

17 Etwa **HIEBISCH/VORWEG** 1976; **HACKER** 1980, 1986; **HOFFMANN** 1988; **STOLLBERG** 1988.

De facto findet sich auch in der DDR-Literatur eine Unterscheidung zwischen Inhalts- und Prozeßtheorien der Motivation (explizit bei HACKER 1986, 177). HACKER (ebd., 183f.) faßt die *prozeßtheoretische Sichtweise* wie folgt zusammen:

> "Zur Tätigkeit veranlassen (a) Antrieben aus den voraussichtlichen Folgen der vorweggenommenen Ergebnisse (Ziele). (b) Die Folgen werden abgewogen gegen die Bewertung des erwarteten Aufwandes. Diese Aufwandskalkulation bezieht die Selbsteinschätzung der eigenen Leistungsmöglichkeiten ein. (c) Die Folgen werden des weiteren bezogen auf Ansprüche (Bedürfnisse, Wertvorstellungen, übernommene Normen) an die Folgen der Tätigkeit [...]. Ein mehr oder weniger deutlich bewußt gewordener Antrieb wird zum Motiv durch das Richten der Tätigkeit auf ein Ziel, also auf das vorweggenommene Ergebnis und seine voraussichtlichen Folgen. Zugleich wird das Ergebnis, auf das sich das Handeln richtet, zum tatsächlichen Ziel erst mit dem Vorsatz zur Ausführung, also durch die - auch emotionale - Verbindung mit dem Motiv".

Ähnlichkeiten mit entsprechenden Überlegungen von VROOM (1964) werden dabei keineswegs verschwiegen, sondern durch Zitate herausgestellt. Rezipiert werden in der DDR-Literatur darüber hinaus u.a. auch Konzepte von Maslow, Herzberg und Heckhausen (z.B. STOLLBERG 1988), wobei Hacker herausstellt, daß HERZBERGs Arbeiten (1966) etwa durch ungarische Untersuchungen weitgehend bestätigt wurden (HACKER 1988, 203).

Je nach der Disziplin, von der die jeweiligen Autoren ausgehen, werden bei motivationstheoretischen Überlegungen unterschiedliche Begriffe benutzt. Während Hacker, der praktisch die gesamte westliche motivationstheoretische Literatur rezipiert, ohne diese - wie noch in den 70er Jahren weitgehend üblich - zugleich und primär unter ideologischen Gesichtspunkten zu bewerten, von *Motiven* ausgeht, scheinen Soziologen oft den *Bedürfnis*-Begriff zu präferieren (z.B. MANZ/WALTHER 1987; THIEME 1988), ohne daß allerdings eine klare Begriffsabgrenzung vorgenommen werden würde. Forschungsarbeiten hierzu sind in den letzten Jahren intensiviert worden, weil (ähnlich wie in den westlichen Ländern) Ausdifferenzierungsprozesse in der DDR-Bevölkerung diagnostiziert werden, die neue Anforderungen sowohl an die Wirtschaftspolitik wie an einzelwirtschaftliche Motivationsstrategien stellen. Bei diesen Forschungsarbeiten wird davon ausgegangen, daß das

Handeln von Menschen, seine Tätigkeiten, aus seinen Bedürfnissen resultieren. "Tätigkeiten sind stets Ausdruck einer Bedürfnisbefriedigung, wie überhaupt Bedürfnisse und Tätigkeiten eine dialektische Einheit bilden. Jedes Bedürfnis trägt die Anforderung an seine Befriedigung in sich" (MANZ/WALTHER 1987, 989). Manz und Walther bezeichnen Bedürfnisse als abhängig von der konkret-historischen Situation; sie seien fließend, ähnlich wie bereits Marx und Engels feststellten, daß "die Aktion der Befriedigung und das schon erworbene Instrument der Befriedigung zu neuen Bedürfnissen" führen (MEW 3, bei MANZ/WALTHER 1987, 992).

Bemerkenswert ist, daß Manz und Walther versuchen, sogenannte *"notwendige" Bedürfnisse* zu bestimmen, was sowohl gesamtwirtschaftlich für die Güterproduktion wie einzelwirtschaftlich für Stimulierung interessant ist: "Notwendige Bedürfnisse sind [...] die in einer Gesellschaft, Klasse, Schicht oder sozialen Gruppe sich objektiv herausgebildeten, gesellschaftlich durchschnittlichen Bedürfnisse einer gegebenen historischen Entwicklungsetappe" (ebd., 993). "Es ist [...] nicht möglich, einfach festzulegen, welche Bedürfnisse als notwendige Bedürfnisse anzusehen sind" (ebd., 993). Manz und Walther bietet zwar verschiedene Klassifikationsmuster an (materielle, geistige, individuelle, gesamtgesellschaftliche, produktive, konsumptive etc.); diese haben jedoch eher heuristischen Charakter.

Im Hinblick auf *Arbeitsmotive* sind solche inhaltstheoretischen Überlegungen allerdings erheblich konkreter. Hier existieren gleich mehrere Auflistungen.[18] STOLLBERG (1988, 87ff.) zählt vier Gruppen von Hauptmotiven auf:

- das *gesellschaftliche Motiv* (Bedürfnis nach gesellschaftsgestaltender Aktivität)
- das *Leistungsmotiv* (Bedürfnis nach Selbstbetätigung)
- das *Kontaktmotiv* (Bedürfnis nach Kooperation und Gemeinschaftlichkeit
- das *Verdienstmotiv* (Bedürfnis nach materieller Sicherheit).

18 Vgl. die Übersicht bei **STOLLBERG** 1988, 86f.

"Die genannten Motive treten uns [...] in der Wirklichkeit immer in einer bestimmten Verflechtung entgegen, sie ergeben in dieser Verflechtung die Arbeitsmotivation des Werktätigen insgesamt" (ebd., 90). Hacker deutet die Existenz von Motivhierarchien an, lehnt jedoch ein spezielles Bedürfnis nach Selbstverwirklichung als hierarchisch höchststehendes Motiv, wie dies in der Bedürfnispyramide von Maslow der Fall ist (MASLOW 1943), explizit ab (HACKER 1986, 208).

In der DDR-Literatur wird ferner betont, daß Arbeitsmotivation relativ stabil sei: "Die Arbeitsmotivation fußt [...] auf stabilen (habituellen) Einstellungen, die sich aus einer stabilen Beziehung des Menschen zu seiner natürlichen und gesellschaftlichen Umwelt und damit auch zum gesellschaftlichen Arbeitsprozeß ergeben. Arbeitsmotivation ist folglich eine dauerhafte oder [...] 'überdauernde' Motivation" (STOLLBERG 1988, 91). Motivation sei außerdem eher ein gesellschaftliches denn ein individualpsychologisches Konstrukt: "Aufgabe soziologischer Beschäftigung mit Motivation ist [...] nicht die Aufdeckung psychologischer, sondern gesellschaftlicher (sozialer) Gesetze der Motiventwicklung" (HAHN 1985, 126). Letzteres hängt vor allem damit zusammen, daß - wie Stollberg betont (1988, 85) - in der motivationstheoretischen Forschung in den sozialistischen Ländern von anderen Prämissen als in westlichen Studien ausgegangen wird, insbesondere von einer andersartigen Sichtweise von Arbeit. Zum einen würden die *Arbeitsinhalte* und die sozialen Beziehungen im Arbeitskollektiv deutlicher herausgestellt, zum anderen habe Arbeit unter sozialistischen Bedingungen einen anderen Charakter erlangt, nämlich denjenigen der Ausbeutung verloren und dafür "eine Form der 'Selbstverwirklichung' unabhängig vom Inhalt der konkreten Tätigkeit [erhalten]. Arbeit für die gesellschaftliche Entwicklung zu leisten konnte damit zum Bedürfnis und motivierenden Faktor werden. Dieser Faktor wird in westlichen Motivationskonzeptionen nicht relevant [...]" (ebd., 85f.).

Mit eben diesem Faktor wird denn auch die Bedeutung ideeller Stimulierungsmethoden argumentativ untermauert; hier liegt eine deutliche Verbindung zum sozialistischen Menschenbild. HACKER (1980, 117) sieht bei diesem den zentralen Ansatzpunkt für die Entwicklung von Motivationsstrategien: "Die im normativen sozialistischen Menschenbild formulierte sozialistische Arbeitseinstellung bezeichnet eine habitualisierte Motivierung für Arbeitstätigkeit, die fleißiges, ehrliches, hochwertiges, selbständiges und überlegtes Arbeiten einschließt sowie darüber hinaus die Hilfe für Leistungsschwächere, die handlungswirksame Einsicht in die erforderliche Einheit individueller und gesellschaftlicher Ziele und die Notwendigkeit zur Steigerung der Arbeitsproduktivität als Beitrag zur Entwicklung der sozialistischen Gesellschaftsordnung - insgesamt also klassenbezogene sozialistische Grundüberzeugungen - umfaßt". Auf diesem Wege wird schließlich die Erziehung zu einer sozialistischen Persönlichkeit zum entscheidenden Element von Motivationsstrategien, was u.a. die Herausstellung der Erziehungsfunktion von Leitern in der leitungswissenschaftlichen Literatur der DDR erklärt. Andererseits wird dadurch auch Motivierung in außerbetriebliche Bereiche wie Schulen und Jugendverband verlagert: je weiter die Entwicklung zur sozialistischen Persönlichkeit bei Eintritt in den Betrieb fortgeschritten ist, um so leichter fallen dort Schritte zur Leistungsmotivation. Der *homo politicus* ist in der Leitungswissenschaft also noch keineswegs zu den Akten gelegt.

Dennoch finden sich in der entsprechenden DDR-Literatur umfangreiche Auflistungen materieller Stimulierungsinstrumente, die aber, wie immer wieder herausgestellt wird, mit moralisch-ideellen Methoden zu kombinieren seien (z.B. FINGER/GERTICH 1982, 21). Auch dabei wird an Überlegungen Lenins angeknüpft, der betonte, daß persönliche Interessiertheit die Produktion hebt (LENIN 1963, 39). GVISIANI (1974, 115) wird noch deutlicher: "Auch die Arbeiter sind Materialisten". Arbeitskollektive seien u.a. mit folgenden Mitteln zu stimulieren:

- innerbetriebliche Planaufschlüsselung als Grundlage, nach Leitungsebene und Zeitraum mittels Kennziffern differenziert
- Zusammenwirken von Lohn und Prämie (Planerfüllung, leistungsbezogener Lohn im Westen)
- sozialistischer Wettbewerb mit entsprechenden Prämien.

Einen besonderen Stellenwert nehme die *leistungsbezogene Lohnpolitik* ein: "Sie fördert die schöpferische Initiative der Arbeiter und aller anderen Werktätigen zur Steigerung der Arbeitsproduktivität und zur Qualifizierung sowie das Interesse der werktätigen an der sozialistischen Rationalisierung bis hin zur Anwendung technisch begründeter Arbeitsnormen" (PROGRAMM DER SED 1976, 24).

Insgesamt überrascht, daß motivationstheoretische Fragen und Handlungsempfehlungen in der leitungswissenschaftlichen Literatur nur eine geringe Rolle spielen, obgleich mangelnde Motivation der Werktätigen ein ganz zentrales Problem der DDR-Wirtschaft darstellt (vgl. PIEPER 1988, 1989). Möglicherweise hängt dies damit zusammen, daß in der DDR zum einen davon ausgegangen wird, daß menschliches Verhalten einmal durch strukturelle Regelungen steuerbar ist (ganz im Sinne etwa bürokratischer Modelle der Organisationstheorie, vgl. SCOTT 1986, 92ff.) und daß andererseits erzieherische Maßnahmen bzw. solche der Persönlichkeitsentwicklung den eher punktuellen Einsatz von Motivationsinstrumentarien weitgehend überflüssig machen. Die Wirksamkeit punktueller Strategien wird jedenfalls angezweifelt: "Zunächst kann man keinen Menschen im eigentlichen Sinne 'motivieren', da die Motivation aus Bewußtseinselementen hervorgeht, die im Bereich des Psychischen liegen, und nicht unmittelbar "von außen" in Gang gesetzt werden können" (STOLLBERG 1988, 178). Also müßten eben diese Bewußtseinselemente beeinflußt werden.

> "'Motivierung' der Arbeiter unter unseren gesellschaftlichen Verhältnissen bedeutet, die Bewußtheit der Menschen in bezug auf ihre soziale Position im Sozialismus zu festigen. Die Bewußtheit der Eigentümerposition weckt das Bedürfnis, auch als Eigentümer zu handeln und motiviert zu entsprechendem Arbeitsverhalten" (ebd., 179).

5.3. Führung

Während Fragen der Führung (im Sinne von Menschenführung) und des Führungsstils in der Management-Literatur einen breiten Raum einnehmen und eine zentrale Rolle in Weiterbildungsprogrammen für Manager (*management development*) spielen, geht die Leitungswissenschaft auf solche Aspekte nur am Rande ein[19], obgleich herausgestellt wird, daß "die Vervollkommnung des Leitungsstils" (FRIEDRICH ET AL. 1987, 164) erheblichen Einfluß auf die Leistung habe: "Es ist nicht übertrieben und eine durch praktische Erfahrungen belegte Tatsache: Der sozialistische Leitungsstil beeinflußt die Produktivität und Effektivität der Arbeit, die Persönlichkeits- und Kollektiventwicklung und das gesamte Klima im Verantwortungsbereich entscheidend" (WEIDAUER/WETZEL 1981, 259).

Der Begriff *Führung* wird in der leitungswissenschaftlichen Literatur überhaupt nicht verwendet; im Regelfall werden dort Führungsfragen unter der Überschrift *sozialistischer Leitungsstil* behandelt und ausschließlich praktisch-normativ angegangen (etwa FRIEDRICH ET AL. 1987, 164ff.; AUTORENKOLLEKTIV 1985, 148ff.; WEIDAUER/WETZEL 1981, 259ff.); Ergebnisse der empirischen Führungsforschung werden nicht dargestellt. Lediglich in der älteren sozialpsychologischen Literatur wird der Begriff Führung benutzt; HIEBISCH und VORWERG z.B. behandeln Führungsfragen im Kapitel "Koordination als sozialpsychologische Leistungskomponente" (1976, 157ff.) und gehen dabei - im Gegensatz zur leitungswissenschaftlichen Literatur - auch auf Ergebnisse der westlichen Führungsforschung ein. Inzwischen wird jedoch auch in der Sozialpsychologie der DDR von *Leitung* und *Leitungsstil* gesprochen (z.B. FRIEDRICH/VOSS 1988).

Der Begriff Leitungsstil wird dabei wie folgt definiert:

> "Im Leitungsstil spiegelt sich wider, wie der Leiter die sozialistischen Leitungsprinzipien und -methoden entsprechend den konkreten materiellen, organisatorischen und sozialen Bedingungen [...] verwirklicht. Der Leitungsstil kann demnach als die persönliche Kombination stabiler Formen und Methoden der Leitungstätigkeit bei der Umsetzung sozialistischer Leitungsprinzipien charakterisiert werden. In ihm spiegeln sich wesentliche Seiten der konkreten Tätigkeit sozialistischer Leitungspersönlichkeiten wi-

19 Im leitungswissenschaftlichen Hochschullehrbuch (**FRIEDRICH ET AL.** 1987) werden Fragen des sozialistischen Leitungsstils auf insgesamt sechs Seiten behandelt; das Autorenkollektiv des Zentralinstituts für sozialistische Wirtschaftsführung (**AUTORENKOLLEKTIV** 1985) diskutiert die "Anforderungen an die sozialistische Leiterpersönlichkeit und den Leitungsstil" auf neun Seiten.

> der, insbesondere ihr Engagement für eine hohe Effektivität und Qualität der Arbeit in den ihnen anvertrauten Kollektiven" (AUTORENKOLLEKTIV 1979, 30).

In der Leitungswissenschaft wird differenziert zwischen einer *objektiven* und einer *subjektiven* Komponente des Leitungsstils.

> "Die objektive Seite ergibt sich generell aus den gesellschaftlichen Bedingungen, der gesellschaftlichen Bestimmtheit der Ziele, die insbesondere in den Planaufgaben zum Ausdruck kommen. Die subjektive Seite kennzeichnet die individuelle Realisierung der objek-tiven Erfordernisse und stellt sich vor allem in der Arbeitsweise des Leiters dar" (FRIEDRICH ET AL. 1987, 164).

Zur objektiven Seite gehört damit u.a. die Positionsmacht des jeweiligen Leiters, seine "objektive Autorität" (z.B. AUTORENKOLLEKTIV 1986, 112), bzw. seine Einbindung in die Staats-, Partei- und Betriebshierarchie (Leiter als "Beauftragte der sozialistischen Staatsmacht", vgl. LADENSACK 1981, 15), durch die einerseits seine (formale) Machtposition im Vergleich zu westlichen Managern eine andere Dimension erhält, zum anderen sein Handlungsspielraum vergleichsweise eingeschränkt wird (vgl. ANDERSCH-NIESTEDT/LILGE 1981, 66ff.). Zur objektiven Seite gehört auch der *politische Charakter* sozialistischer Führung. "Diesen politischen Charakter zu wahren bedeutet, keine ökonomische, keine die Arbeits- und Lebensbedingungen betreffende Frage für sich isoliert zu betrachten, sondern immer den Zusammenhang zur Gesamtpolitik unserer Partei herauszustellen" (MITTAG 1985, 70).

WEIDAUER und WETZEL artikulieren den *Primat der Politik* und damit die Dominanz der objektiven Seite der Führung über subjektive Aspekte noch deutlicher:

> "Natürlich beeinflussen individuelle Fähigkeiten, Erfahrungen, Eigenschaften und Eigenheiten den Arbeitsstil eines Leiters sehr [...]. Aber trotz aller daraus resultierenden Nuancen im Leitungsstil ergibt er sich nicht primär aus der Person des Leiters, sondern aus den herrschenden Produktionsverhältnissen. Der Leiter fungiert immer als Träger von Klassenverhältnissen und -interessen. Diese bestimmen vor allem sein Denken und Handeln und damit auch seinen Leitungsstil" (1981, 260).

Die Dominanz der Politik kommt auch in den Elementen zum Ausdruck, die als kennzeichnend für den sozialistischen Leitungsstil herausgestellt werden, nämlich:

- "die Einheit von politischer und fachlicher Leitung, von ökonomischer Effektivität und sozialer Entwicklung,
- die Verbindung perspektivischer Aufgaben mit der Sicherung einer stabilen Plandurchführung, eines komplexen Herangehens mit der Festlegung von notwendigen Rang- und Reihenfolgen der zu lösenden Aufgaben,
- die konsequente Wahrnehmung der persönlichen Verantwortung und der Einzelleitung bei kollektiver Beratung und Einbeziehung der Werktätigen" (AUTORENKOLLEKTIV 1985, 151).

Die zentrale Dimension der subjektiven Seite des Leitungsstils besteht darin, wie der einzelne Leiter den durch die gesellschaftlichen und betrieblichen Rahmenbedingungen, eben die objektive Seite der Leitung, gegebenen Handlungsspielraum[20] ausschöpft.

WEIDAUER und WETZEL zufolge kann dieser individuelle Spielraum nicht sehr groß sein. Sie betonen nämlich, daß

> "der Arbeitsstil zuerst und vor allem diesen objektiv begründeten Anforderungen entsprechen muß, soll das Werken des Leiters auf die Dauer und im sozialistischen Sinne erfolgreich [...]. Würden dagegen die persönlichen Fähigkeiten, Eigenschaften und Eigenheiten für das Wesentliche gehalten und eingetretene Erfolge hauptsächlich auf die in der Person des Leiters begründete Arbeitsweise zurückgeführt, so müßte man im Grunde jeden Leitungsstil akzeptieren." (1981, 260)

Während WEIDAUER und WETZEL u.a. dahingehend argumentieren, daß ein solcher "Subjektivismus" eine wissenschaftliche Fundierung von Leitung ausschließe (ebd., 260), also schlichtweg unwissenschaftlich sei, geht LADENSACK (1981, 81) von einer explizit politischen Begründung aus: "den sozialistischen Bedingungen kann nur ein Typ des Leitungsstils entsprechen, der vor allem vom Prinzip des demokratischen Zentralismus geprägt wird und sich am Leninschen Arbeitsstil orientiert. Ein autoritärer oder liberaler Leitungsstil als Norm ist der sozialistischen Gesellschaft

20 Während **LADENSACK** (1981, 102ff.) wie die Managementlehre vom Handlungsspielraum des Leiters spricht, benutzen **KASEK/ULBRICH** (1988) analog den Begriff *Freiheitsgrad*.

fremd", d.h. aus explizit politischen Gründen heraus werden bestimmte Führungsstile abgelehnt. Der sozialistische Leitungsstil hat somit eindeutig normativen Charakter bzw. den Status eines *"the one best way"*-Stil ähnlich etwa dem *Verhaltensgitter* von BLAKE und MOUTON (1964) und dem *System 4-Modell* von LIKERT (1961, 1967) in der westlichen Führungsforschung.

FRIEDRICH ET AL. (1987, 164) sprechen auch ausdrücklich von den "allgemeingültigen Kriterien des sozialistischen Leitungsstils". Diese gingen im wesentlichen auf Überlegungen von Lenin zurück (*"Leninscher Arbeitsstil"*). Bemerkenswert jedoch ist, daß in der leitungswissenschaftlichen Literatur kaum näher auf entsprechende Arbeiten von Lenin eingegangen wird. FRIEDRICH ET AL. (1987, 164) schreiben lediglich: "Ein solcher Arbeitsstil setzt die Bereitschaft und Fähigkeit voraus, sich auf das Neue einzustellen, nicht in alten Gewohnheiten zu verharren, sondern aktiv und schöpferisch nach den entsprechenden Lösungen zu suchen, bei auftretenden Problemen nicht abzuwarten, sondern selbst Vorschläge zu ihrer Lösung zu unterbreiten". ILCHMANN/SANDMANN/ THOMASCH stellen einerseits die Forderung Lenins nach Mitwirkung der Werktätigen im Leitungsprozeß heraus und zitieren ihn dann wie folgt:

> "Erfolgreiche Leitung erfordert auch im Sozialismus eiserne Disziplin während der Arbeit und 'unbedingte Unterordnung der Massen unter den einheitlichen Willen der Leiter des Arbeitsprozesses'. Lenin hob hervor, daß bei hoher Bewußtheit und Diszipliniert-heit der Werktätigen die Unterordnung mehr 'an die milde Leitung eines Dirigenten erinnern' kann" (1980, 48f.).

Detaillierter geht hingegen die sowjetische leitungswissenschaftliche Literatur auf Lenin ein; GVISIANI (1974) gibt z.B. einen ausführlichen Überblick, bei dem m.E. eine erstaunliche Aktualität der damaligen (normativen) Überlegungen Lenins deutlich wird.

Eine zentrale Rolle spielte bei Lenin der Begriff *Leitungskultur*. Diese könne nicht durch Verordnungen geschaffen werden, sondern nur in "mühevoller Kleinarbeit", insbesondere durch die Bildung und Erziehung der Leiter.[21] Die permanente Weiterqualifi-

---

21 Die steht m.E. in einem bemerkenswerten Gegensatz zu manchen Positionen im Zusammenhang mit der Organisationskultur-Forschung, bei der

zierung von Leitern gilt neben dem Leitungsstil als zentrales Element einer Leitungskultur. GVISIANI zufolge umfaßt dabei der Begriff des Leitungsstils "die Methoden der Führung, die Reihenfolge der Aufgaben, die Beziehungen zu den Mitarbeitern, das Verhalten bei der Arbeit usw." (ebd., 118). Die Position Lenins zum Leitungsstil zitiert Gvisiani wie folgt: "Als negative, den sozialistischen Wirtschaftsmethoden fremde Züge des Leitungsstils bezeichnete Lenin Bürokratismus, Schlendrian, Dünkelhaftigkeit des Leiters, die Reduzierung der Führung auf die Herausgabe aller möglichen Befehle und Anordnungen, mangelnde Sachkenntnis und falsche Reihenfolge bei der Festlegung der konkreten Aufgaben". Nahezu modern mutet m.E. die Kritik Lenins an autoritären Führungsstilen an, bei denen er zugleich Teilelemente moderner Managementtechniken vorwegnimmt: "Das Wichtigste ist meines Erachtens, vom Schreiben von Dekreten und Anordnungen wegzukommen (hier machen wir Dummheiten bis zur Idiotie) und das Schwergewicht auf die Auswahl der Menschen und die Kontrolle der Durchführung zu legen" (LENIN 1962, 551). Die weite Verbreitung autoritären Verhaltens rühre nicht zuletzt daher, daß zahlreiche Leiter Erfahrungen aus dem militärischen Bereich unhinterfragt auf die Wirtschaft übertrügen.

Ähnlich kritisch ging Lenin mit bürokratischen Verhaltensweisen um: "Unser schlimmster innerer Feind ist der Bürokrat, der Kommunist, der auf einem verantwortlichen [...] Sowjetposten sitzt und allgemeinen Achtung als gewissenhafter Mensch genießt [...]. Er hat es nicht gelernt, den Schlendrian zu bekämpfen, er versteht es nicht, ihn zu bekämpfen, er bemäntelt ihn" (ders. 1963, 211). Lenin bezeichnete dies als *"kommunistischen Hochmut"*: "Kommunistischer Hochmut heißt, daß ein Mensch, der der Kommunistischen Partei angehört und aus ihr noch nicht herausgereinigt worden ist, sich einbildet, alle seine Aufgaben durch Dekretieren erledigen zu können" (ders. 1963, 59). Solch kommunistischer Hochmut sei charakteristisch für einen bürokratischen Leitungsstil. Erforderlich sei vielmehr die Einbeziehung der Werktätigen in die Leitung (vgl. Kap. 3.3.).

nicht selten davon ausgegangen wird, Kultur könne von oben herab gesteuert werden (z.B. BLAKE/ MOUTON/LUX 1984; HICKMAN/SILVA 1984).

Anders als die aktuelle leitungswissenschaftliche Literatur argumentierte Lenin im Hinblick auf den Leitungsstil nicht nur unter politischen, sondern auch ökonomischen Gesichtspunkten. Während autoritäre und bürokratische Stil als ineffizient anzusehen seien, stelle die Demokratie die effektivste aller Formen der Leitung dar (vgl. GVISIANI 1974, 103). Lenin bezeichnet sie sogar als ökonomisches "Wundermittel" (LENIN 1961b, 95; vgl. Kap. 3.3.).

In der leitungswissenschaftlichen Literatur der DDR werden Fragen der Partizipation unter den Stichwörtern *Mitwirkung der Werktätigen, kollektive Beratung* und *sozialistische Demokratie* behandelt. FRIEDRICH ET AL. (1987, 167) betonen: "In der Leitungstätigkeit kommt der kollektiven Beratung des Leiters mit dem Leitungskollektiv, mit den Werktätigen bzw. mit den ihm unterstellten Mitarbeitern große Bedeutung zu. Die Beratung ist ein unverzichtbares Element der Entscheidungsfindung und eine wichtige Ausdrucksform der sozialistischen Demokratie". Zunehmend häufiger findet sich die Argumentation, daß eine Einbeziehung der Mitarbeiter in Entscheidungsprozesse auch unter ökonomischen Aspekten sinnvoll, ja sogar notwendig sei (AUTORENKOLLEKTIV 1985, 109ff.; KASEK/ULBRICH 1988):

> "Mit wachsender Vielgestaltigkeit und Kompliziertheit der politischen, ökonomischen und wissenschaftlich-technischen Beziehungen erhöht sich im Sozialismus objektiv die Notwendigkeit der demokratischen Mitwirkung. 'Ein Leiter, wie kompetent und qualifiziert er auch sein mag, kann eine zur Entscheidung stehende Frage nicht von allen Seiten analysieren und nicht alle möglichen Folgen im einzelnen abwägen [...]. Es wird vielmehr zu einem dringenden Erfordernis, möglichst viele Mitglieder des Arbeitskollektivs in die Leitungstätigkeit einzubeziehen (KRASSIN 1982: 660)" (AUTORENKOLLEKTIV 1985, 109).

Während sich in leitungswissenschaftlichen Publikationen aus den 70er Jahren keine ökonomischen Begründungen für Partizipation finden und dort vielmehr die Notwendigkeit der Verbindung von sozialistischer Demokratische und "straffer Einzelleitung" stärker betont wird (z.B. FRIEDRICH ET AL. 1976, 199), zeigen jüngste Veröffentlichungen nicht nur konzeptionelle Parallelen zu partizipativen Führungsansätzen der westlichen Managementlehre, sondern auch eine stärkere *situative Orientierung*, die im Hin-

blick auf die Führungsforschung in den 70er Jahren noch als "absolute Relativierung" der Führungsfunktion explizit abgelehnt worden war (etwa HIEBISCH/VORWERG 1976, 163-165).
Dieser Wechsel kommt am deutlichsten bei KASEK und ULBRICH (1988, 195) zum Ausdruck: "Bezüglich der Zusammenarbeit von Leiter und Arbeitskollektiv kann festgestellt werden, daß es keinen aufgaben- und situationsunabhängigen Stil gibt, der gleichermaßen zum Erfolg führt". Kasek und Ulbrich gehen verschiedene denkbare Situationen durch und überlegen, inwieweit diese Auswirkungen auf die in der Leitungswissenschaft geforderte kollektive Beratung haben könnten. Ihre Vorgehensweise ist dem *normativen Entscheidungsmodell* von VROOM und YETTON (1973) nicht unähnlich; bei verschiedenartiger Aufgabenstellung und Kompetenz der Mitarbeiter ist eine jeweils unterschiedliche Vorgehensweise des Leiters erforderlich. Kasek und Ulbrich schildern jeweils ausführlich diejenigen Voraussetzungen, die gegeben sein müssen, damit eine kollektive Beratung zum Erfolg führt. Ähnlich wie Vroom und Yetton betonen sie, daß bei solchen Entscheidungsproblemen, bei denen für die Realisierung einer Lösung eine hohe Akzeptanz der Betroffenen erforderlich ist, ein partizipatives Vorgehen im Resultat ökonomischer ist: "Der Mehraufwand durch kollektive Beratung kann unter solchen Bedingungen oft mehr als kompensiert werden, weil beim Durchsetzen und Begründen der Entscheidung viel Zeit gespart wird." (KASEK/ULBRICH 1988, 196) Trotz solcher Anklänge an westliche *situative Führungsmodelle* ist m.E. mehr als fraglich, ob sich in der Leitungswissenschaft in Zukunft verstärkt situative Denk- und Forschungsansätze durchsetzen werden. Dafür spricht die in den letzten Jahren gestiegene Betonung situativer Variablen, dagegen die unveränderte Verankerung der Leitungswissenschaft und sozialistischer Leitung in der Philosophie des Marxismus-Leninismus. Letztere bildet gewissermaßen den einschränkenden Rahmen möglichen situativen Denkens in der DDR.

Situative Ansätze stellen ja auch in der Managementlehre nur einen, wenn auch den zur Zeit wohl dominierenden Ansatz der Führungsforschung dar. Weitere bedeutende Ansätze sind der Eigenschaftsansatz und der Verhaltensansatz (vgl. STAEHLE 1987, 537). Während erster nach charakteristischen Persönlichkeitsmerkmalen des Führers sucht (der Führer als *great man*, vgl. STOGDILL

1974), steht bei letzterem das Führungsverhalten und dort speziell der Führungsstil im Vordergrund. Diesem Ansatz der westlichen Führungsforschung entspricht die leitungswissenschaftliche Diskussion um einen sozialistischen Leitungsstil.[22] Darüber hinaus existieren aber auch zahlreiche Auflistungen von Fähigkeiten, Eigenschaften und Dispositionen, die ein idealer Leiter besitzen sollte.

Insbesondere in der sowjetischen Literatur finden sich mehrere umfangreiche Kataloge dieser Art, die inhaltlich mit entsprechenden westlichen Studien (z.B. STOGDILL 1948; GHISELLI 1963) vergleichbar sind; AFANASJEW (1979, 266) z.B. zählt über 150 angeblich erforderliche Führungseigenschaften auf. Dennoch lassen sich in der DDR-Literatur explizite *eigenschaftstheoretische Ansätze* nicht ausmachen. HIEBISCH und VORWERG (1976, 162f.) lehnen diese sogar ausdrücklich ab: "Da man über die Feststellung von Eigenschaften offenbar keinen Einblick in das Wesen der Führungsfunktion gewinnen kann, liegt der Schluß nahe, daß auch das diesem Ansatz zugrunde liegende Modell der Führungsfunktion, nämlich die Gegenüberstellung von Führer und Geführten, Elite und Masse usw. nicht den tatsächlichen Verhältnissen gerecht werden kann. Es ist demnach sachlich falsch (und für die Praxis unbrauchbar)". WEIDAUER und WETZEL (1981, 283) erklären zwar, daß der Erfolg eines Leiters wesentlich von seinen charakterlichen Qualitäten abhänge, daß es aber verfehlt sei zu versuchen, "das Idealbild einer Leiterpersönlichkeit zu konstruieren und zu behaupten, daß nur solche Leiter einen sozialistische Leitungsstil erfolgreich praktizieren können. Im praktischen Leben gibt es einen solchen idealen Leiter nicht" (ebd., 280). Andere Autoren betonen, daß dies auch für Versuche gelte, Kataloge idealer Verhaltensweisen aufzuarbeiten (AUTORENKOLLEKTIV 1985, 155f.).

Ideale Eigenschaften, Einstellungen und Verhaltensweisen werden in der leitungswissenschaftlichen Literatur aber gleichwohl herangezogen, wenn es um die Stellung des Leiters als *Vorbild* geht: "Nur wenn ein Leiter selbst als sozialistische Persönlichkeit Vorbild ist, kann er seine Mitarbeiter wirkungsvoll erziehen. Anforderungen, die er seinem Kollektiv stellt, sind in erster Linie

22 Vgl. oben.

zunächst Handlungs- und Verhaltensmaßstäbe für ihn selbst" (FRIEDRICH ET AL. 1987, 165). Die daraus resultierende Anforderung an Leiter ist die, daß diese selbst eine allseits entwickelte sozialistische Persönlichkeit überzeugend verkörpern. Dieses Kriterium ist denn auch das entscheidende für die Auswahl von Führungskräften (vgl. GLAESSNER 1977).

In der leitungswissenschaftlichen Literatur wird zwar teilweise von der "Kunst des Leiters" gesprochen (z.B. KASEK/ULBRICH 1988, 191), jedoch wird immer davon ausgegangen, daß "Leiten erlernbar ist" (WEIDAUER/WETZEL 1981, 261). Allerdings: "Leiten läßt sich nicht auf der Schulbank erlernen. Leiten lernt jeder in erster Linie dadurch, daß er diese Tätigkeit praktisch ausübt. Das ist vergleichbar mit dem Schwimmen" (ebd., 261). Der "Schwimmunterricht" scheint in der DDR jedoch nur einen relativ geringen Stellenwert zu haben, denn die subjektive Seite der Leitung wird im Rahmen der Weiterbildung von Leitern kaum "geschult"; die Vermittlung fachlich-theoretischen Wissens und die politische Bildung dominieren (vgl. AUTORENKOLLEKTIV 1981). Verhaltensorientiertes *Führungstraining*, das in westlichen Unternehmen zum Standardelement von Personalentwicklungsprogrammen für Manager gehört, ist in der DDR kaum existent. Zwar erwähnen KASEK und ULBRICH (1988, 202), daß es hierzu Seminare gäbe. Detaillierte Beschreibungen dieser beleuchten aber deren Relevanz im Vergleich zu entsprechenden westlichen Aktivitäten:

> "Neben der Kenntnis und Diskussion sozialpsychologischer Literatur wird von vielen Betrieben auch die Teilnahme an einem sozialpsychologischen Leitertraining in Anspruch genommen. Dieses wird bei uns meist in einwöchigen Kursen von Psychologen durchgeführt, die eine spezielle Qualifikation als Trainer besitzen [...]. In diesen Kursen werden neben Vorträgen und Seminaren zu den Grundlagen des sozialpsychologischen Trainings auch praktische Übungen durchgeführt, z.B. in Form von Rollenspielen".

Hier liegt m.E. eine gravierende Lücke in der DDR-Leitungswissenschaft, die jedoch möglicherweise im Zusammenhang mit verstärkten Bemühungen, das Innovationsverhalten von Betrieben und Kollektiven zu verbessern, zumindest teilweise ausgemerzt wird. Hier geht die leitungswissenschaftliche Literatur nämlich davon aus, daß Innovationsverhalten weniger durch Strukturen sowie Regeln, Programme und Pläne, sondern primär durch Leitungsverhalten steuerbar sei (z.B. BOHRING/LADENSACK 1986; AUTORENKOLLEKTIV 1987; AUTORENKOLLEKTIV 1988). Fragen des Leitungsstils erhalten damit eine zusätzliche Relevanz, die auch Auswirkungen auf Schulungsprogramme haben dürfte (vgl. PIEPER 1989).

6. Abschließende Bemerkungen

Zwar stellen die dargestellten Aspekte nur Ausschnitte aus der Leitungswissenschaft dar, Fragen des Entscheidungsverhaltens von Leitern und der Kaderpolitik wurden beispielsweise nicht behandelt. Dennoch läßt sich m.E. die Leitungswissenschaft, sofern sie überhaupt in westliche Kategorisierungen einbezogen werden kann, einer spezifischen Sichtweise von Organisationen und Organisationsmitgliedern weitgehend zuordnen, nämlich derjenigen von Organisationen als *rationale Systeme* (vgl. SCOTT 1986, 92ff.), bei der Fragen wie die Beziehung zwischen Organisation und Umwelt, soziale und informelle Beziehungen innerhalb der Organisation und nicht zweckrationale Aspekte des Verhaltens von Organisationen und Organisationsmitgliedern ausgeklammert werden. Die *Umwelt* wird insofern als Problemfeld ausgeklammert, als daß überhaupt keine eindeutigen Grenzen zwischen Organisation und Umwelt ziehbar sind; das Subsystem Betrieb ist integraler Bestandteil des wirtschaftlichen Leitungssystems. Dominant ist ferner die dieser Perspektive eigene Vorstellung, daß Individual- und Kollektivverhalten weitgehend durch strukturelle Regelungen steuerbar sei[23]; dies erklärt, weshalb DDR-Betriebe auch realiter weitgehend dem *bürokratischen Organisationsmodell* entsprechen.

---

23 In den Komplex der dabei verwendeten Regelungen ist neben dem volkswirtschaftlichen und dem betrieblichen Leitungssystem auch die wirtschaftliche Rechnungsführung einzubeziehen.

Literaturhinweise

AFANASJEW, W.G. (1979): *Der Mensch in der Leitung der Gesellschaft* (Berlin, DDR)

AKADEMIE FÜR POLITISCHE BILDUNG (Hg.): *Industriebetrieb und Gesellschaft in der DDR*, 3. Studientagung zur DDR-Forschung in der Bundesrepublik (Köln)

ANDERSCH-NIESTEDT, H. und **H.G. LILGE** (1981): *Betriebliche Führung im Vergleich* (Berlin)

AUTORENKOLLEKTIV (Hg.) (1970): *Die Grundlagen der sozialistischen Wirtschaftsführung in den Werken Lenins und ihre aktuelle Bedeutung* (Berlin, DDR)

AUTORENKOLLEKTIV (Hg.) (1979): *Verantwortung und Arbeitsweise des Leiters* (Berlin, DDR)

AUTORENKOLLEKTIV (Hg.) (1981): *Aus- und Weiterbildung sozialistischer Leiter* (Berlin, DDR)

AUTORENKOLLEKTIV (Hg.) (1987a): *Sozialistische Betriebswirtschaft Industrie*, Fachschullehrgang für Ökonomen (Berlin, DDR)

AUTORENKOLLEKTIV (1973/1980): *Sozialistische Betriebswirtschaftslehre* (Berlin, DDR) (2. Aufl. 1973; 4. Aufl. 1980)

AUTORENKOLLEKTIV (1985): *Grundfragen der sozialistischen Wirtschaftsführung* (Berlin, DDR) (2. Aufl.)

AUTORENKOLLEKTIV (Hg.) (1987b): *Rationallisierungsmittelbau - Wegbereiter der Schlüsseltechnologien* (Berlin, DDR)

AUTORENKOLLEKTIV (1986): *Pädagogisch-psychologische Grundlagen der sozialistischen Leitungstätigkeit* (Berlin, DDR) (9. Aufl.)

AUTORENKOLLEKTIV (1987) *Intensivierung - Leitung - Neuerungsprozesse* (Berlin, DDR)

AUTORENKOLLEKTIV (1988): *Das geistige Potential in den Betrieben. Leitungserfahrungen bei seiner wirksamen Nutzung* (Berlin, DDR)

BEHRENS, F. (1957): Zum Problem der Ausnutzung ökonomischer Gesetze in der Übergangsperiode, *Wirtschaftswissenschaft*, Sonderheft 3, 1957, 105-140

BENARY, A. (1957): Zu Grundproblemen der politischen Ökonomie des Sozialismus in der Übergangsperiode, *WW* Sonderheft 3, 1957, 62-94

BENNIS, W. und **B. NANUS** (1985): *Führungskräfte. Die vier Schlüsselstrategien erfolgreichen Führens*, Frankfurt/M.

BLAKE, R.R. und **J.S. MOUTON** (1964): *The managerial grid*, Houston

_ und **E. LUX** (1984): Von der Organisationsentwicklung zum Wechsel der Organisationskultur, *Management-Zeitschrift IO* 7/8, 1984, 317-319

BLEICHER, K. (1988): Betriebswirtschaftslehre - Disziplinäre Lehre vom Wirtschaften in und zwischen Betrieben oder interdisziplinäre Wissenschaft vom Management?, in: R. Wunderer (Hg.): *Betriebswirtschaftslehre als Management- und Führungslehre* (Stuttgart) (2. Aufl.), 109-131

BOHRING, G. und **K. LADENSACK** (1986): *Wie Leiter den wissenschaftlich-technischen Fortschritt bewältigen* (Berlin, DDR)

EBERT, S. (1976): Wirtschaftsbetriebe und Betriebswirtschaftslehre in der DDR, in: *Handwörterbuch der Betriebswirtschaft,* Grochla, E. und E. Wittmann (Hg.), Band 3 (Stuttgart), 4503-4547

ELLE, H.D. und **N. THOM** (1986): *Gestaltung betrieblicher Produktinnovationsprozesse in der Deutschen Demokratischen Republik,* Arbeitspapier 23 des Seminars für Allgemeine Betriebswirtschaftslehre und Organisationslehre der Universität zu Köln

FAYOL, H. (1916): *Administration industrielle et générale*, Paris

FINGER, H., W. GERTICH ET AL. (1982): *Stimulierung in Industriebetrieben und Kombinatne* (Berlin, DDR)

FRIEDRICH, G., H. RICHTER, H. STEIN und **G. WITTICH** (Hg.) (1987): *Leitung der sozialistischen Wirtschaft. Lehrbuch* (Berlin, DDR) (2. überarb. Aufl.)

FRIEDRICH, W. und **P. VOSS** (Hg.) (1988): *Sozialpsychologie für die Praxis* (Berlin, DDR)

FROHN, G. (1988): *WAO in der Produktionsvorbereitung* (Berlin, DDR)

GERISCH, R. ET AL. (Hg.) (1985): *Wirtschafts- und Leitungsorganisation in den Kombinaten und ihren Betrieben* (Berlin, DDR)

GHISELLI, E.E. (1963): The validity of management traits related to occupational level, *Personnel Psychology*, 109-113

GLAEßNER, G.J. (1977): *Herrschaft durch Kader*, Opladen

GUTENBERG, E. (1962): *Unternehmensführung: Organisation und Entscheidungen* (Wiesbaden)

GVISIANI, D.M. (1974): *Management - Eine Analyse bürgerlicher Theorien von Organisation und Leitung* (Berlin, DDR)

HACKER, W. (1980): *Allgemeine Arbeits- und Ingenieurpsychologie* (Leipzig)

_ (1986): *Arbeitspsychologie* (Berlin, DDR)

HAHN, T. (1985): *Motivation - Motivforschung - Motivtheorie* (Berlin, DDR)

HARTMANN, W.D. (1980): *Management. Kapitalistische Führungstechniken im kritischen Überblick* (Berlin, DDR)

__ (1988): *Handbuch der Managementtechniken* (Berlin, DDR)

HAUSTEIN, H.D., D. IVANOV und **H.H. KINZE** (1988): *Innovationen in der sozialistischen Volkswirtschaft* (Berlin, DDR)

HAYNES, W.W., J.L. MASSIE und **M.J. WALLACE** (1975): *Management: Analysis, Concepts , and Cases* (London) (3. Aufl.)

HECKHAUSEN, H. (1980): *Motivation und Handeln* (Berlin - Heidelberg - New York)

HEINEN, E. (1969): Zum Wissenschaftsprogramm der entscheidungsorientierten Betriebswirtschaftslehre, *ZfB* 1969, 207-220

HICKMAN, C.R. und **M.A. SILVA** (1984): *Creating Excellence* (New York)

HIEBISCH, H. und **M. VORWERG** (1976): *Einführung in die marxistische Sozialpsychzologie* (Berlin, DDR) (10. Aufl.)

HIEBISCH, H., M. VORWERG ET AL. (1979): *Sozialpsychologie* (Berlin, DDR)

HOFFMANN, A. (1988): Leistungsmotivation, in: Friedrich, W. und P. Voß (Hg.): *Sozialpsychologie für die Praxis* (Berlin, DDR), 178-188

KASEK, L. und **K. ULBRICH** (1988): Leitung, in: Friedrich, W. und P. Voß (Hg.): *Sozialpsychologische für die Praxis* (Berlin, DDR), 189-204

KIESER, A., G. REBER und **R. WUNDERER** (Hg.) (1987): *Handwörterbuch der Führung* (Stuttgart)

KIRSCH, W. (1984): *Wissenschaftliche Unternehmensführung oder Freiheit vor der Wissenschaft?* 2 Bände (München)

__ (1988): Zur Konzeption der Betriebswirtschaftslehre als Führungslehre, in: R. Wunderer (Hg.): *Betriebswirtschaftslehre als Management- und Führungslehre* (Stuttgart),153-172

KNEBEL, H. (1976): Führung in sozialistischen Betrieben, *Personal* 4/1976, 129-132

KNOWLES, H.P. und **B.O. SAXBERG** (1967): Human relations and the nature of man, *Harvard Business Review*, 22-178

KOONTZ, H. (1961): The management theory jungle, *Journal of the Academy of Management*, No. 3 (1961), 174-188

__ (1980): The management theory jungle revisited, *Academy of Management Review*, No. 2 (1980), 175-187

KOSIOL, E. (1962): *Organisation der Unternehmung* (Wiesbaden)

KOSLOW, O.W. und **I.N. KUSNEZOW** (1971): *Die wissenschaftlichen Grundlagen der Leitung der Produktion* (Berlin, DDR)

KOZIOLEK, H. (1987): Betriebswirtschaft im System unserer sozialistischen Planwirtschaft, *Einheit* 12/1987, 1077-1086

KOZIOLEK, H. und **W. KUNZ** (1973): Zur Vervollkommnung der sozialistischen Wirtschaftsführung nach dem VIII. Parteitag der SED Autorenkollektiv (Hg.): *Aktuelle Fragen der sozialistischen Wirtschaftsführung* (Berlin, DDR)

KRAKAT, K. (1980): *Organisationspraxis in der DDR,* Berlin

KRASSIN, J.A. (1982): Die Teilnahme der Werktätigen an der Leitung und der Professionalismus, *Sowjetwissenschaft,* No. 5 (1982)

KRÖMKE, C. und **G. FRIEDRICH** (1987): *Kombinate - Rückgrat sozialistischer Planwirtschaft* (Berlin, DDR)

LADENSACK, K. (1981): *Lebens- und Arbeitsweise der Leiter* (Berlin, DDR)

LADENSACK, K. und **A. WEIDEMEIER** (1977): *Leitungsentscheidungen - soziale Prozesse im Betrieb* (Berlin, DDR)

LAUTERBACH, G. (1973): *Zur Theorie der sozialistischen Wirtschaftsführung in der DDR* (Köln)

LAWRENCE, P.R. und **J.W. LORSCH** (1967): *Organization and environment* (Cambridge/Mass.)

LENIN, W.I. (1960): Referat über die nächsten Aufgaben der Sowjetmacht (1918), *Werke, Band 27* (Berlin, DDR)

__ (1961a): Das Taylorsystem - Die Versklavung des Menschen durch die Maschine, *Werke, Band 20* (Berlin, DDR)

__ (1961b): Werden die Bolschewiki die Staatsmacht behaupten?, *Werke,* Band 26 (Berlin, DDR)

__ (1962): An W.A. Awanessow, *Werke,* Band 36 (Berlin, DDR)

__ (1963): Zum vierten Jahrestag der Oktoberrevolution, *Werke,* Band 33 (Berlin, DDR)

LIKERT, R. (1961): *New patterns of management* (New York)

__ (1967): *The human organization* (New York)

MANZ, G. und **R. WALTHER** (1987): Notwendige Bedürfnisse und Lebensweise, *Wirtschaftswissenschaft,* No. 7 (1987), 987-1002

MARKOW, M. (1978): *Theorie der sozialen Leistung* (Berlin, DDR)

MARX, K. (1973): Thesen über Feuerbach, in: Marx/Engels, *Werke,* Band 3 (Berlin, DDR)

__ (1975): Das Kapital, Erster Band, in: Marx/Engels, *Werke*, Band 23 (Berlin, DDR)

MASLOW, A.H. (1943): A theory of human motivation, *Psychological Review*, 370-396

MCGREGOR (1960): *The human side of enterprise* (New York)

MELLEROWICZ, K. (1950a): Wirtschaftsordnung und Betriebsordnung - Das Problem in historischer Betrachtung, *ZfB* 6/1950, 321-331

__ (1950b): Wirtschaftsordnung und Betriebsordnung - Das Problem theoretisch betrachtet, *ZfB* 8/1950, 497-509

__ (1952): Eine neue Richtung in der Betriebswirtschaftslehre. Eine Betrachtung zu dem Buch von E. Gutenberg, *ZfB* 3/ 1952, 145-161

MILNER, B.S. und **J.A. TSCHISHOW** (1980): *Amerikanische bürgerliche Theorien der Leitung* (Berlin, DDR)

MITTAG, G. (1985): *Mit höchsten Leistungen den XI. Parteitag vorbereiten.* Seminar des Zentralkomitees der SED mit den Generaldirektoren der Kombinate und den Parteiorganisationen des ZK am 7. März 1985 in Leipzig (Berlin, DDR)

MÖBIS, H. (1987): *Leistung + Qualifikation = Wohlstand* (Berlin, dDR)

NEUNER, G. (Hg.) (1986): *Leistungsreserve Schöpfertum* (Berlin, DDR)

ORTMANN, G. (Hg.) (1988): *Mikropolitik* (Köln)

PERRIDON, L. (1967): Ansätze und Methodik der Vergleichenden Betriebswirtschaftslehre, *ZfB* 1967, 677-686

__ (1975): Betriebswirtschaftslehre, Vergleichende, in: Grochla, E./ Wittmann, N. (Hg.): *Handwörterbuch der Betriebswirtschaft* (Stuttgart), 808-816

PIEPER, R. (1987): *Rekonstruktion der Geschichte der BWL in der DDR*, Arbeitspapier 61/87 des Instituts für Unternehmungsführung der Freien Universität Berlin

__ (1988): *The management of technological change in GDR combines*, Arbeitspapier 62/88 des Instituts für Unternehmungsführung der Freien Universität Berlin

__ (1988a): *Diskursive Organisationsentwicklung* (Berlin - New York)

__ (1989): The GDR System for Managing Change: The Managerial Instruments, in: M. Gerber et al. (Hg.): *Studies in GDR Culture and Society*, Vol. 9 (Lanham - New York - London)

PIORKOWSKY, M.B. (1980): *Sozialistische Warenproduktion und Betriebswirtschaftslehre* (Berlin)

POLASCHEWSKI, E. (1984): Die Behandlung des Kombinats in der sozialistische Betriebswirtschaftslehre, *Wissenschaftliche Zeitschrift der Hochschule für Ökonomie "Bruno Leuschner"* (Berlin, DDR), No. 2/1984, 50-10

ROSE, H. (1983): Konzeption zum Forschungsthema "Soziologische Probleme des erfinderischen Schaffens und ihre Berücksichtigung durch die staatliche Leitung zur effektiven Hervorbringung optimal verwertbarer Erfindungen im Bereich der Forschung und Entwicklung der Kombinate und Betriebe, *Wissenschaftliche Zeitschrift der Hochschule für Ökonomie "Bruno Leuschner"* (Berlin, DDR), 511-518

ROSENSTIEL, L. VON, W. MOLT und **B. RÜTTINGEN** (1986): *Organisationspsychologie* (Stuttgart) (3. Aufl.)

SCHEIN, E.H. (1970): *Organizational psychology* (Englewood Cliffs)

SCOTT, W.R. (1986): *Grundlagen der Organisationstheorie* (Frankfurt/M.)

STAEHLE, W.H. (1980): Menschenbilder in Organisationstheorien, in: Grochla, E. (Hg.): *Handwörterbuch der Organisation* (Stuttgart), 1301-1313

— (1987): *Management*, München (3. Aufl.)

— (1988): Managementwissen in der Betriebswirtschaftslehre - Geschichte eines Diffusionsprozesses, in: R. Wunderer (Hg.): *Betriebswirtschaftslehre als Management- und Führungslehre* (Stuttgart) (2. Aufl.), 3-21

STOGDILL, R.M. (1948): Personal factors associated with leadership: A survey of the literature, *Journal of Psychology*, 35-71

— (1974): *Handbook of leadership: A survey of theory and research* (New York - London)

STOLLBERG, R. (1988): *Soziologie der Arbeit* (Berlin, DDR)

TERRY, G.R. (1977): *Principles of management* (Homewood/Ill.) (7. Aufl.)

THALHEIM, K.C. (Hg.) (1977): *Betriebswirtschaftliche Probleme in der DDR und in anderen RGW-Ländern* (Berlin)

THIEME, K.H. (1988): *Bedürfnisreichtum und Leistungsstreben* (Berlin, DDR)

TOSI, H.L. und **S.J. CARROLL** (1976): *Management: Contingencies, structure, and process* (Chicago)

ULRICH, H. (1983): Management. Eine unverstandene gesellschaftliche Funktion, in: *Mitarbeiterführung und gesellschaftlicher Wandel*, Siegwart, H. und J.B.S. Probst (Hg.) (Bern - Stuttgart), 133-152

_ (1988): Von der Betriebswirtschaftslehre zur systemorientierten Managementlehre, in: R. Wunderer (Hg.): *Betriebswirtschaftslehre als Management- und Führungslehre* (Stuttgart) (2. Aufl.), 173-190

VIDMER, R.F. (1981): The management theory "jungle" in the USSR, *International Studies of Management and Organizations*, Vol. 11, No. 3/4 (1981/82), 3-22

VORWERG, G (1971): *Führungsfunktion in sozialpsychologischer Sicht* (Berlin, DDR)

VROOM, V.H. (1964): *Work and Motivation* (New York - London)

_ und **P.W. YETTON** (1973): *Leadership and decision-making* (Pittsburgh)

WEINERT, A.B. (1987): *Lehrbuch der Organisationspsychologie* (München - Weinheim) (2. Aufl.)

WILLKE, H. (1979): *Leitungswissenschaft in der DDR*, Berlin

WILMUT, A. (1958): *Analyse der betriebswirtschaftlichen Struktur der volkseigenen Betriebe*, Berlin

WUNDERER, R. (Hg.) (1988): Betriebswirtschaftliche Führungsforschung und Führungslehre, in: ders. (Hg.): *Betriebswirtschaftslehre als Management- und Führungslehre* (Stuttgart) (2. Aufl.), 33-47

ZIMMERMANN, H. ET AL. (Hg.) (1985): *DDR-Handbuch*, hrsg. v. Bundesministerium für Innerdeutsche Beziehungen, 2 Bände (Köln)

Kolibri 360 GmbH
Ferdinand-Jühlke-Straße 7
99095 Erfurt, Deutschland
produktsicherheit@kolibri360.de